KB081767

암살의 역사

暗殺 歷史

암살의 역사

초판 1쇄 발행 2024년 5월 10일

지은이 최경식 / **펴낸이** 배충현 / **펴낸곳** 갈라북스 / **출판등록** 2011년 9월 19일(제2015-000098
호) / **전화** (031)970-9102 **팩스** (031)970-9103 / **블로그** blog.naver.galabooks / **페이스북** www.
facebook.com/bookgala / **이메일** galabooks@naver.com / ISBN 979-11-86518-81-6 (03900)

※ 이 책의 내용에 대한 무단 전재 및 복제를 금합니다. / 책의 내용은 저자의 견해로 갈라북스와 무관
합니다. / 갈라북스는 ㈜아이디어스토리지의 출판브랜드입니다. / 값은 뒤표지에 있습니다.

암살의 역사

역사의 중대한 분수령…
암살에 대한 탐구

'암살'(暗殺)은 정치, 사회적으로 영향력을 끼칠 수 있는 인물을 비합법적으로 살해하는 행위다. 암살의 주체는 개인 신념에 따라 행동하는 단독범, 특정 정치적 목적을 달성하기 위해 은밀히 활동하는 비밀결사, 정부가 파견하는 공작원 등이 있다. 암살의 이유는 암살 대상의 특정 행보를 저지하거나 권력공백 상태를 만들어 혼란을 초래하려는 데에 있다. 혁명 및 쿠데타를 일으키기 위해 감행하는 경우도 있다.

이는 최소한의 희생으로 최대한의 정치적 · 사회적 효과를 얻을 수 있는 수단으로도 여겨졌다. 그렇다 보니 역사를 통틀어 암살 사건은 자주 발생했고 중대한 분수령이 되기도 했다. 해당 사건을 계기로 역사의 흐름이 크게 달라지는 경우가 흔했으며 수많은 이들의 삶에 막대한 영향을 미쳤다.

본 저서는 한국사와 세계사에서 발생했던 실제 암살 사건, 암살설 미스터리, 암살 미수 등을 다뤘다. 해당 사건뿐만 아니라 그 전후의 역사도 폭넓게 다뤄줌으로써 독자들에게 흥미와 지식, 교훈을 동시에 전달하려 했다. 특히 암살설 미스터리 부분에서는 역사학계 일각에서 제기되는 의혹들을 바탕으로 표면적인 역사 너머에 있는 것들을 추정해 봤다.

취미 삼아 주말에 틈틈이 글을 썼다. 역사 자체에 애착이 크며 과거의 주요 사건들을 널리 공유하고 싶다는 생각에 이 일을 하고 있다. 독자들이 책에 담긴 내용들을 재미있게 읽고 역사에 지속적인 관심을 가졌으면 좋겠다.

_최경식

● 차 례

암살의 역사
세계사 편

암살의 역사

- 한국사 편 -

01

혜종 암살설

권력 쟁투에 희생된 왕건의 장자

고려판 왕자의 난 전말

고려 제2대 왕 혜종의 무덤 '순릉'. 왕건의 장자였던 혜종은 고려판 왕자의 난에 휘말려 석연치 않게
죽음을 맞이했다.

"혜종이 승하할 당시 궁궐의 모든 문이 봉쇄됐고 사람들의 출입이 엄격히 제한됐다고 한다. 보통 왕이 사망할 때 많은 신료들이 근거리에 위치해 왕의 상태를 실시간으로 파악하고 만약의 사태를 대비하곤 한다. 즉 혜종의 사망 당시 풍경은 일반적인 경우와는 상이한 모습이 연출됐다."

한 국가가 창업한 직후에는 필연적으로 혼란이 뒤따른다. 특히 창업자의 뒤를 이을 후계 권력을 둘러싸고 치열한 쟁투가 벌어지는 경우가 흔하다. 대표적으로 조선 초기에 발생한 '제1,2차 왕자의 난'이 그것이다. 태종 이방원이 중심이 된 해당 사건은 세간에 널리 알려져 있다. 고려 초기에도 이와 유사한 권력 쟁투가 있었다. 그런데 고려 시대 사건은 조선의 그것보다 복잡하고 의혹이 짙다. 권력 쟁투를 야기한 인물은 대호족인 '왕규'로 알려졌다. 그가 야욕을 품고 반란을 일으켰다는 것이다. 역사에 '왕규의 난'으로 기록된 권력 쟁투로 인해 신생국가 고려는 큰 혼란에 빠졌다. 이런 가운데 왕건의 장자이자 고려 제2대 왕인 '혜종'과 주요 신료가 사망하는 일도 발생했다. 역사는 해당 사건의 책임을 전부 왕규라는 인물에게 돌린다.

하지만 역사는 때론 '정사'로만 이해할 수 없는 부분이 있다. 정사 너머에 있는 영역을 추정해 볼 수도 있다. 당시 여러 정황을 감안할 때, 왕규의 난은 납득이 안 되는 측면들이 많다. 반란을 일으킬 만한 역량을 충분히 갖추지 못했음에도 굳이 반란이라는 무리수를 뒀다고 한다. 이 같은 의구심은 다른 인물들에게 혐의점을 돌리게 한다. 바로 '왕요'와 '왕소'라는 인물들이다. 왕규와 달리 군사적 기반을 갖췄던 이들이 '권력 찬탈'을 목적으로 반란을 일으켰다는 추정이 뒤따른다. 이른바 '고려판 왕자의 난'이다. 왕규의 난보다 설득력이 높은 왕자의 난으로 인해 고려는 초기부터 '골육상쟁'의 비극을 경험했다고 볼 수 있다. 미약한 군주였던 혜종의 석연치 않은 죽음과 고려 초기 권력쟁투 전말을 되돌아봤다.

왕건의 정략결혼

태조 왕건은 후삼국 통일 과정에서 전국의 호족 세력을 아우를 수 있는 전략을 취했다. 대표적인 게 바로 '정략결혼'이다. 왕건이 거느린 부인은 무려 29명, 슬하에 25명의 아들을 뒀다. 이 정책은 급박한 시기에는 장점을 발휘했다. 유력 호족 딸과의 혼인을 통해 정권 안정과 통일 전쟁을 효과적으로 수행할 수 있었다. 그러나 평시에는 단점이 드러났다. 너무 많은 가문을 왕족으로 들이고 아들도 대량 생산하다 보니, 필연적으로 권력쟁투의 빌미를 제공했다. 즉 왕건의 정략결혼은 '동전의 양면'이었던 셈이다. 정략결혼의 부정적인 측면은 고려 제2대 왕 혜종의 즉위를 전후로 가시화됐다.

왕건의 장자인 혜종의 경우 외가가 나주 오 씨 가문이었다. '고려사' 기록에 따르면 이 가문 문들은 혜종이 비록 왕건의 장자였다 하나 얕잡아보고 멸시했다. 이런 가운데 왕건은 반대가 적지 않을 줄 알면서도 혜종을 차기 왕으로 만들려고 했다. 혜종이 장자여서 또

암살의 역사

는 오씨에 대한 사랑이 지극했기 때문이었을 것으로 추정된다. 다만 한미한 가문 출신인 것이 마음에 걸렸다. 왕건은 계책을 발휘했다. 천자만이 입을 수 있는 곤룡포인 '자황포'를 담은 상자를 오씨에게 전달하도록 했다. 오 씨는 그것을 개국공신인 '박술희'에게 보여줬다. 순간 왕건의 의중이 무엇인지를 파악한 박술희는 "왕무(혜종)가 태자가 돼야 한다"라고 강하게 주청 했다. 이에 힘입어 혜종이 왕건의 후계자가 됐다.

혜종은 일반적으로 알려진 것과 달리 유약한 사람만은 아니었다. 그는 아버지를 따라 후삼국 통일 과정에서 군사적 공을 많이 세웠다. '동국통감'에 따르면 혜종은 "용력이 강해서 쇠도 구부릴 수 있었다"라고 하며, 자신을 암살하러 온 자객을 맨주먹으로 때려눕히기도 했다. 전형적인 무인의 모습이었다. 그러나 개인적 능력은 출중했지만, 좋지 않은 출신 성분과 정치적 구도가 계속 발목을 잡았다. 특히 혜종 앞에는 유력 호족 세력은 물론 '왕요'와 '왕소'라는 무시 못할 동생들도 있었다. 훗날 정종과 광종이 되는 인물들이다. 이들은 혜종과 달리 든든한 뒷배경을 갖고 있었다. 유력 가문인 충주유 씨 가문 출신이며 왕건의 사촌동생인 '왕식렴'이 이끄는 서경 세력의 후원을 받았다. 왕요와 왕소, 왕식렴 세력이 마음만 먹으면 어떤 일이 벌어질지 알 수 없었다. 이처럼 불안한 상황 속에서 혜종은 943년 왕건의 뒤를 이어 고려 제2대 왕으로 즉위했다.

왕규의 난?

왕건은 죽기 직전 혜종의 안위를 걱정해 조치를 취하긴 했다. 군사적 기반을 갖고 있는 핵심 측근 박술희에게 혜종을 옹위토록 했다. 박술희와 더불어 왕건의 유조를 받든 것으로 보이는 주요 인물이 한 명 더 있었다. 바로 '왕규'다. 왕규는 한강의 수운을 장악해 막강한 경제력을 보유한 광주 일대의 유력 호족이었다. 왕건에게 왕 씨성까지 하사 받았을 정도로 총애를 받았던 인물이다. 왕규의 두 딸은 왕건의 15번째 16번째 왕비로 들어갔고, 또 다른 딸은 혜종에게 시집을 갔다. 왕규는 왕건과 혜종의 장인이었던 셈이다. 그런데 '고려사'는 왕규를 역적으로 기록하고 있다. 왕건이 죽고 미약한 혜종이 왕위에 오르자, 왕규는 권력에 대한 야욕을 노골적으로 드러냈다고 한다.

왕규는 권력을 자신에게 집중시키기 위해 노력하는 한편 정적들을 차례로 제거해나가려 했다. 혜종이 병석에 누웠을 때, 왕요가 박술희를 강화도로 유배 보냈다. 역심을 갖고 있다는 게 이유였다. 이틈을 타 왕규는 왕명을 빙자해 박술희를 죽였다. 왕규는 강력한 경쟁자들인 왕요와 왕소도 제거하기 위해 혜종에게 이들이 반역을 꾀하고 있다고 보고했다. 그러나 마음이 여리고 권력 기반이 취약한 혜종은 이 모함을 듣고도 처벌은커녕 왕소에게 자신의 딸을 시집보내며 회유했다. 왕규는 뜻대로 되지 않자, 혜종을 시해한 뒤 외손자이자 태조의 아들인 '광주원군'을 왕으로 옹립할 음모를 꾸몄다. 이에 혜종의 침소에 자객을 보내 암살을 시도했다. 상술했듯 뛰어난 무인이었던 혜종은 이 자객을 친히 제압했다. 왕규는 직접 자객들을 이끌고 혜종의 침소를 급습하기도 했지만, 혜종은 최지몽의 예

암살의 역사

언을 듣고 급히 다른 곳으로 몸을 피했다.

이처럼 암살 위협을 받고 실권이 없는 혜종은 정상적인 국정 운영을 할 수 없었다. 그는 병을 얻어 몸져누웠고 얼마 안 가 세상을 떠났다. 즉위한 지 2년 3개월 만이었다. 혜종의 뒤를 이어 왕요가 고려 제3대 왕(정종)으로 빠르게 즉위하자 왕규는 반란을 일으켰다. 정종은 왕식렴의 군사력에 힘입어 왕규를 가볍게 제압했다. 이후 왕규는 갑곶으로 유배를 떠났고 그곳에서 죽임을 당했다. 이때 왕규를 따르던 무리 약 300명도 처형됐다. 이로써 고려사 최초의 반란이었던 '왕규의 난'이 종결됐다.

고려판 왕자의 난

혜종의 죽음과 정종의 즉위, 왕규의 난 등과 관련해 석연치 않은 점이 너무 많다. 우선 혜종의 경우 죽음과 관련한 별다른 징후가 보이지 않다가 갑작스럽게 사망했다. 비록 권력 기반은 취약했지만, 제 몸을 스스로 지킬 수 있었던 강건한 무인이 급서 했다는 것은 의혹을 사기에 충분하다. 단순 병사가 아니라 외부 세력에 의한 '타살'을 배제할 수 없다는 것이다. 관련 기록을 보면 혜종이 승하할 당시 궁궐의 모든 문이 봉쇄됐고 사람들의 출입이 엄격히 제한됐다고 한다. 보통 왕이 사망할 때, 많은 신료들이 근거리에 위치해 왕의 상태를 실시간으로 파악하고 만약의 사태를 대비하곤 한다. 즉 혜종의 사망 당시 풍경은 일반적인 경우와는 상이한 모습이 연출됐다. 죽음과 관련해 '무언가 숨기고 있는 게 아닌가' 하는 의혹을 불러일으킬 만하다.

 고려사는 왕규를 과대평가하는 경향이 있다. 공식적으로 '왕규의 난'이라고 명명했지만, 실제로 왕규가 반란을 일으킬 만한 능력을 보유했는지는 의문이다. 왕규는 정치력, 경제력 측면에서는 매우 우수했다. 그러나 박술희나 왕식렴처럼 군사적 기반을 갖추지는 못했다. 이런 상황에서 엄연히 강한 무력을 보유한 정적들(왕요, 왕식렴 등)을 앞에 두고 당당히 반란이라는 무리수를 두는 게 상식적인지 반문하지 않을 수 없다. 또한 왕위 계승 서열에서 한참 뒤떨어져있는 광주원군을 굳이 차기 왕으로 세우려 한 것도 납득이 되지 않는 부분이다. 왕건과의 관계를 살펴봐도 왕규의 반란 혐의점은 떨어진다. 상술했듯 왕규는 왕건에게 큰 총애를 받아 왕 씨성까지 하사 받았고 딸들을 왕건과 혜종에게 시집보냈다. 박술희와 더불어 혜종을 잘 보필하라는 왕의 고명을 받은 몇 안 되는 대신이기도 했다. 왕건은 박술희의 군사력과 왕규의 정치력 및 경제력을 혜종의 지지 기반으로 삼으려 했다. 이런 부분들을 감안하면, 왕규가 사실상 같은 편인 박술희를 죽여야 할 하등의 이유가 없으며 그는 혜종의 '친위 세력'이었을 가능성이 매우 높다.

 혐의점은 자연스레 왕요와 왕소, 왕식렴에게 쏠린다. 무엇보다 이들은 강력한 군사력을 보유하고 있었다. 더욱이 유력한 가문 출신이었기 때문에 이들을 지지하는 호족 세력들도 많았다. (이 호족 세력들은 시종일관 한미한 가문 출신인 혜종을 왕으로 인정하지 않았다.) 결국 쿠데타를 할 수 있는 능력과 가능성은 왕규보다 이들이 훨씬 높았다고 보는 게 상식적이다. 그렇다면 딴마음을 품고 있는 왕요와 왕소, 왕식렴 입장에서 반드시 제거해야 할 대상은 친 혜종 세력의 핵심인 박술희와 왕규였을 것이다. 이에 따라 왕요가 박술희를 유배 보낸 것, 추후에 왕규를 빠르게 처단한 것 등이 모두 설명 가능해진다.

다시 고려사의 내용으로 돌아가 몇 가지를 더 살펴볼 필요가 있다. 정종이 즉위한 뒤 (동의하지 않지만 정사에 기록된 대로) 왕규의 난이 발생했을 때, 왕식렴의 행적이 예사롭지 않다. 보통 예상치 못한 반란이 일어나면 큰 혼란이 뒤따르고 이를 진압하는 데에도 상당한 시간이 걸릴 수 있다. 왕식렴은 그렇지 않았다. 왕규가 반란을 일으킬 것을 '미리 알고 있었던 것처럼' 매우 기민하게 움직여 난을 진압했다. 이는 정종과 왕식렴 등이 사전에 치밀하게 준비한 '집권 플랜'이 있었기에 가능했던 것으로 보인다. 앞선 정황들을 기반으로 추정을 덧붙이자면, 정종 세력이 혜종을 시해한 후 집권에 성공했고 반역 소식을 접한 왕규가 일단의 무리들을 이끌고 오자 (일찌감치 이를 예상했던) 왕식렴의 군대가 기다렸다는 듯 신속히 진압했을 가능성이 있다. 혜종이 죽은 뒤 차기 왕이 선정되는 과정도 석연치 않다. 기본적으로 정종이 매우 빠르게, 자연스럽게 즉위했다. 마치 예정된 수순이었던 것처럼 말이다. 더욱이 혜종에겐 엄연히 '흥화군'이라는 어린 아들이 있었다. 선왕의 후사가 있었음에도 불구하고, 왕요가 신료들의 추대를 받아 빠르게 왕위에 올랐다는 것은 '권력 찬탈'을 강하게 암시하는 대목이다.

왕규의 난이 진압된 후 고려사에선 광주원군에 대한 언급을 일절 찾아볼 수 없다. 통상적으로 반역이 진압되면 그 주동자는 물론 옹립하려던 대상까지도 모조리 숙청된다. 그렇다면 역사 기록에 당연히 광주원군에 대한 내용이 적지 않게 나와야 한다. 전혀 나오지 않았다는 것은 '반역의 수괴 광주원군'이란 존재 자체가 없었을 수도 있음을 방증한다. 끝으로 정종 세력이 왕규를 따르던 무리 약 300명을 처형했다는 사실도 의미심장하다. 그 당시 하나의 사건에 연루돼 처형된 사람들이 300명이라는 것은 상당한 숫자다. 그만큼 조정 안팎에서 정종 세력의 움직임을 옳게 여기지 않고 반대한 사람들이 많았음을 추정해 볼 수 있다. 지금까지의 모든 의혹을 정리하면, 고려 초기 일련의 사건들의 중심엔 '왕규의 난'이 아니라 사실상 '고려판 왕자의 난'이 있었다고 보는 게 합리적이다. 그리고 모든 누명이 왕규에게 뒤집어씌워졌다고 봐야 한다.

서경 천도 추진과 정종의 죽음

정종은 과도한 숙청의 후폭풍을 경계했다. 이에 당시 고려의 수도였던 개경을 떠나 서경으로 천도하려 했다. 어찌 보면 자신들의 행위가 개경 백성들에게 지지를 받지 못했음을 자인한 것으로, 이 또한 정종 세력의 움직임이 잘못된 것이었음을 방증하는 사례다. 서경은 정종의 후견인인 왕식렴이 똬리를 틀고 있는 곳이었기 때문에 천도 카드는 정치적으로나 군사적으로 정종에게 유리했다. 당시 정종은 "개경의 지기(地氣)가 나빠져서 한 나라의 도읍으로 삼기 힘들며, 서경으로 천도함이 고구려의 고토 회복에 유리하다"라고 말했다. 그러면서 태조의 유훈을 상기시켰다. 앞서 왕건은 후대의 왕들을 위한 10개의 유훈인 '훈요십조'에서 "서경은 우리나라 지맥의 근본이 되고 대업을 만대에 전할 땅"이라고 밝힌 바 있다. 기실 정종은 왕건의 유훈을 받들어 서경으로 천도한다는 그럴듯한 명분을 내세웠지만, 그 속을 들여다보면 개경에서 민심을 크게 잃은 것이 결정적이었다.

하지만 서경 천도 추진도 녹록지 않았다. 새로운 궁궐을 짓기 위해 공사를 크게 벌이면서 서경에서조차 정종에 대한 반감이 증폭됐다. 수많은 신료들도 오랫동안 머물렀던 개경을 떠나 새로운 지역으로 가는 것에 대한 반감이 컸다. 그럼에도 정종은 서경 천도를 집요하게 밀어붙였다. 이런 와중에 정종이 재위 4년 만인 949년 27세의 이른 나이에 갑자기 세상을 떠났다. 여진의 사신을 접견하는 자리에서 별안간 터진 천둥소리에 놀라 쓰러진 후 병을 얻어 사망에 이른 것이라고 한다. 정종이 죽은 후 동생 왕소가 고려 제4대 왕(광종)으로 즉위했다. 서경 천도 계획도 폐기됐는데, 이때 공사에 시달렸던 서경민들이 일제히 환호성을 질렀다고 한다.

정종의 죽음에도 몇 가지 의혹이 있다. 우선 정종에게도 경춘원군이라는 후사가 있었는데, 이를 배제한 채 굳이 친동생인 왕소가 왕위에 올랐다. 당시 정종과 광종은 지지 기반이 달랐다. 정종은 서경 세력에 의지한 반면 광종은 처가 쪽인 황해도 패서 세력과 긴밀히 연계됐다. 기실 황해도 패서 세력은 정종의 왕권 강화 및 서경천도 정책에 강한 반감을 갖고 있었다. 이에 광종을 부추겼든 아니면 광종과 협력해 쿠데타를 일으켜 정종을 시해한 뒤 광종을 차기 왕으로 추대했을 가능성을 배제할 수 없다. 광종은 즉위한 뒤 정종의 후사인 경춘원군을 죽이기도 했다. 이는 취약한 정통성을 의식해 미리 '후환'을 없앤다는 취지가 있었을 수 있다. 아울러 정종이 사망한 해에 공교롭게도 그의 강력한 지지 기반이었던 왕식렴도 사망했다. 앞서 혜종이 사망한 해에 그의 강력한 지지 기반이었던 박술희도 사망한 것처럼 말이다. 추정해 보건대 반 정종 친 광종 세력이 먼저 왕식렴을 제거해 정종의 군사적 기반을 무력화시킨 후, 최종적으로 무장 해제 상태에 놓인 정종까지 제거한 것으로 볼 수도 있다.

02

공민왕 암살

고려의 마지막 개혁혼이 꺼지다

좌초된 개혁, 암살과 망국 전말

고려 제31대 왕 '공민왕'과 부인인 '노국대장공주'. 공민왕은 시대의 끝자락에서 고려의 개혁을 위해 몸부림쳤지만 측근들에게 암살당했다.

"1374년 9월 홍륜과 최만생 일파는 늦은 밤에 공민왕의 침소에 잠입, 궁녀들과 환관들을 닥치는 대로 죽였다. 이를 본 공민왕은 화들짝 놀라 도망가려 했지만 붙잡혔다. 홍륜과 최만생 일파는 마치 원수를 대하듯 공민왕을 처참하게 난도질했다."

역사적으로 수많은 국가들이 '흥망성쇠'를 거쳤다. 한때 눈부시게 발전했던 국가도 어느 시점 이후부터 쇠락하곤 했다. 다만 쇠락할 때 그것을 되돌려보기 위해 노력하는 움직임도 있었다. 이 같은 노력이 성공하면 해당 국가의 수명은 발전적으로 연장되지만, 실패하면 나락으로 가는 것이었다. 고려의 경우 후자에 해당했다. 고려 시대의 끝자락에서 등장한 '공민왕'은 마지막으로 고려의 개혁을 위해 몸부림쳤던 왕이다. 오랜 기간 지속된 원나라의 간섭에서 벗어나 고려의 '자주성'을 되찾기 위해 동분서주했다. '신돈'이라는 인물을 중용해 정치, 사회적으로 이전과는 다른 급진적인 개혁 정책을 펼치기도 했다. 이에 한때나마 고려가 다시 웅비할 수 있을 것처럼 보였다.

하지만 기성 세력들의 극심한 반발과 사랑하는 부인의 죽음, 대내외적인 반란 및 침입 등으로 공민왕의 개혁은 좌초되고 말았다. 의욕적으로 행했던 개혁의 최종적 실패는 공민왕 자신을 비참한 최후로도 이끌었다. 그는 국정을 내팽개치고 문란한 사생활에 빠져들었다가 측근 세력에 의해 목숨을 잃었다. 그야말로 고려의 마지막 '개혁혼'(魂)이 사그라졌고, 이후 고려는 돌이킬 수 없는 '망국'의 길로 나아가게 됐다. 공민왕의 사례를 보면서 '개혁이 혁명보다 어렵다'라는 말을 상기하게 된다. 혁명은 구체제를 전복시킨 뒤 백지상태에서 새로운 체제를 거침없이 만들어 갈 수 있지만, 개혁은 기성 세력들 및 사회 구성원들과 지난한 조율 과정을 거칠 수밖에 없다. 그만큼 내부 대립 가능성이 크며 합의 시간도 오래 걸린다. 공민왕은 끝내 개혁의 장벽을 넘지 못하고 주저앉은 대표적 사례로서, 현재 대한민국 정치에도 시사하는 바가 크다. '비운의 개혁군주', 공민왕의 개혁정치와 좌절, 암살 전말을 되돌아봤다.

극적인 즉위

공민왕은 1341년부터 원나라에서 지냈다. 당시 고려는 수차례에 걸친 몽골과의 전쟁 이후 원나라에 종속돼 있었다. 원나라에 정기적으로 조공을 바쳤고 태자 등을 볼모로 보냈다. 이에 공민왕도 원나라에서 오랜 기간을 지내야만 했다. 고려는 사위의 나라인 '부마국'(駙馬國)이었던 만큼 고려 태자는 원나라의 공주와 혼인도 해야 했다. 공민왕은 1349년 원나라 공주인 '노국대장공주'와 혼인을 했다. 당초 공민왕은 고려의 왕이 되는 것이 불가능해 보였다. 장자가 아니었고 친모도 원나라 사람이 아닌 고려 사람이었다. 결정적으로 선왕인 충목왕이 후사를 보지 못한 채 즉위 4년 만에 병사했는데, 그 뒤를 이어 이복동생인 충정왕이 즉위했다. 공민왕은 옥좌에서 완전히 멀어지게 된 것처럼 보였다.

하지만 극적인 반전이 일어났다. 충정왕이 즉위한 뒤 수많은 외척과 간신들이 발호해 국정이 크게 문란해졌다. 시간이 갈수록 이같은 모습은 사라지기는커녕 심화됐다. 원나라는 더 이상 고려의 상황을 좌시하지 않았다. 마침내 1351년 원나라는 국정 문란의 책임을 물어 충정왕을 폐위시켰다. 이후 새로운 왕으로 공민왕을 지목했다. 공민왕은 고려의 제31대 왕으로 즉위할 수 있었다. 일설에 따르면, 이 당시 공민왕이 왕위에 오르는 데 있어 부인인 노국대장공주가 큰 역할을 했던 것으로 전해진다.

반원자주정책

원나라는 공민왕을 신뢰했다. 공민왕이 원나라에서 오랜 기간 머물렀기 때문에 원나라의 정책 방향과 문화 등을 잘 이해하고 있으리라 봤다. 원나라 사람인 부인(노국대장공주)과 매우 돈독한 관계를 유지한다는 점도 신뢰를 높이는 요소로 작용했다. 이를 기반으로 원나라는 고려에서 보다 적극적인 '친원 정책'이 행해질 것이라 전망했다. 이는 완전히 빗나갔다. 공민왕은 즉위 직후부터 강력한 '반원자주정책'을 펼쳤다. 이처럼 의외의 정책이 나올 수 있었던 기저에는 무엇보다 공민왕의 냉철한 국제정세 분석이 있었다. 공민왕은 원나라에 있으면서 대륙에서 돌아가는 정세에 깊은 관심을 갖고 학습해 이를 속속들이 꿰뚫고 있었다. 14세기 후반 국제정세는 요동치고 있었다. 그동안 강력한 제국으로 군림했던 원나라가 서서히 쇠퇴했고 새로이 중국 한족이 중심이 된 '명나라'가 부상하고 있었다. 공민왕은 원나라의 국운이 다했다고 봤고, 이 기회를 잘 활용해 움츠러들었던 고려의 자주성 및 영토를 회복시키려 했다. 떠오르는 태양인 명나라와 유착하려는 모습도 보였다.

　우선 공민왕은 고려 사회에 파고들었던 몽골 풍습의 혁파를 단행했다. 당시 대표적인 몽골 풍습으로는 변발과 호복 등이 있었는데 공민왕은 어명을 통해 이를 완전히 금지시켰다. 이 와중에 '조일신의 난' 발생과 부원 세력 강화로 공민왕의 입지가 흔들릴 때도 있었다. 하지만 공민왕은 굴하지 않고 1356년 다시 개혁정치를 단행, 몽골의 연호 및 관제를 폐지한 뒤 문종 대의 제도를 복구했다. 이어 원나라의 내정 간섭 기구였던 정동행중서성이문소도 폐지했다. 공민왕은 원나라의 위세에 편승해 고려 조정을 좌지우지했던 '기철' 일파를 제거하기도 했다. 기철 일파는 원나라 황실과 인척 관계라는 점을 악용해 마치 왕족처럼 행동했다. 기황후가 출산한 아들이 원나라 황태자에 책봉된 후에는 공민왕마저 무시하기에 이르렀다. 이에 격분한 공민왕은 원나라와의 관계 악화를 무릅쓰고 기철 일파를 모조리 척살했다.

　여기서 끝이 아니었다. 공민왕은 여세를 몰아 100년 이상 존속했던 '쌍성총관부'(雙城摠管府)를 폐지하며 원나라에 빼앗겼던 영토를 회복했다. 쌍성총관부는 원나라가 고려의 화주(함남 영흥) 이북을 직접 통치하기 위해 설치한 관부였다. 이후 주원장이 1368년 명나라를 건국하자, 공민왕은 최측근이었던 '이인임'을 급파해 명나라의 공조 약속을 받아낸 후 요동에 남아 있던 원나라 잔존세력을 쫓아냈다. 2년 후에는 이성계를 통해 동녕부를 공격, 오로산성을 점령했다.

연이은 악재, 신돈의 등장

공민왕의 반원자주정책은 매우 과감하고 신속하게 단행됐고 상당한 성과를 거뒀다. 이때까지만 해도 개혁군주 공민왕이 중심이 된 고려가 다시금 웅비할 것처럼 보였다. 그러나 장밋빛 여정만 있는 것은 아니었다. 공민왕 개혁 정치의 발목을 잡는 악재도 연이어 발생했다. 우선 홍건적과 왜구의 침입이 빈번했다. 특히 홍건적의 2차 침입 때 수도인 개경이 함락돼 공민왕은 안동으로 피난을 갔다. 내부의 반란도 자주 발생했는데, 대표적으로 1363년 찬성사 김용의 난과 1364년 최유의 난이 있었다. 특히 충선왕의 셋째 아들인 덕흥군을 왕으로 옹립하려 했던 최유의 난은 고려 사회에 큰 타격을 줬다. 또한 공민왕은 권문세족이 중심이 된 도당의 권한 약화와 외방의 산관에 대한 통제 강화 등을 도모했지만, 권문세족의 극심한 반대에 부딪혀 실패했다.

엎친 데 덮친 격으로 1365년 공민왕에게 가장 치명적인 타격을 주는 일이 발생했다. 그것은 바로 공민왕의 부인인 노국대장공주의 죽음이었다. 노국대장공주는 결혼 14년 만에 어렵게 임신했지만, 아이를 출산하는 도중 갑자기 세상을 떠났다. 공민왕에게 있어 노국대장공주는 마치 '분신'과도 같은 존재였다. 원나라에 볼모로 잡혀있을 때 공민왕은 노국대장공주에게 크게 의지했다. 상술했듯 왕이 되기 어려웠던 공민왕이 즉위할 수 있었던 데에는 노국대장공주

암살의 역사

의 숨은 공로가 있었다. 공민왕이 즉위한 후 반원자주정책을 펼칠 때, 노국대장공주는 본인의 친정은 아랑곳하지 않고 공민왕을 적극 지지했다. 지금까지도 공민왕과 노국대장공주의 애틋한 사랑 이야기는 전설처럼 전해 내려오고 있다. 든든한 후원자이자 그 누구보다 사랑했던 배우자가 세상을 떠나자 공민왕은 큰 실의에 빠졌다. 자신의 개혁 정치가 대내외적으로 큰 도전을 받는 상황에서 발생한 일이라 그 아픔은 더욱 컸다. 그는 노국대장공주를 너무 그리워한 나머지 매일 그녀의 초상화를 그렸다. 그림이 마치 살아있는 듯 마주 보며 식사하고 대화도 했다. 그러다가 갑자기 슬프게 울었고 약 3년 간 고기도 먹지 않았다.

공민왕은 즉위 초 총기가 넘치던 그 영민한 왕이 아니었다. 과거와 달리 국정을 등한시했고 연회를 즐기는 횟수도 부쩍 늘었다. 다만 공민왕이 아예 국정을 나 몰라라 한 것은 아니었다. 뭔가 돌파구를 모색하긴 했다. 그 결과 공민왕은 한 인물을 불러 사부로 삼고 국정을 맡기기로 했다. 그가 바로 '신돈'이다. 신돈은 공민왕이 국정을 맡아달라고 제안했을 때 처음에는 거부하는 모습을 보였다. 초기에는 본인을 통한 개혁이 어느 정도 단행될 수 있겠지만, 머지않아 기득권 세력의 반발이 있을 것이고 그렇게 되면 임금도 본인을 지켜주지 못할 것을 우려했다. 공민왕이 그럴 리가 없다면서 반박하자 신돈은 자신을 지켜주겠다는 '각서'를 대놓고 요구했다. 공민왕은 이를 수락했고 신돈에게 수정이순논도섭리보세공신, 벽상삼한삼중대광 등 수많은 직책을 부여하며 국정의 중심으로 데려왔다.

신돈발 개혁 열차

신돈은 노비의 아들이자 승려였다. 그랬던 사람이 별안간 '왕사' (王師)가 됐으니 백성들 사이에선 신돈이 왕의 눈을 흐리는 '요승'이라는 소문도 돌았다. 공민왕의 신돈 발탁은 절박한 자구책이자 다른 대안이 부재했기 때문이다. '고려사' 반역 열전에서 공민왕은 다음과 같이 말하고 있다. "왕위에 있은 지 오래됐는데 재상들 가운데에 많은 이들이 뜻에 맞지 않았다. 세신 대족들은 친당이 뿌리처럼 이어져 있어서 서로 허물을 가려준다. 초야 신진들은 출세하게 되면 집안이 한미한 것을 부끄럽게 여겨 세신 대족의 사위가 되고 처음의 뜻을 버린다. 유생들은 유약하고 강직하지 못하다. 이 세 부류들은 모두 쓰기에 부족하다. 이에 세속에서 떨어져 '홀로 선 사람' (신돈)을 얻어 그를 크게 사용하겠다."

이러한 이유로 발탁된 신돈은 공민왕의 후원 하에 거침없는 개혁을 단행했다. 우선 개각을 실시해 수많은 기성 신료들을 쫓아냈다. 이에 대한 반발이 상당했지만, 신돈은 아랑곳하지 않고 신속하게 기성 신료 및 좌주·문생 파벌을 축출했다. 이들이 쫓겨난 자리에는 추후 조선 건국의 중심 세력이 되는 신진 유학자들이 대거 들어왔다. 신돈은 신진 유학자들이 성리학을 내세우고 자신이 속한 불교에 반감을 갖고 있다는 것을 잘 알았다. 그럼에도 개혁이란 대의를 위해 이를 눈감아줬다. 아울러 신돈은 몽골 침략 시기에 불탄 '성균관' 건물을 복구했다. 이후 성균관 총관리자인 대사성에 이색, 교육 책임자인 박사에 정몽주, 학관에 이숭인 등 상대적으로 온건

유학자들을 임명했고, 다음 세대를 이끌 지도자로서 신진 유학자들을 양성해 나갔다. 신돈은 '과거 제도'를 개선하는 정책도 추진했다. 이전까지 진사과, 명경과로 분류돼 있던 과거 제도를 전면 개편해 향시, 회시, 전시 세 단계로 설정해 시험을 치르게 했다. 왕도 직접 참여시켜 시험 내용을 검토하고 합격자를 선발하게 했다. 이에 따라 좌주와 문생들이 부정하게 결탁해 합격자를 배출하는 폐단이 완전히 사라졌다. 또한 권문세족과 공신자제들의 출세 특혜를 폐지, 오로지 과거 제도를 통해서만 벼슬길에 오르게 했다.

신돈은 '전민변정도감'(田民辨整都監)도 설치했다. 이는 권문세족들이 과도하게 점유하고 있던 토지, 농장에 불법으로 소속된 노비와 부역을 도피한 양민을 찾아내 정리하는 것이었다. (비슷한 시기에 거대 사찰들도 정리했다.) 권문세족들은 별안간 토지와 노비들을 잃게 되면서 경제적 힘이 크게 약화됐다. 반면 국가의 재정은 튼튼해졌다. 천민과 노비들을 중심으로 신돈에 대한 인기도 급상승했다. 한 때는 노비들이 구세주라 여긴 신돈을 대거 찾아와 자신들을 양민으로 만들어 달라고 요구하는 일도 벌어졌다. 신돈이 이들의 요구를 거의 다 들어주는 파격을 선보이자 노비들은 "성인이 나왔다"라며 환호성을 질렀다. 신돈발 개혁 열차가 거침없이 나아가면서 신돈의 위세는 하늘을 찔렀다. 심지어 원나라 사신들은 신돈을 '권왕'(임시 국왕 또는 국왕 권한을 대행하는 사람)이라고까지 불렀다.

좌초된 개혁

작용이 있으면 반드시 반작용도 있는 법이다. 신돈의 개혁은 급진적이었던 만큼 머지않아 기성 세력들의 극심한 반발을 불러왔다. 권력과 경제적 기반이 흔들렸던 권문세족 등은 더 이상 참지 못하고 공민왕에게 나아가 신돈을 비하하거나 모함하기 시작했다. 새롭게 성장한 신진 유학자들도 심상치 않은 모습을 보였다. 그들은 기본적인 사상의 차이 때문에 신돈을 멀리했고, 공민왕에게 '성리학에 기반한 직접적인 정치'를 펼 것을 요구했다. 신돈에게 불리한 대외적인 요인도 부상했다. 이 즈음 중국 대륙에서는 '원명 교체기'가 형성됐다. 공민왕은 떠오르는 국가(명나라)를 새로운 방식으로 상대해야 했다. 이전처럼 신돈을 내세워 정치를 하는 것이 곤란해진 측면이 있었다. 실제로 공민왕은 명나라의 책봉을 받은 이후부터 친정을 하기 시작했고, 자연스레 신돈의 정치적 영향력은 축소됐다.

이런 가운데 신돈의 사생활이 본격적으로 도마 위에 올랐다. 조선의 개국 세력들이 고려 망국의 원인을 찾기 위해 신돈을 의도적으로 폄하했는지는 모르지만, 신돈이 여색을 심하게 밝혔고 수많은 재물들을 개인적으로 착복했다는 것이다. 처음에 공민왕은 개혁동지이자 스승인 신돈을 감싸는 듯한 모습을 보였다. 하지만 시간이 갈수록 신돈의 사생활을 비판하는 목소리가 커졌다. 그가 행한 개혁 정치에 대한 기성 세력들의 반발도 극심해졌다. 위기감을 느낀 공민왕은 점차 신돈에게서 신임을 거두기 시작했다. 자신에 대한 주변의 공격이 거세지고 공민왕의 신임도 옅어지면서 신돈은 초조

암살의 역사

해졌다.

급기야 궁지에 몰린 신돈을 비참한 결말로 이끄는 사건이 발생했다. 선부의랑 이인이 익명서를 올려 신돈의 모역을 보고했다. 신돈이 공민왕을 암살할 계획을 세웠다는 것이다. (해당 사건은 정치적인 이유로 조작됐을 가능성이 높다.) 공민왕은 한때 전적으로 믿고 맡겼던 사람이 모역을 했다는 소식을 접하자 크게 분노했다. 이에 그는 사건의 진상을 제대로 파악하지도 않고 즉시 신돈을 체포해 수원으로 유배 보냈다. 그리고 이틀 후 유배지에서 신돈을 죽였다. 보통 죄인들을 죽이기 전에 이들을 신문하는 '국문'이 행해졌지만, 신돈은 이를 받지도 못하고 신속히 죽임을 당했다. 기록에 따르면 신돈의 목을 베고 사지를 찢어서 조리돌렸으며 경성 동문에 목을 매달았다고 한다. 공민왕은 비단 신돈뿐만 아니라 그 아들과 측근들도 모두 죽였다. 그가 신돈에게서 느꼈던 배신감이 어느 정도였는지 엿볼 수 있는 대목이다. 신돈이 제거되자 공민왕은 다시 기성 세력과 손을 잡았다. 공민왕의 후원 하에 의욕적으로 추진됐던 신돈발 개혁 정치는 완전히 좌초됐고, 대부분이 다시 원점으로 돌아왔다.

공민왕 암살, 망국

당초 영민한 개혁 군주로 출발해 백성들의 기대를 한 몸에 받았던 공민왕은 이제 개혁에 실패한 초라한 군주로 전락했다. 신돈의 죽음으로 마지막 개혁 의지마저 꺾인 공민왕은 더 이상 국정을 돌보지 않았고 매우 문란한 사생활에 빠져들었다. 심지어 젊은 미소년들로 구성된 '자제위'(子弟衛)를 설치해 남색(동성애적 소아성애)을 즐기기도 했다. 자신의 침소에 미소년들을 불러 시중을 들게 했고, 후궁들과 동침시킨 뒤 이를 바깥에서 몰래 구경했다. 미소년들은 왕의 명을 거역할 수 없었기 때문에 억지로라도 성관계를 맺었다. 공민왕은 몸이 섞인 그들의 모습을 보며 쾌락을 느꼈다. 나아가 스스로 여장을 한 뒤 미소년들과 동성애 행각을 벌였다. (해당 내용들이 조선 시대에 쓰인 '고려사'에 기반한다는 점에서 완전히 믿을 수는 없다. 신생국가 조선의 입장에선 전 왕조를 폄하할 필요성이 있었기 때문이다.)

이런 가운데 자제위의 리더 격인 '홍륜'이 공민왕의 익비 홍 씨를 범해 임신을 시키는 일이 발생했다. 주변의 안 좋은 시선을 의식한 공민왕은 해당 사건을 알고 있는 모든 사람들을 죽이려 했다. 그런 다음 익비가 출산한 아들을 자신의 후사로 만들 생각도 했다. 이때 공민왕에게 임신 사실을 밀고한 환관 '최만생'은 자신도 죽을 수 있다는 위기감을 느껴 사건 당사자인 홍륜에게 공민왕의 계획을 알렸다. 궁지에 몰린 그들은 고심 끝에 왕을 시해한다는 극단적인 선택을 했다. 1374년 9월 홍륜과 최만생 일파는 늦은 밤에 공민왕의 침소에 잠입, 궁녀들과 환관들을 닥치는 대로 죽였다. 이를 본 공민왕은 화들짝 놀라 도망가려 했지만 머지않아 붙잡혔다. 홍륜과 최만생 일파는 마치 원수를 대하듯 공민왕을 처참하게 난도질했다. 공민왕의 온몸이 수많은 칼질에 베이고 찢겼다. 공민왕의 머리도 무사하지 못해 뇌수가 터져 벽에 흩뿌려질 정도였다. 난도질당한 공민왕의 시신은 그대로 방치됐다. 고려 마지막 개혁 군주의 비참한 최후였다. 공민왕 암살 직후 조정은 큰 혼란에 빠졌다. 환관 이강달이 공민왕의 침소가 온통 피투성이가 된 것을 본 뒤, 왕이 편찮다고 거짓말하며 문을 걸어잠갔다. 신료들은 심상치 않음을 눈치챘지만 지레 겁을 먹어 입궐하려는 자가 없었다. 이때 거의 유일하게 사태 수습에 나선 인물이 바로 수문하시중 이인임이다. 당초 그는 공민왕의 침소에서 멀지 않은 곳에 있었고, 사건 이후 최만생 등을 붙잡아 국문하고 자백을 받아냈다. 이후에도 이인임은 사건 해결을 진두지휘하면서 주변 사람들을 끌어들이고 각 부를 장악해 나갔다.

공민왕의 뒤를 이어 그의 아들이라고 알려진 '모니노'(우왕)가 왕위에 올랐다. 우왕은 공민왕이 신돈의 집에 들렀을 때 만났던 신돈의 몸종 '반야'로부터 낳은 자식이었다. 훗날 조선의 개국 세력들은 우왕을 공민왕의 아들이 아닌 신돈의 아들로 규정했다. 뒤이어 '폐가입진'(廢假立眞)이라는 명분을 내세워 우왕과 그의 아들 창왕을 폐위시킨 뒤 사사했다. 폐가입진은 가짜왕을 폐하고 진짜왕을 세운다는 뜻이다. 공민왕이 사망한 후 고려는 오래가지 못했다. 권문세족들의 전횡 및 지배층의 갈등, 토지제도의 모순 등이 심화됐고, 대외적으로는 왜구 침입과 명나라의 압박이 고조됐다. 공민왕의 뒤를 이은 고려의 왕들은 초기 공민왕처럼 일말의 개혁이나 혼란을 잠재울 만한 역량을 조금도 갖추지 못했다. 결정적으로 무리한 요동 정벌에 반대하며 발생한 '위화도 회군'이 고려의 수명을 재촉했다. 결국 공민왕 승하 후 18년이 지난 1392년 고려는 멸망했다. 고려의 빈자리는 새로이 '역성혁명'(易姓革命)을 내세운 이성계와 신진사대부들의 '조선'이 대체했다.

03

문종 암살설

한 의관의 수상한 행적

준비된 왕의 석연치 않은 죽음 전말

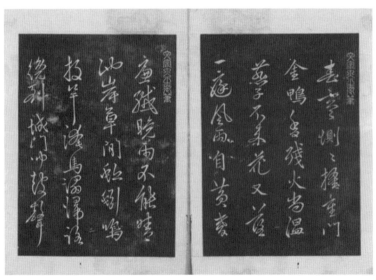

문종 친필 글씨. 다방면으로 뛰어났던 문종은 즉위한 지 얼마 되지 않아 세상을 떠났다. 이후 조선
에는 비극이 닥쳤다.

"허리 위에 종기는 비록 보통 사람이라도 삼가고 조심하는 것이 마땅한데. 하물며 임금이겠습니까? 종기에는 움직이는 것과 꿩고기는 금기입니다. 그러나 '전순의'는 문종께서 처음 종기가 났을 때 사신을 접대하게 하고 관사(활 쏘는 것을 구경하고 상을 주는 것)하게 하는 등 여러 운동을 다 해로움이 없다고 여겼습니다."　_단종실록 中

　역사에 '만약'은 없다고 한다. 그럼에도 만약을 걸고 상상을 해본다면 어떨까. 개인적으로 특정 인물이 더 오래 살았다면 어땠을지를 자주 상상하곤 한다. 가장 대표적인 인물이 본편에서 다룰 조선 제5대 왕 '문종'이다. (정조와 소현세자도 포함된다.) 특별히 이 군왕을 염두에 두고 상상하는 건 나름의 이유가 있다. 문종이 매우 뛰어났기 때문이다. 아버지 '세종'의 문인적 지성과 증조할아버지 '태조'의 무인적 기질 등 장점만을 쏙 빼닮았다. 백성을 위한 애민정신과 효심이 지극했으며 용모도 빼어났다. 만약 이런 군왕이 세종의 뒤를 이어 오랜 기간 국정을 운영했다면 조선은 크게 발전했을 것이다. 문종 사후에 불어닥친 수양대군발 피바람도, 단종의 비극도, 지나친 공신 세력의 득세도 없었을 것이다. 하지만 그렇게 되지 못했기에 아쉬움만 클 뿐이다. 아쉬움이 큰 만큼 상상을 더하게 된다.

　사람들은 문종의 건강이 좋지 않아 요절했다고 생각한다. 물론 그럴 수 있지만, 역사학계 일각에선 다른 가능성도 제기된다. 바로 '문종 암살설'이다. 한 의관의 수상한 행적들이 이를 뒷받침하고 있다. 현재는 물론 당대에도 이에 대한 문제제기가 강하게 나왔다. 나아가 그 배후에 유력한 세력까지 존재할 수 있음이 거론되면서 암살설은 큰 탄력을 받았다. 배후 세력으로 의심되는 대상은 누구나 알 만한 '그 인물'이다. 암살설은 문종의 죽음에 대한 아쉬움을 극대화시키고 이후에 벌어진 비극들에 더욱 분노하게 한다. 상술했듯 문종이 갖는 역사적 무게감이 막중하다는 것을 방증하는 셈이다. '준비된 군왕', 문종 암살 의혹과 사후 비극적 사건들을 되돌아봤다.

준비된 왕

문종에 대한 역사가들의 평가는 한마디로 '준비된 왕'이었다. 실록에 따르면 문종은 어렸을 때부터 남달라 주변의 이목을 집중시켰다. 심지어 당시 군왕이었던 '태종 이방원'은 양녕을 폐하고 충녕을 새로운 세자로 세울 때 "충녕 아들에겐 장대한 놈(문종)이 있다"라는 말도 남겼다. 충녕을 새로운 세자로 내세우는 명분에도 꼽힐 만큼 문종은 영특했던 것이다. 문종은 세자 시절에 날마다 서연을 열어서 강론함을 게을리하지 않았고 모든 동작을 한결같이 법도에 따라했다. 감정 변화를 얼굴에 잘 나타내지 않았으며 여색을 가까이하지도 않았다. 항상 몸과 마음을 바르게 하며 수양했던 것이다.

문종은 자라면서 과학, 천문, 병법, 무예, 음악, 음운 등 다방면에 통달한 것으로 전해진다. 이를 바탕으로 오늘날까지 찬사를 받는 기발한 발명품들을 만들어내는데 일조하기도 했다. 세종 때 발명된 측우기와 화차(이동식 대포)는 문종이 제시한 생각을 기초로 만들어졌다. 또한 세종의 치세 마지막 7년 정도는 사실상 문종의 치세라고 할 수 있을 정도로, 세종 말기에는 문종이 대신 정사를 잘 돌보며 국가와 백성을 안정시켰다. 전분 6등, 연분 9등의 전세법 제정과 훈민정음 반포 등도 문종의 손길이 미친 치적들이었다. 문종은 능력뿐만 아니라 용모도 매우 출중했다. 명나라 사신이 조선에 왔을 때 문종을 보고는 "이 나라는 산천이 아름답기 때문에 인물도 이렇게 아름다운가"라며 감탄을 했다고 한다. 스스로를 '제갈공명'에 비유할 정도로 문무를 겸비하고 성군적 자질이 다분했던 왕. 만약 문종이 세종의 뒤를 이어 장기간 국가를 통치했다면 태평성대는 계속되고 국가는 크게 발전했을 것이라는 데 이견이 없다.

하지만 문종은 오래 살지 못했다. 왕위에 오른 지 불과 2년 만인 1452년 5월에 세상을 떠났다. 성군으로 칭송을 받았던 아버지에 버금가는, 아니 어쩌면 아버지를 능가할 수도 있었던 전도유망한 왕이 죽자 조정 신료들과 백성들의 슬픔은 이루 말할 수 없었다. 실록에는 다음과 같이 기술돼 있다. "여러 신하들이 모두 통곡하여 목이 쉬니. 소리가 궁궐에 진동해 스스로 그치지 못하였으며 거리의 소민들도 슬퍼서 울부짖지 않는 사람이 없었다. 이때 사왕(단종)이 나이가 어려서 사람들이 믿을 곳이 없었으니, 신민의 슬퍼함이 세종의 상사보다도 더하였다." 문종의 뒤를 이어 그 아들인 '단종'(이홍위)이 13세의 어린 나이에 즉위했다.

한 의관의 수상한 행적
문종의 죽음은 과도한 업무와 연이은 3년상(어머니 소현왕후, 아버지

세종 장례)에 따른 것이라는 의견이 있다. 어느 정도 일리가 있다. 하지만 이것이 전부는 아니다. 석연치 않은 죽음에 대한 의혹이 상당하다. 당시 문종을 진료했던 의관인 '전순의'라는 인물에 대해 살펴볼 필요가 있다. 전순의는 매우 미천한 신분 출신이다. 그럼에도 종2품 자헌대부까지 올랐으니 그 의료 실력이 대단했던 것으로 보인다. 세종 때 금성대군을 치료하는 등의 공로를 인정받아 문종 시대에는 사실상 내의원의 우두머리이자 조선 제1의 명의로 여겨졌다. 그런데 전순의는 유독 문종을 진료할 때에만 이해할 수 없는 행동을 나타냈다. 정통 의서에 입각해 제대로 된 진료를 하지 않았던 것이다. 결국 문종을 위태롭게 하는 큰 문제도 발생시켰다.

일부 신하들의 주청으로 전순의는 다른 곳으로 좌천됐다가 문종의 배려로 다시 복직할 수 있었다. 이때 사헌 지평 이의문은 문종 앞에 나아가 전순의를 비판하며 복직은 안 된다고 간청했다. 그는 "전순의 등은 의가에서 출신 하였으니 무릇 그 의술에 근신해야 마땅할 것입니다. 하지만 지난번 임금의 옥체에 종기가 발생했을 때 의서를 상세히 참고하지 않아 임금의 옥체를 위태롭게 할 뻔했습니다. 신 등이 이를 생각하면 놀라움을 견딜 수 없습니다. 청컨대 이 명령(복직)을 거둬주소서"라고 말했다. 그러나 문종은 "다만 의술이 정밀하지 못한 때문이니 어찌 다른 마음이야 있었겠는가?"라고 말하며 복직을 허락했다.

문종은 재위 2년 차에 몸에 또 종기가 발생했다. 종기가 생겼을 때에는 크게 움직이지 말고 휴식을 취하는 게 급선무였다. 대부분의 신료들은 문종에게 국정운영은 잠시 뒤로 미루고 휴식을 취하라고 권했다. 문종은 외교 등 일부 국사만 챙기려 했다. 신료들은 매일 사정전에 나와 전순의에게 문종의 상태를 물었다. 이때 중요한 점은 의관이 임금의 현재 상태를 신료들에게 솔직히 보고하는 것이었다. 그래야 신료들이 만약의 사태에 적절히 대처할 수 있었다. 문종의 상태가 위중할 경우, 그 즉시 임금이 중병에 걸렸을 때 임시로 세워지는 관서인 '시약청'이 설치된다. 총책임자인 영의정을 비롯해 주요 신료들이 매일 모여 비상근무도 하게 된다. 그런데 전순의는 문종이 승하하기 직전까지 왕의 상태가 양호하다고 보고했다. 그는 "임금의 종기가 난 곳은 농즙이 흘러나와서 지침이 저절로 뽑혔으므로, 오늘부터 처음으로 찌른 듯이 아프지 아니하여 평일과 같다"라고 말했다. 신료들은 문종의 상태를 확실히 살펴보지 않았고 그저 안심한 후 물러갈 뿐이었다. 이때까지만 해도 신료들은 왕이 곧 사망할 것이라곤 조금도 생각하지 않았다. 하지만 며칠 후 문종의 상태는 급격히 나빠졌고 결국 세상을 떠나고 말았다. 전순의의 말만 믿고 마음을 놓고 있었던 신료들은 어안이 벙벙했다.

문종 승하 후 사헌부와 의금부에서 사인과 관련한 조사가 이뤄졌다. 여기서 충격적인 내용들이 밝혀졌다. 문종이 종기로 고생하고 있는데, 전순의가 종기와 상극인 구운 '꿩고기'를 문종에게 계속 올렸다는 것이다. 한의학 등에서 절대 금하는 것을 버젓이 행한 셈이다. 아울러 화농되지 않은 종기를 침으로 찔렀고, 절대 안정이 필요한 상황에서 사신 접대나 활 쏘기를 구경시켜 병세를 악화시켰다는 지적도 나왔다. 이에 사헌부와 의금부에선 전순의를 즉각 극형에 처해야 한다고 주청 했다. 그들은 "대행 대왕(죽은 뒤 시호를 받기 전의 임금. 문종)의 병환이 점점 깊어지므로 여러 신하들이 근심하고 염려하지 않는 이가 없었는데, 내의 전순의 등이 모두 증세가 순하다고 하고 부적절한 처방을 하였으니 국문해 치죄하기를 청한다"라고 목소리를 높였다. 전순의는 궁지에 몰린 듯이 보였다.

어른거리는 수양대군의 그림자

단종이 전순의를 살렸다. 단종은 전순의를 내의원에서 쫓아내는 걸로 사건을 마무리지으려 했다. 별다른 의심을 하지 않았던 것으로 보인다. 단종의 처사는 사헌부에서 요구한 것에 비하면 너무나 가벼운 형이었다. 사헌부에선 거듭 극형을 주청 했다. 이때 전순의를 지지하는 인물이 나타났다. 의정부 우참찬 이사철이라는 인물이었다. 그는 "전순의는 재주가 용렬할 뿐이지 정상이 있지 아니하다. 만약 털끝 하나만 한 정상이라도 있다면 어찌 전순의를 아끼겠나? 또 그때 이미 죄를 정하였으니 추론하는 것은 불가하다"라고 주장했다. 이에 대해 사헌부 지평 '유성원'이 반박에 나섰다. 그는 "의술이 용렬하다면 당연히 임금을 보좌하는 신하들에게 널리 의논하고 방서의 처방을 삼가 지켜야 하는데, 전순의는 그렇게 하지 않아서 금기를 피하지 않았을 뿐만 아니라 해로울 것이 없다고 해서 대고(큰 사고)에 이르게 했으니, 그 죄는 죽여도 용납할 수 없다"라고 주장했다. (유성원은 훗날 '사육신' 중의 한 명이 된다.) 유성원을 필두로 사헌부는 끈질기게 전순의 극형의 목소리를 높였다. 하지만 단종은 전순의를 내의원에서 추방하는 걸로 마무리했다.

　이쯤에서 반드시 살펴봐야 할 부분이 있다. 전순의의 행동이 개인적인 '실수'였냐는 점이다. 이런 것으로 치부하기엔 조선 제1 명의의 치명적인 과오가 너무 많았다. 무언가 '배후 세력'이 개입된 의도적인 음모였을 가능성을 배제할 수 없다. 그 배후 세력이란 바로 '수양대군'이다. 기실 전순의가 문종을 진료할 때 긴밀히 상의했던 사람은 수양대군과 수양대군 최측근인 도승지 '강맹경'이었다. 당시 수양대군은 왕의 진료에 관여할 수 있는 자리에 있었다. 문종의 목숨이 위태로워졌을 때에도, 전순의는 수양대군 및 강맹경과 함께 방서를 상고했다. (다시 말해 문종이 죽기 직전에 가서야 방서를 참고했고, 그 전엔 자기 마음대로 했다는 것을 의미한다.) 앞서 왕실 종친이, 그것도 힘이 있는 대군이 왕의 진료에 관여하는 것에 대한 문제제기가 있었지만, 문종은 수양대군을 내치지 않았다.

　만약 문종이 급서했을 때, 가장 큰 수혜를 입는 인물은 누구였을까. 차기 왕이 될 단종은 아니다. 아직 어린 나이이고 수렴청정을 할 대비도 없었기 때문에 오히려 가장 큰 피해를 입는다. 김종서, 황보인 등 문종이 아꼈던 주요 대신들도 문종의 급서로 이득을 볼 게 거의 없다. (이들은 문종에게 "내 아들을 잘 부탁한다"라는 고명(顧命)을 받은 대신들이기도 했다.) 결과적으로 수양대군이 가장 큰 수혜를 입는다. 상대하기 쉬운 어린 왕을 제치고, 문종이 살아있을 땐 꿈도 못

꿨던 용상을 도모해 볼 수 있기 때문이다. 이러한 위험성을 갖고 있는 수양대군이, 하필 전순의와 함께 문종의 진료에 깊이 관여했을 때 불행한 일이 발생한 것을 단순히 우연으로 취급할 수 있을까. 잘못된 진료의 고의성과 음모를 충분히 의심해 볼 수 있는 대목이다.

1453년, 수양대군이 '계유쿠데타'(계유정난)로 권력을 장악한 이후에는 혐의점이 더욱 뚜렷해진다. 쫓겨났던 전순의가 다시 주요 자리로 오게 됐다. 전순의와 동일한 처벌을 받았던 변한산, 최읍도 돌아올 수 있었다. 사헌부에서 다시 반대 목소리를 냈지만 단종은 전순의 등의 복권을 확정했다. 이때 단종이 한 말이 있다. "이미 대신과 깊이 논의했다." 여기서 말하는 대신이란 바로 수양대군이다. 결국 수양대군이 전순의 등의 복권을 밀어붙인 셈이다. 복권뿐만이 아니라 국가가 가져갔던 과전까지 되돌려줬다. 나아가 수양대군은 왕이 된 이후 본인의 즉위를 도왔던 79명을 원종공신으로 책봉했는데, 전순의도 이 가운데 한 명으로 책봉됐다. 여기서 끝이 아니었다. 전순의는 지속적으로 출세 가도를 달렸다. 세조 2년 정 3품 당상관인 첨지중추원사, 세조 8년 종 2품인 동지중추원사, 세조 10년 정 2품인 자헌대부 동지중추원사로 승진했다. 말년에는 왕실의 지친으로 대접을 받았다. 이 모든 점들은 수양대군이 문종 암살의 배후라는 강력한 증거로 여겨진다. 그렇지 않다면 선대왕의 죽음에 명백한 책임이 있는 사람을 이렇게까지 대접할 하등의 이유가 없다.

계유쿠데타

수양대군이 권력을 잡아나가는 과정, 그리고 단종의 비극적 최후에 대해 살펴볼 필요가 있다. 김종서 황보인 등 고명대신파와의 대립이 이어지는 가운데, 수양대군은 은밀히 정예무사들 및 모사꾼들을 끌어들이며 거사를 준비했다. 1453년 10월 10일 밤, 수양대군은 마침내 거사를 결행하기로 했다. 이 날 거사를 치르기로 한 가장 큰 이유는 단종이 궁궐을 나와 누나인 경혜공주의 사저에 머무를 예정이었던 만큼, 평소 대비 궁궐의 경비 상태가 느슨할 것이라고 판단했기 때문이다. 우선 수양대군은 일단의 군사들에게 은밀히 경복궁을 장악하라고 지시했다. 본인은 삼정승 가운데 가장 지혜와 용맹이 뛰어난 김종서를 찾아가 제거하기로 마음먹었다. 하지만 우여곡절이 있었다. 사전에 김종서의 집을 염탐하러 갔던 홍달손이 "집 근처에 무사들이 모여 있는 것 같다"라고 보고함에 따라 일각에서 거사를 미루자는 의견이 나왔다. 또한 수양대군이 무사들 앞에서 거사의 당위성을 설명할 때 적지 않은 이들이 역모라고 판단, 이탈자들이 나오기도 했다. 그럼에도 수양대군과 한명회는 그대로 밀어붙이기로 결정하면서 예정대로 거사가 진행됐다. 일단의 군사들은 경복궁으로 향했고 수양대군은 양정, 임어을운 등을 대동한 채 돈의문 밖 김종서의 집으로 향했다.

수양대군이 방문하자 김종서와 그의 아들 김승규가 직접 맞이했다. 김종서와 정면으로 마주한 수양대군은 집 안으로 들어가자는 권유에 대뜸 "사모(紗帽)의 각이 떨어졌으니 좌상의 것을 빌릴 수 있겠느냐"라고 물었다. 이는 김종서 부자의 경계를 느슨하게 하려는 의도였다. 뒤이어 수양대군은 간청이 있다면서 김종서에게 편지 한 통을 건넸다. 한밤중이어서 편지가 잘 보이지 않았기 때문에 김종서는 달빛에 편지를 비춰봤다. 김종서의 모든 신경이 편지에 집중돼 있던 그 순간, 임어을운이 재빠르게 철퇴를 빼들고 달려들어 김종서의 머리를 내리쳤다. 동시에 양정의 칼날이 김승규를 베었다. 미처 반격할 틈을 갖지 못한 채, 세종 시절 천하를 호령했던 '백두산 호랑이' 김종서가 쓰러졌다.

9부 능선이었던 김종서를 쓰러뜨리는 데 성공하자, 수양대군과 정예무사들은 이제 거침이 없었다. 이들은 곧바로 경혜공주 저택을 비롯한 도성 4대 문과 주요 군 시설, 요충지들을 확보한 뒤 일단의 군사들이 장악하고 있던 경복궁으로 쳐들어갔다. 수양대군은 궁궐에서 동부승지 최항을 만났고, 그에게 "역모가 발생했으니 단종을 빨리 만나야 한다"라고 말했다. 또한 모든 조정 신료들의 명단이 나와있는 자료도 요구했다. 최항은 수양대군을 믿지 못해 명부 제공을 꺼렸지만, 계속된 압박에 결국 명부를 넘겨주고 말았다. 이 명부는 신료들의 운명을 결정짓는 '살생부'(殺生簿)가 됐다. 이후 수양대군은 공포감에 사로잡힌 단종 앞에 섰다. 그는 김종서, 황보인 등이 난을 일으켜 안평대군을 추대하려 했기 때문에 김종서를 척살했다는 거짓보고를 올렸다. 나아가 왕명을 빙자해 조정 신료들을 모두 입궐시키도록 했다. 칠흑같이 어두운 밤, 신료들은 영문도 모른채 대궐 안으로 차례차례 들어갔다. 이들을 맞이한 건 단종이 아닌

암살의 역사

한명회와 일단의 군사들이었다. 한명회는 살생부를 들고 있었고 이에 기반해 입궐하는 신료들을 일일이 확인했다. 그런 다음 사전에 배치한 군사들에게 '살조'(殺條)로 분류된 신료들을 모조리 죽이라고 명했다. 이때 대표적인 수양대군 반대파들인 영의정 황보인, 병조판서 조극관, 이조판서 민신, 우찬성 이양 등이 한꺼번에 목숨을 잃었다.

한편 불의의 기습을 당한 김종서는 그 자리에서 즉사하지는 않던 것으로 전해진다. 철퇴를 맞고 쓰러진 김종서는 얼마 지나지 않아 깨어났다. 뒤이어 수양대군의 역모 사실을 인지한 후 불편한 몸을 이끌고 가마에 올랐다. 단종을 지키기 위해 궁궐로 들어가려 했던 것이다. 그러나 이미 수양대군 세력에게 포섭된 숭례문, 돈의문, 서소문 등의 수문장들은 모두 문을 열어주지 않았다. 진입로가 완전히 차단된 김종서는 사돈집에 숨어 있다가 이튿날 수양대군이 급파한 군사들에 의해 비참한 최후를 맞이했다.

단종의 죽음

문종의 석연치 않은 죽음 이후 벌어진 수양대군의 계유쿠데타로 조정의 모든 것이 바뀌었다. 그동안 조정의 실권을 장악하고 있었던 고명대신파는 온데간데없고, 수양대군 및 그 일파들이 권력의 정점에 올라섰다. 수양대군은 스스로 영의정부사 · 영집현전사 · 영경연사 · 영춘추관사 · 영서운관사 · 겸판이병조 · 내외병마도통사 등 다양한 요직을 겸하면서 정권과 군권을 동시에 장악했다. 그리고 거사에 직간접적으로 공을 세운 한명회, 권람, 정인지, 양정 등 43인을 '정난공신'(靖難功臣)으로 책봉했다. 앞으로 이들은 오랜 기간 세조 주변에서 각종 특권을 누리며 무소불위의 권력을 휘두르게 된다. 이때를 계기로 '공신' 세력의 득세가 조선 사회에서 일반화됐다고 볼 수 있다. 비극적인 피바람은 계속 휘몰아쳤다. 안평대군은 붕당을 모의했다는 죄목으로 사사를 당했다. 정분, 조수량, 안완경 등 수양대군 반대파들도 귀양을 간 후 교살당했다.

야심이 넘쳤던 수양대군은 여기서 멈출 수 없었다. 그의 최종 목적은 용상이었다. 이에 따라 수양대군의 칼끝은 필연적으로 단종을 향했다. 이 시기 든든한 우군들이 사라진 단종은 그야말로 '사상누각'과 같은 존재였다. 수양대군 세력에 대한 공포감을 못 이긴 단종은 계유쿠데타 2년 뒤 수양대군에게 선위하고 상왕으로 물러났다. 단종은 상왕 자리에서도 오래 머물러 있지 못했다. 성삼문, 박팽년, 하위지, 이개 등 집현전 학사 출신의 신료들(사육신)과 일부 무인들을 중심으로 일어난 '단종 복위운동'이 실패로 돌아가자, 단종은 '노산군'으로 강봉된 후 강원도 영월로 유배를 떠나게 됐다. 단종이 거처했던 영월 청령포는 삼면이 강으로 둘러싸여 있고 육로는 험준한 절벽으로 막혀 있었다. 그런데 유배를 보냈음에도 불구하고 '세조'가 된 수양대군에게 있어 단종은 지속적인 눈엣가시나 다름없었다. 단종이 살아있는 한 '정통성' 시비는 끊임없이 불거질 가능성이 높았다. 더욱이 금성대군이 주도한 단종 복위운동이 또다시 일어나면서 수양대군의 위기감은 높아져 갔다. 결국 수양대군은 강원도 영월에 사람을 보내 단종을 죽이라고 명했다.

　단종의 최후를 기록한 '세조실록'에는 단종이 (단종 복위 운동을 주도한) 송현수가 교형에 처해졌다는 소식을 듣고 상심한 나머지 스스로 자결했다고 나와있다. 이어 세조는 단종의 죽음을 애석하게 여기며 그 시신을 후하게 장사 지냈다고 전해진다. 그러나 '선조실록'에는 단종이 사사된 것으로 나와있고, 정황상 그 시신도 거의 방치되다시피 한 것으로 보인다. 또한 '야사'에 따르면 금부도사 왕방연이 세조의 명으로 사약을 들고 단종을 찾아왔는데, 왕방연은 차마 단종에게 사약을 건네지 못했고 그저 말없이 엎드려 대성통곡을 했다. 이를 본 단종은 자신의 최후를 직감하고 자결을 결심했다고 한다. 단종은 자신의 목에 줄을 맸고, 그 줄의 반대편 끝 부분을 방 밖으로 빼내 하인에게 힘껏 당기게 함으로써 생을 마감했다. 아무도 찾아오지 않는 강원도 영월에서 한 많은 삶을 살던 어린 왕은 비정한 권력의 피비린내 앞에서 비참한 최후를 맞았다. 단종은 200년도 더 지난 1698년 숙종 때에 이르러서야 비로소 복권될 수 있었다.

04

소현세자 암살설

승냥이 같은 아비 밑에 범 같은 아들

급서와 일가족 몰살 전말

경기도 고양시 덕양구에 있는 소현세자의 무덤 '소경원'. 소현세자는 국가 발전과 관련한 원대한 꿈을 가졌지만, 아버지인 인조의 광적인 의심으로 비극적인 최후를 맞았다.

"세자는 본국에 돌아온 지 얼마 안 되어 병을 얻었고 병이 난 지 수일 만에 죽었는데. 마치 '약물에 중독되어 죽은 사람'과 같았다."

_인조실록 中

  부정적인 유형의 군주를 꼽자면 크게 '폭군'과 '암군'이 있다. 폭군은 신료들과 백성들을 힘으로 억누르며 사납고 악한 짓을 일삼는 군주를 말한다. 암군은 사리에 어둡고 어리석어 국가와 백성에 큰 해악을 끼치는 군주를 말한다. 조선사에서 대표적인 폭군으로 '연산군'을 꼽을 수 있다. 그렇다면 암군은 누구일까. 단연 '인조'를 꼽을 수 있다. 그는 수많은 실정들을 통해 암군으로서의 면모를 유감없이 드러냈다. '병자호란'은 단적인 사례였다. 전임자인 '광해군'이 영리한 '중립외교'를 내세워 평화와 실리를 취했던 데 반해 인조는 '사대주의'라는 명분에만 집착해 국가와 백성을 큰 위기에 빠뜨렸다. 종국에는 그 자신 스스로 오랑캐라 여겼던 사람 앞에 나아가 전례 없는 치욕을 감당해야 했다. 어리석기만 했다면 차라리 다행이었을 수 있다. 인조는 어리석은 것에 더해 광적인 의심과 잔인함까지 갖췄다. 폭군의 특성까지 내재했던 것이다.

  반면 인조의 아들인 '소현세자'는 전도유망한 존재였다. 볼모로 잡혀간 청나라에서 좌절하지 않고 국가의 미래를 생각했다. 신문화, 신문물을 열심히 학습해 추후 조선에 이를 적용하고 국가의 발전을 이룩할 것이라 다짐했다. 철 지난 사대주의에서 헤어 나오지 못하고 있던 아버지 및 그 신료들과 명백히 다른 길을 걸으려 했다.

가히 '승냥이 같은 아비 밑에 범 같은 아들'이었다. 만약 소현세자가 인조의 뒤를 이어 왕이 됐다면, 조선은 상당히 긍정적인 방향으로 나아갔을 것이다. 하지만 이 모든 것들은 비극의 단초였다. 인조는 소현세자의 뜻을 헤아리기는커녕 잘못된 길에 빠져 자신의 왕권을 위협하는 정적으로 여겼다. 광적인 의심은 걷잡을 수 없이 확대됐다. 이런 가운데 소현세자가 석연치 않게 세상을 떠났다. 신체에서 나타난 증상 등 여러 정황들이 소현세자가 '암살' 당했음을 시사했다. 그 배후에 인조가 있다는 의혹이 커져갔다.

소현세자 가족들이 처한 운명은 인조의 혐의점을 더욱 확고하게 만들었다. 거의 '멸문지화'에 이르렀을 정도로 소현세자 가족들은 잔혹하게 몰살됐다. 이를 주도한 사람은 다름 아닌 인조였다. 암군과 폭군의 특성을 고루 갖춘 최악의 왕은 크게는 국가를, 작게는 한 가정을 파괴했다. 그것도 자신의 아들 일가를 말이다. 본편을 작업하면서 한 권력자가 그리고 한 인간이 얼마나 무도해질 수 있는지를 목도했다. 오늘을 살아가는 위정자와 일반인 모두가 반면교사로 삼아야 할 사례다. 소현세자 암살 의혹과 일가족 몰살 전말을 되돌아봤다.

병자호란과 삼전도의 치욕

1623년 서인 세력이 주도한 '인조반정'으로 광해군이 폐위되고 인조가 새로운 왕으로 즉위했다. 쿠데타로 출범한 인조 정권은 즉시 광해군의 중립외교 정책을 폐기했다. 당시 중국 대륙에선 새로이

'후금'이 부상하면서 명나라에 중대한 도전을 하고 있었다. 광해군은 성리학적 명분론에 입각해 맹목적으로 명나라를 편드는 것이 아닌, 명나라와 후금 사이에서 균형을 맞추는 '실리 외교'를 추구했다. 이는 명분론에 도취돼 명나라를 하늘처럼 떠받드는 서인과 인조에겐 용납할 수 없는 행태였다. 이들은 군사를 일으켜 광해군을 쫓아냈고, '친명배금' 기조를 명확히 하며 후금에 적대적 태도를 취했다. 후금에서 보낸 사신을 내치고 국서를 찢어버리기도 했다. 추후 청나라(후금의 후신)에 간 조선의 사신들은 청나라 황제 앞에서 고개를 숙이지도 않았다고 한다. 당시 후금의 위세가 갈수록 높아지는 상황이었지만, 인조 정권은 변화하는 국제정세를 전혀 아랑곳하지 않았다.

이러한 기조는 후금을 크게 자극했고 1627년 '정묘호란'이 발발했다. (정묘호란 때 후금은 폐위된 광해군의 복수를 하겠다는 명분을 내세우기도 했다.) 강력한 후금 군대는 파죽지세로 남하했다. 인조와 신료들은 강화도로, 소현세자는 전주로 급히 피난을 갔다. 이때 조선의 군사들은 나름 열심히 싸웠고 각지에서 들고일어난 의병들이 선전하며 후금군을 곤경에 빠뜨렸다. 후금군은 명나라와의 전쟁 때문에 조선에 오래 머무를 수 없었다. 이에 조선과 형제의 맹약을 맺은 후 철수했다. 그나마 이때까지는 조선이 후금과 동등한 관계이고 명나라와의 외교 관계도 유지할 수 있었기에 양호한 형편이었다. 하지만 9년이 지난 1636년 상황이 달라졌다. 후금은 국호를 '청'으로 바꾸고 조선에 명나라와의 외교 관계 단절과 '군신의 의'를 요구했다. 조선은 후금과 형제 관계를 맺은 것도 치욕적인데, 군신 관계로 전환하는 것은 결코 있을 수 없는 일이라며 반발했다. 그해 12월 맹장 '용골대'가 이끄는 청나라 10만 대군이 압록강을 넘어 조선을 전면적으로 침공했다. 용골대의 청나라군은 오로지 인조가 있는 한양만을 목표로 초고속으로 진격했고, 중간에 보이는 다른 성들은 모두 스쳐 지나갔다. 불필요한 전투를 최소화하고 심장부를 정밀 타격해 전쟁을 조기에 끝낸다는 계획이었다. 청나라군의 남하 속도는 과거 정묘호란 때보다도 훨씬 빨라 인조는 미처 강화도로 피난을 가지 못하고 '남한산성'에 발이 묶이게 됐다.

이 당시 남한산성을 방어하는 병사들은 고작 1만 3000여 명에 불과했다. 식량도 겨우 50여 일을 버틸 수 있는 수준에 그쳤다. 반면 청나라군은 충분한 준비를 한 상태로 호기롭게 남한산성을 포위하고 있었다. 더욱이 청나라 황제인 '홍타이지'가 친히 전장에 왔다. 이는 성문을 밖이 아닌 안에서 스스로 열게 만들려는 일종의 심리전 성격이 짙었다. 시간이 갈수록 추위와 배고픔 등으로 인해 성 안의 상황은 심각해졌다. 각 도의 관찰사들이 임금을 구원하기 위해 관군들을 이끌고 오기도 했지만, 목적지에 도달하기도 전에 홍이포 등으로 중무장한 청나라군에 의해 속절없이 무너졌다. 이렇게 되자 성 안에서는 오랑캐인 청나라와 끝까지 싸우자는 김상헌 등 '주전파'(主戰派)의 주장이 힘을 잃기 시작했다. 훗날을 도모하기 위해 일단 청나라와 화친을 하자는 최명길 등 '주화파'(主和派)의 주장에 힘이 실렸다. 인조는 고심 끝에 주화파의 주장을 채택했다. 이어 최명

길이 작성한 국서를 통해 청나라 황제에게 화호를 청했다.

　홍타이지는 결코 호락호락하지 않았다. 국서를 보낼 게 아니라 인조가 직접 자신 앞에 나와 머리를 조아리고 항복 선언을 하라고 요구했다. 강도 높은 요구에 당황한 인조와 신료들은 즉각 화답하지 않고 또다시 망설이면서 시간을 허비했다. 이런 가운데 봉림대군 등 일부 왕자들이 피난을 가던 강화도가 청나라군에 의해 함락됐다는 소식이 전해졌다. 당초 조선은 청나라가 수군이 약해 강화도를 절대로 함락시키지 못할 것이라고 예상했다. 이 전망이 보기 좋게 빗나가자 큰 충격에 빠졌다. 인조로서는 더 이상 남한산성에서 버틸 여력이 없었다. 인조는 청나라에서 제시한 11개의 굴욕적인 항복 조문을 모두 수용했다. 그런 다음 1637년 1월 30일 소현세자와 함께 서문으로 출성해 한강 동편 삼전도에서 '성하의 맹'의 예를 행했다. 청나라 황제 앞에 선 인조는 '일고두'(一叩頭) '재고두'(再叩頭) '삼고두'(三叩頭)의 호령에 따라 양손을 땅에 댄 다음 이마가 땅에 닿을 듯 머리를 조아리는 행동을 3차례 했고, '기'(起)의 호령에 따라 일어섰다. 일설에 따르면 땅에 머리를 박은 인조의 이마가 피로 흥건했다고 전해진다. 역사상 유례를 찾아보기 힘든 매우 치욕적인 순간이었다.

　한 달이 채 안 되는 짧은 전쟁 이후, 조선은 명나라와 단절하고 청나라에 철저히 복속됐다. 돌아가는 현실을 냉정히 보지 못하고 '탁상공론'에 사로잡힌 대가는 너무도 혹독했다. 이때 맺어진 청나라와 조선의 군신 관계는 약 260년이 지난 1895년 '청일 전쟁' 때까지 지속된다. 청나라는 조선으로부터 받아낸 항복 조문에 의거해 소현세자를 비롯한 많은 조선인들을 볼모로 잡아가려 했다. 주전파는 물론 주화파까지 세자를 청나라로 보낼 수 없다며 반발했다. 인조도 난감해하고 있을 때, 소현세자가 나서서 다음과 같이 말했다. "일이 너무도 급박하다. 나에게는 종사를 받들 동생이 있고 아들도 있으니 내가 적에게 죽는다 하더라도 무슨 유감이 있겠는가? 내가 성에서 나가겠다는 뜻을 전하라." 소현세자와 봉림대군은 청 태조의 14번째 아들인 구왕과 함께 북방 길에 올랐다. 소현세자가 길을 나서기에 앞서 인조에게 절을 하자 모든 신료들이 대성통곡을 했다.

신 세계를 접한 소현세자

볼모로 잡혀간 소현세자는 당시 청나라의 수도였던 만주 심양에 거처(심양관)를 마련했다. 고국을 떠나간 슬픔이 여전했지만 담대한 소현세자는 이곳에서 자신의 역할을 찾았다. 그것은 바로 청나라와 조선 사이의 가교 역할이었다. 청나라는 소현세자를 통해 조선 관련 일을 처리했고 조선 역시 소현세자를 통해 청나라 관련 일을 처리하는 모습을 보였다. 심양관은 사실상 조선 대사관이었고 소현세자는 주청 조선 대사였다. 그는 일 처리를 매우 잘했다. 파병 등 껄끄러운 문제가 발생해도 소현세자는 불똥이 확산되지 않도록 잘 조율했다. 가령 청나라에서 명나라를 치기 위해 조선에 지원군을 요청했는데, 조선은 파병은 해도 매우 소극적으로 전투에 임하거나 되레 명나라에 유익이 되는 행동을 했다. 청나라에서 이를 문제 삼자 소현세자가 나서서 조선 사람들을 대변했고, 청나라에선 소현세자의 노력을 긍정적으로 보고 그냥 넘어가곤 했다.

소현세자는 변화하는 국제정세도 직시했다. 상술했듯 당시 중국 대륙에선 명나라가 기울고 청나라가 부상하고 있었다. 급기야 이자성의 반란을 틈타 청나라군은 명나라의 수도 북경을 점령했다. 이후 명나라는 청나라에게 완전히 무릎을 꿇었는데 소현세자는 이 모습을 바로 옆에서 지켜봤다. 그러면서 소현세자는 깨달았다. 그동안 조선이 목숨보다 중히 여긴 명나라에 대한 사대주의가 무의미하다는 것을. 또한 국가의 외교는 명분이 아닌 냉철한 현실인식에 입각해야 한다는 것을. 그는 변화하는 국제정세에 더해 신 문물과 신 사상도 접했다. 예수회 선교사 '아담 샬' 등 중요한 인물들을 만나 선진적인 과학서적, 자명종, 망원경, 서양식 화포 등을 경험했다. 천주교에 대한 생각도 공유했다. 소현세자는 그동안 자신과 조선이 성리학에만 사로잡혀 있던 '우물 안 개구리'였다고 한탄했을 법하다. 그랬기에 신 문물, 신 사상을 접하게 해 준 인물들에게 공개적으로 감사 인사를 표했다. 심지어 소현세자는 조선에서 천주교가 전파되길 희망하는 아담 샬에게 "함께 조선으로 가자"라고도 얘기했다. 다만 아담 샬은 환경적 제약으로 따라가지 못했고 천주교 신자인 중국인 환관과 궁녀들이 소현세자와 함께 조선으로 갔다. 소현세자는 고국으로 돌아가면 자신이 보고 배운 선진 문명들을 조선에 적용하겠노라고 다짐했다. 만약 그의 뜻대로 됐다면 조선이란

나라의 운명은 크게 달라졌을 것이다.

　소현세자의 개방적인 자세는 필연적으로 청나라와 우호적인 관계를 형성하게 했다. 청나라에 대한 복수심에 불타는 인조 및 신료들과 달리, 소현세자는 청나라에게서 배울 게 많다고 보고 친밀하게 다가갔다. 그의 눈에 청나라는 단순 오랑캐가 아닌 조선보다 앞선 선진적인 국가였다. 이에 청나라도 소현세자를 살갑게 대했다. 시간이 갈수록 소현세자에 대한 청나라의 대우는 눈에 띄게 좋아졌다. 소현세자가 일시 귀국을 할 때 청나라의 구왕 다이곤과 질가왕은 송별연을 개최했다. 그런데 본격적인 연회에 앞서 용골대가 소현세자에게 군왕이 입는 '용포'를 건넸다. 소현세자는 "용포는 오직 군왕만이 입는 것"이라며 거듭 사양했다. 청나라는 소현세자의 뜻을 받아들여 용포를 물렸지만, 이는 청나라가 소현세자를 어떻게 대했는지를 단적으로 엿볼 수 있는 사례다.

인조의 병적인 의심

　예기치 못한 먹구름이 드리우고 있었다. 용포 사건과 청나라에서의 세자 행적은 조선에 그대로 전해졌다. 편협한 인조는 이를 예사롭지 않게 받아들였다. 스스로가 청나라에 대한 복수심에 불타고 있는 가운데, 분명 세자도 이 같은 생각을 공유하고 있을 것이라 믿었다. 하지만 청나라에서 '너무 잘 지내는' 세자와 이것에 우호적인 청나라의 모습을 본 후 배신감과 위협감을 느꼈던 것으로 보인다. 이에 세자가 일시 귀국한다 했을 때 인조는 노정 밖에서 세자를 마중하지 못하게 했다. 환영식은 전혀 열리지 않았고 내의원의 진료도 불허됐다. 다만 실제로 세자를 마주했을 때, 인조는 눈물을 흘리는 듯한 모습은 보였다.

  소현세자와 청나라에 대한 인조의 의심은 날이 갈수록 높아졌다. 그러면서 이해할 수 없는 언행을 계속 나타냈다. 청나라에서 소현세자를 완전 귀국시키려 한다는 보고를 받은 인조는 "세자가 아무리 빨리 돌아오고 싶어도 우리의 인마가 들어간 후에야 나올 수 있을 것인데. 역관 정명수의 말을 전해 들으니 세자가 돌아올 시기가 가까운 듯하다. 명수의 말이 이처럼 쉽게 나오는 것은 반드시 '예측하지 못할 내막'이 있을 것이다"라고 말했다. 결국 인조는 청나라가 자신을 폐위하고 소현세자를 새로운 왕으로 추대하려 한다고 의심했다. 의심의 불똥은 세자빈인 '강 씨'에게 튀기도 했다. 강 씨가 볼모 생활 중에 부친이 사망해 일시 귀국을 했는데 인조는 그녀의 빈소행을 허락하지 않았다. 강 씨는 빈소에 가보지도, 모친을 만나지도 못한 채 다시 청나라로 돌아가야 했다. 인조는 강 씨가 돌아갈 때, 환관 김언겸을 대동시켜 청나라에서 소현세자와 강 씨를 감시하게 만들었다. 수많은 신료들은 병적인 의심에 사로잡힌 인조의 처사에 반발했다. 쿠데타를 함께 했던 신료들 사이에서도 인조에 대한 반감이 높아졌다. 급기야 잘못된 인조를 폐하고 소현세자를 추대하려는 사건이 발생하기도 했다. 해당 사건은 무위에 그쳤지만, 이로 말미암아 소현세자에 대한 인조의 부정적인 감정은 더욱 증폭됐다.

볼모 생활 9년 째인 1645년. 드디어 소현세자는 고국으로 완전 귀국할 수 있게 됐다. 청나라가 중국 대륙의 패권을 장악한 만큼 더 이상 소현세자를 붙들고 있을 이유가 사라졌기 때문이다. 소현세자는 청나라에서 보고 배운 것들을 하루빨리 조선에 적용시키겠다는 꿈을 안고 서둘러 귀국길에 올랐다. 그의 짐들 안에는 인조와 신료들에게 전파할 선진 문물들도 한가득 있었다. 편협한 아버지가 자신을 어떻게 보고 있는지는 제대로 파악이 안 된 것 같았다. 이때도 인조는 신료들에게 "청에서 세자를 돌려보내는 조치가 참으로 좋은 뜻에서 나왔다고 볼 수 있는가?"라고 물었다. 나아가 그는 소현세자의 환영식을 못하게 막았다. 인조에게 있어, 참으로 오랜만에 자신의 앞에 선 아들은 더 이상 아들이 아니었다. 그저 오랑캐에게 영혼을 팔아먹고 자신의 왕권을 위협하는 정적일 뿐이었다. 이런 상황에서 소현세자의 참담한 비극은 일찌감치 예견된 것이었다.

급서, 쏟아지는 의혹들

1649년 4월 26일, 소현세자가 갑자기 세상을 떠났다. 꿈에 그리던 고국에 돌아온 지 불과 두 달만이었다. 뚜렷한 목적의식에 부풀어 있었던 사람, 그리고 조선의 희망이었던 사람이 허망하게 역사의 뒤안길로 사라졌다. 이국 땅에서 그렇게 힘들었던 시절도 강건하게 이겨냈던 소현세자가 귀국해서 맥없이 급서 한 것에 대해 모든 사람들은 의아해했다. 소현세자의 죽음과 관련한 의혹이 터져 나오는 것은 당연한 수순이었다. 당시 사람들과 현재 역사학계에서 제기되는 암살 의혹들은 상당히 구체적이고 설득력이 있다. 우선 소현세자의 시신 상태가 주목된다. 인조실록을 보면 소현세자의 시신이 까맣게 변했고 눈, 코, 귀 등에서 피가 줄줄 새어 나왔다고 한다. '독살'이 의심되는 대목이다. 세자의 염습에 참여했던 사람은 "세자가 마치 약물에 중독돼 죽은 사람 같았다"라고 분명히 밝히고 있다.

 세자를 진료했던 '이형익'이라는 의관에게도 의혹이 집중됐다. 세자의 병명은 '학질'이었는데, 이는 열은 적지 않게 나지만 죽을 만한 병은 아니었다. 치료만 제대로 이뤄진다면 완쾌가 가능했다. 그런데 이형익은 소현세자가 열이 나자 약은 써보지도 않고 '침'만 수차례 놓았다. 침만 놔서 열을 내릴 수 있다고 판단했다면 지극히 상식에 어긋나는 것이었다. 웬만한 의관이라면 이 사실을 모를 리 없기 때문에, 이형익의 행위는 다분히 의도적인 것으로 비칠 수밖에 없다. 결국 다른 처방 없이 과도하게 침만 맞은 소현세자는 발병 사흘 만에 죽음을 맞이했다. 적어도 세자의 진료에 있어 이형익은 아마추어 수준에 불과했다. 이런 자가 어떻게 임금이나 왕족들을 진료하는 의관으로 채용됐는지도 논란이 일었다. 이형익의 채용에 뒷배 역할을 한 것은 인조의 후궁인 '소용 조 씨'였다. 그녀는 인조에게 간청해, 그동안 자신의 집에 출입했던 이형익을 단숨에 궁궐 의관으로 벼락 출세시켰다. 그런데 소용 조 씨는 세자빈 강 씨와 대립 관계에 있었던 사람이다. 소현세자와도 사이가 좋지 않았던 것으로 전해진다. 즉 정적 관계에 있는 사람의 최측근이 진료를 맡자마자 소현세자는 석연치 않게 사망한 것이다.

모든 의혹의 중심은 '인조'였다. 아들이 갑작스럽게 죽었다면, 인조는 아비로써 마땅히 슬퍼하고 책임자 처벌을 해야 맞다. 그러나 인조는 정반대였다. 사헌부와 사간원에서 이형익을 처벌하자고 강력히 주청 할 때, 인조는 태연하게 "의원들은 신중하지 않은 일이 별로 없으니 국문할 것도 없다"라고 말했다. 양사뿐만이 아니라 수많은 신료들이 거듭 이형익의 처벌을 주청 해도 인조는 완강히 거부했다. 인조는 장례 절차 때도 이상한 행태를 보였다. 세자의 시신을 담은 관의 명칭은 임금의 관을 의미하는 '재궁'을 쓰는 게 예법에 부합했다. 하지만 인조는 일반 신료들의 관 명칭인 '널 구' 자를 세자의 관 명칭으로 쓰게 했다. 세자의 무덤 이름도 태자묘를 뜻하는 '원' 자 대신 '묘' 자를 쓰게 했다. 상복 착용 기간도 크게 줄임으로써 추모 분위기를 반감시켰다. 통상적으로 장자가 죽었을 때에는 부모가 3년복을 입어야 했다. 그런데 인조는 3년은커녕 단 7일 만에 상복을 벗어버렸다. 신료들의 상복 착용 기간도 1년이 아닌 3개월로 확 줄였다. 그만큼 인조는 소현세자를 철저히 부정하고 싶었던 것으로 보인다.

몰살되는 소현세자 일가

앞선 의혹들에 더해 이후에 벌어지는 인조의 행태는 소현세자 암살의 배후가 인조라는 것을 강하게 시사한다. 소현세자가 죽었으면 그의 뒤를 이을 사람은 세자의 적장자인 원손 '석철'이었다. 세자궁의 관원들은 즉시 원손을 세손으로 책봉하라고 주청 했다. 인조의 반응은 냉담했다. 그는 "내게 오래 묵은 병이 있는데 원손이 저렇게 미약하니 성장하기를 기다릴 수 없다"라고 말했다. 사실상 원손을 세손으로 책봉하지 않겠다는 선언이었다. 많은 신료들은 법과 원칙을 거론하며 원손의 세손 책봉을 거듭 청했다. 이때 인조는 의외의 인물을 끌어들여 자신의 뜻을 관철하려 했다. 그는 바로 영의정인 '김류'였다. 인조는 "이 일은 오로지 영상에게 달려 있으니, 경이 결단하라"라고 말했다. 후계자를 결정하는 일은 영의정이 책임질 사안이 아니었음에도 인조는 억지를 부렸다. 사전에 인조와의 밀약이 있었던 듯, 김류는 역사적으로 군왕의 둘째 아들이 보위를 이은 사례를 거론하며 원손을 폐하고 둘째 아들인 봉림대군(훗날 효종)을 후계자로 세우자고 주장했다. 낙흥부원군 김자점도 비슷한 주장을 펼쳤다.

영의정과 김자점이 나섰음에도 많은 신료들은 여전히 원손을 세손으로 책봉하라고 주청 했다. 한 신료는 원손을 세손으로 책봉하는 게 '상도'(지켜야 할 도리)이고, 대군을 세자로 책봉하는 것은 '권도'(임기응변)라고 지적했다. 이미 원손마저 제거하기로 마음먹은 인조는 결코 바뀌지 않았다. 결국 원손이 폐위되고 봉림대군이 새로운 세자가 됐다. 인조의 다음 타깃은 소현세자의 아내이자 자신의 며느리인 세자빈 강 씨였다. 예전부터 인조는 강 씨를 노골적으로 싫어하는 모습을 나타냈다. 강 씨가 청나라에 빌붙고 세자를 꼬드겨서 자신을 쫓아내려 한다고 의심했기 때문이다. 거의 정신병에 가까운 수준이었다. 인조는 상대방에게 화가 내릴 것을 비는 '저주 사건'을 일으켜 강 씨를 제거하려 했다. 강 씨를 모시는 궁녀들을 잡아들인 후 끔찍한 고문을 가하면서 "강 씨가 왕에게 저주를 퍼붓는 의식을 행했음을 실토하라"라고 압박했다. 물론 그런 일이 전혀 없었기 때문에, 충심과 의리가 있는 궁녀들은 모진 고문 속에서도 강 씨의 혐의를 인정하지 않았다.

저주 사건으로는 강 씨 제거가 여의치 않자, 인조는 수라상에 독이 든 전복구이가 올라온 것을 강 씨 책임으로 돌렸다. 이 사건도 처음부터 인조가 기획한 음모였을 가능성이 높다. 이번에도 수많은 궁녀들이 끌려 와 고문을 당했지만 이들은 모두 강 씨의 혐의를 부인했다. 이쯤 되면 포기했을 법도 한데 인조는 참으로 집요했다. 그는 비망기를 내려 강 씨를 무작정 '역적'으로 규정했다. 역적 혐의를 뒷받침할 만한 근거는 전혀 없었으며 그저 인조의 편협한 망상의 발로였다. 끝내 인조는 역적 강 씨를 죽이라고 명했다. 대부분의 신료들은 거세게 반발했다. 강 씨가 역적이라는 확실한 근거도 없는데, 폐위를 넘어 죽이는 것은 있을 수 없는 일이라며 목소리를 높였다. 인조는 군사들을 동원해 공포 분위기를 조성하며 강 씨 사사를 밀어붙였다. 머나먼 타국에서 오랜 시간을 힘겹게 보냈고 고국에 돌아와선 남편까지 잃은 이 비운의 여인은 다름 아닌 시아버지에 의해 비참하게 생을 마감했다. 아울러 강 씨의 친어머니와 형제들도 역적 누명을 쓰고 죽임을 당했다.

앞서 원손에서 폐위된 석철을 포함한 소현세자의 세 아들도 무사하지 못했다. 인조는 소현세자의 아들들을 가만히 놔두면 분명 후

환이 될 것이라 생각했다. 청나라 장수 용골대가 소현세자 사망 후 석철을 데려가서 키우겠다고 한 사례도 인조의 두려움을 증폭시켰다. 그는 소현세자의 세 아들을 제주도로 유배 보냈다. 지금이야 제주도가 아름다운 휴양지이지만 당시 제주도는 풍토병이 만연해 살기 힘든 곳이었다. 머지않아 소현세자의 아들들은 풍토병에 걸려 차례로 목숨을 잃었다. 사실상 인조가 소현세자 아들들의 죽음을 유도했다. 훗날 손자들까지 죽인 더러운 왕이었다는 비난이 두려웠던지, 인조는 석철을 아비 곁에 장사 지냈고 한 나인에게 책임을 돌려 죽였다. 이처럼 인조는 소현세자 일가를 몰살시켰다. 소현세자 암살 의혹에서 자유롭지 못한 인조는 이 같은 천인공노할 행태로 소현세자 암살의 배후임을 자인한 셈이었다.

05

경종 암살설

반전의 왕과 이상한 음식들

당쟁과 반전, 의문사 전말

조선 제20대 왕 경종의 어진. 경종은 극적 반전을 통해 정국 주도권을 장악했다. 그러나 연잉군이 올린 이상한 음식들을 먹은 후 사망했다

"약방에서 입진(入診)하고. 여러 의원이 임금에게 계장을 진어하고 이어서 생감을 진어한 것은 의가(醫家)에서 매우 꺼려하는 것이라 하여, 두시탕 및 곽향정기산을 진어하도록 청하였다." _경종실록 中

　조선은 '당쟁'의 국가였다. 이는 조선 중 후기에 정치적 견해를 달리하는 당파 간의 대립을 의미한다. 선조 때 요직인 이조전랑 자리를 두고 당파 간 대립이 초래된 이래, 지속적으로 당쟁이 발생했다. 당쟁은 순기능과 역기능이 있었다. 당파끼리 합리적 경쟁을 통해 정치 발전과 민생 안정을 도모할 수 있는 측면이 있었다. 하지만 당파 간 대립이 격화돼 심각한 권력투쟁 양상으로 치닫는 경우도 있었다. 서로를 죽고 죽이는 '살육'도 동반됐다. 이러한 부정적인 모습은 '숙종' 시대에 뚜렷이 나타났다.

　본편에서 다룰 '경종'은 당쟁의 폐해를 고스란히 겪은 왕이었다. 당시 주류 세력인 '노론'은 반대편에 있는 당파를 노골적으로 위협하고 무시했다. 경종도 예외가 될 수 없었다. 권력을 향한 노론의 폭주로 왕의 권위는 땅에 떨어졌고 특정 당파가 국정을 좌지우지하는 비정상적인 상황이 벌어졌다. 아마도 초기의 경종은 당쟁의 폐해로 인해 조선 역사상 가장 미약한 군주였을 것이다. 그러나 극적인 '반전'을 갖춘 군주이기도 했다. 어느 순간 각성한 경종은 상대편이 예상하지 못한 시점에 거대한 반격을 단행했다. 조정의 권력 구도가 일순간 뒤바뀌었다. 기세등등했던 노론은 몰락했고 경종은 군왕다운 면모를 갖췄다. 일련의 모습들은 다른 사건들에 가려 잘 알려지지 않았지만 매우 흥미로운 장면이 아닐 수 없다.

비로소 정상 궤도에 진입한 경종의 앞날은 밝을 것처럼 보였다. 하지만 오래가지 못했다. 경종이 대비전과 왕세제 '연잉군'이 잇따라 올린 '이상한 음식들'을 먹은 뒤 세상을 떠났기 때문이다. 훗날 영조가 되는 연잉군은 노론의 지지를 받고 있었고, 사실상 경종의 정적이나 다름없었다. 이에 연잉군과 그가 올린 음식들에 '경종 암살설' 혐의점이 덧씌워졌다. 암살이라는 불순한 의도를 갖고 일부러 부적절한 음식을 올린 것 아니냐는 의혹이 강하게 제기됐다. 영조는 죽을 때까지 여기서 벗어나지 못했다. 암살의 진위 여부를 떠나 극심한 콤플렉스를 느끼며 괴로워했다. 경종 암살설에 따른 부정적 파급 효과는 반란과 '사도세자' 사건 등 다양한 형태로 나타났다. 그만큼 이것이 조선 후기에 미친 영향은 상당한 것이었다. '당쟁의 소용돌이를 극복한 반전의 왕', 경종의 정치와 암살 의혹 전말을 되돌아봤다.

숙종의 환국과 당쟁

무려 45년 10개월 동안 재위에 있었던 제19대 왕 숙종의 시대는 '환국'(換局), '당쟁의 시대'였다고 말할 수 있다. 당쟁의 두 축은 '서인'과 '남인'이었다. 두 세력은 서로 죽고 죽이는 살벌한 권력 투쟁을 벌였다. 배후에 있었던 숙종은 두 세력 간의 당쟁을 적절히 이용하고, 극단적인 정권 교체를 통해 자신의 권력을 강화하곤 했다. 조선 역사상 가장 강력한 왕권을 행사했던 군왕으로 손꼽히기도 한다. 당쟁에는 왕비들도 관련돼 있었다. '인현왕후 민 씨'와 '희빈 장 씨'가 그 주역들이다. 대표적인 당쟁은 1689년 '기사환국'이다. 앞서 서인들은 경신환국으로 권력을 장악했지만 장래를 걱정할 수밖에 없었다. 서인에 속한 인현왕후 민 씨가 좀처럼 후사를 낳지 못했기 때문이다. 이런 가운데 서인에게 청천벽력 같은 소식이 전해졌다. 대척점에 있는 희빈 장 씨가 임신을 한 것이다. 서인들은 어찌할 바를 모를 정도로 당황했지만 희빈 장 씨의 출산을 막을 도리가 없었다. 결국 장 씨는 숙종의 후사가 될 만한 아들(훗날 경종)을 낳았다.

서인들은 그녀가 출산한 아들을 왕자로 인정하지 않았다. 기본적으로 서인들은 집안이 미천하고 후궁 출신이었던 장 씨를 좋아하지 않았다. 게다가 장 씨를 남인에 속한 인물로 여겼기 때문에 더욱 싫어했다. 그 아들에게도 남인이란 딱지를 붙이면서 박하게 대했다. 서인들은 장 씨에게 출산 하례를 드리지도 않았고, 장 씨의 모친이 장 씨 산후조리를 위해 입궁할 때 큰 모욕을 가하기도 했다. 장 씨 모친이 옥교를 타고 궁궐에 들어가려 했는데, 서인 소속 사헌부 관리들이 일개 천인이 옥교를 탔다며 이를 빼앗고 장 씨 모친을 꾸짖은 것이다. 실제로 장 씨 모친은 천인이 아니라 종1품의 품계로 옥교를 탄 것이었기에 문제가 되지 않았다. 그럼에도 서인들은 일종의 화풀이를 했다. 해당 사건을 보고받은 숙종은 대로했다. 그는 이때까진 장 씨를 크게 총애했고 갓 태어난 왕자의 안위도 걱정했다. 집권 세력인 서인이 저렇게 나오는 이상, 장 씨와 왕자의 미래를 보장할 수 있는 조치가 시급하다고 판단했다.

숙종은 신료들을 모아놓고 장 씨의 아들을 신속하게 '원자'로 책봉하겠다고 선언했다. 이는 사실상 후계자로 낙점한 것이다. 숙종은 자신의 확고한 의지를 보여주기 위해 "반대하는 사람은 즉각 물러나라"라고 윽박질렀다. 서인들은 굴하지 않고 강하게 반대했다. 이조판서 남용익은 "지금 왕비의 춘추가 한창이니 섣불리 후사를 정하면 안 된다"라고 말했다. 숙종은 조금도 흔들리지 않고 더 강하게 나갔다. 그는 남용익을 처벌하고 종묘사직에 원자 책봉을 고했다. 이런 상황에서 서인의 대표 격인 우암 '송시열'까지 나서서 숙종의 처사를 정면으로 반박했다. 참고로 송시열은 '송자'라 하여 서인은 물론 국가적 차원의 성인으로 존숭 받았던 인물이다. 이런 송시열이 과거 송나라 사례를 들며 원자 책봉 철회를 요구하자 천하의 숙종도 긴장할 수밖에 없었다. 숙종은 여기서 밀리면 끝장이라고 판단했다. 이에 다시 한번 큰 규모의 환국을 획책했다. 요직에 있던 서인들을 대거 내쫓고 빈자리를 남인으로 채웠다. 또한 인현왕후 민 씨도 서인으로 강등시켜 사저로 내쫓은 뒤 희빈 장 씨를 왕비로 책봉했다. 권력을 잡은 남인들은 서인들에게 정치 보복을 가했다. 무려 100여 명에 달하는 서인들이 처형되거나 유배를 떠났다. 송시열도 예외는 아니었다. 남인들은 송시열의 드높은 명성은 아랑곳하지 않고 가혹한 국문을 가하려 했다. 숙종은 일단 송시열을 제주도로 유배 보냈다. 남인들이 계속해서 송시열 국문을 주청 하자 숙종은 못 이기는 체하며 그를 한양으로 압송한 후 국문하라고 명했다. 그런데 수많은 송시열 추종자들의 난동을 우려해 한양으로 압송하는 도중 사사했다. 숙종은 강력한 왕권을 행사해 후사와 권력을 공

암살의 역사

고히 했다. 남인들과 왕비 장 씨의 앞날도 장밋빛일 것처럼 보였다.

　하지만 또 한 번의 반전이 일어났다. 1694년에 발생한 '갑술환국'이다. 앞선 기사환국으로 힘을 잃었던 서인들은 인현왕후 복위 운동을 하려다 발각됐다. 남인들은 이를 빌미로 남아있는 서인들까지 모조리 숙청하려 했다. 숙종에게 관련 보고를 한 남인들은 이제 서인 숙청 명령이 떨어지길 기다렸다. 이상하게도 숙종의 태도가 이전과 달랐다. 그는 되레 남인들을 책망했다. 숙종의 갑작스러운 태도 변화의 원인이 무엇인지는 정확히 밝혀진 바가 없다. 기록이 불분명하기 때문이다. 다만 다양한 가설이 존재한다. 우선 왕비 장 씨와 인현왕후 민 씨가 거론된다. 숙종은 왕비 장 씨가 날이 갈수록 오만방자해지고 있다고 생각했으며 점차 총애를 거뒀다. 그러면서 폐비된 인현왕후를 그리워한 것으로 전해진다. 그녀에게 너무 과한 행동을 했다며 후회하기도 했단다. 또한 이때 숙종이 가까이했던 여인이 있었으니, 훗날 조선의 제21대 왕이 되는 '영조'의 생모, 무수리 출신 숙빈 최 씨였다. 서인들은 자신들에게 호감을 갖고 있는 숙빈 최 씨를 적극 활용했다. 그녀를 통해 숙종에게 남인들의 잘못된 점을 빈번히 고했다. 결국 사적인 감정들이 폭발해 숙종의 태도 변화가 나타났다는 주장이 제기된다. 다른 한편에선 이것들과 무관하게 숙종이 왕권 강화의 차원에서 집권당을 '물갈이'하기 위해 변화된 태도를 보였다는 주장도 나온다. 이유여하를 막론하고 집권여당인 남인들이 정계에서 대거 축출됐고 야당으로 밀려났던 서인들에게 재기의 길이 열렸다.

왕비 장 씨와 인현왕후 민 씨의 운명도 엇갈렸다. 숙종은 폐비된 후 감고당에서 머물고 있던 인현왕후를 복위시켰다. 인현왕후의 왕비 책봉식도 거행했다. 이로써 인현왕후는 왕비의 자리에 두 번이나 오른 인물이 됐다. 반면 왕비 장 씨는 희빈으로 강등됐고 최후도 비극적이었다. 1701년 인현왕후가 죽었을 때, 숙종은 취선당에서 행한 장희빈의 저주가 인현왕후의 죽음에 영향을 미쳤다고 판단했다. 이와 관련해 숙빈 최 씨의 고변이 있었다. 실록에 따르면 "숙빈 최 씨가 인현왕후가 베풀었던 은혜를 추모하고 통곡하는 마음을 이기지 못해 왕에게 장희빈의 악행을 고했다"라고 전해진다. 이에 숙종은 장희빈에게 사약을 내렸다. '무고의 옥'이었다. 공교롭게도 숙종 시대를 대표하는 두 여인은 같은 해에 생을 마감했다. 이 옥사로 장희빈뿐만 아니라 남인 잔존 세력들 모두 숙청됐다. 그런데 장희빈의 강등과 사사를 계기로 서인 내에서도 분화가 일어났다. 서인 내 '소론'은 장희빈에 대한 선처를 주장했고 그의 아들이 예정대로 후사를 이어야 한다고 생각했다. 그러나 서인 내 '노론'은 장희빈 사사를 주장했고 그의 아들을 후사로 인정하지 않았다. 대신 노론은 숙빈 최 씨의 아들인 연잉군을 후사로 지지했다. 장희빈이 사사될 때 세자가 달려와 눈물을 흘리며 "내 어머니를 살려주오"라고 절규할 당시에도, 소론 신료들은 함께 눈물을 흘리며 동조한 반면 노론 신료들은 매우 차갑게 외면했다.

짓밟히는 왕권

초기에는 노론과 소론 간 세력 균형이 나타나는 모습이었지만, 1705년에 발생한 임부와 이잠의 옥사를 계기로 '노론 1당 독재'가 표면화됐다. 이런 상황에서 장희빈의 아들인 세자의 지위는 매우 위태로웠다. 노론은 자신들이 노골적으로 반대했던 장희빈의 아들이 왕위에 오르면, 과거 연산군 때와 같은 피바람이 불 수 있다고 우려했다. 이에 지속적으로 세자의 폐위를 획책했다. 다만 최종적인 향방은 숙종에게 달려있었다. 장희빈이 사사된 후에도 숙종은 한동안 세자를 교체할 마음은 없었던 것으로 보인다. 그러나 노론의 집요한 정치공작으로 인해 세자 폐위 쪽으로 서서히 마음이 기울다가, 1717년 노론 영수 이이명과의 '정유독대' 자리에서 결심을 굳힌 것으로 전해진다. 이 자리에서 숙종은 이이명에게 "연잉군과 연령군을 잘 부탁한다"라고 말했다. 세자와 관련한 당부는 없고 연잉군에 대한 편애만을 나타내면서 사실상 세자를 교체하겠다는 뜻을 내비친 것이다.

세자를 폐위시킬 만한 명분이 필요했다. 이미 세자 자리에 올랐는데 무작정 끌어내릴 수는 없는 노릇이었다. 숙종과 이이명은 일단 세자에게 대리청정을 시킨 후 중대한 흠결이 적발되면 즉시 폐위시킨다는 계획을 세웠다. 통상적으로 군왕이 세자에게 대리청정을 시킨다고 하면 모든 신료들이 들고일어나 반대해야 한다. 하지만 노론은 쌍수를 들어 환영했고 이에 대한 숙종의 처벌은 없었다. 사전에 숙종과 노론 간에 '짜고 치는 고스톱'이 성사됐다는 것을 의미한다. 소론은 대리청정이 세자 제거 음모라는 것을 간파, 격렬히 반대했다. 당시에는 노론이 압도적인 힘을 갖고 있었기 때문에 소론의 반발은 별다른 효과가 없었다. 결국 세자의 대리청정이 시작됐다. 숙종과 노론은 눈에 불을 켜고 예의주시했다. 그러나 세자는 중대한 실책을 범하지 않았다. 더욱이 당시 숙종의 건강이 급격히 악화돼 세자 폐위는 상당히 어려워지고 있었다. 노론은 갈수록 조급해졌다. 그러다가 최악의 상황이 도래했다. 세자를 폐위시키지 못한 채 1720년 숙종이 세상을 떠났다. 뒤이어 경종이 즉위했다.

비록 노론은 경종의 즉위를 막지는 못했지만 여전히 막강한 집권당이었다. 경종은 왕위에 올랐음에도 즉위 초 노론에게 크게 휘둘렸다. 노론은 경종을 왕으로 인정하기는커녕 대놓고 무시했다. 경종 앞에서 모친인 장희빈이 사사된 것을 "역사에도 드문 옳은 행적"이라고 말하기도 했다. 이를 들은 경종은 아무런 조치도 취하지 않았다. 무기력하게 가만히 있었다. 노론은 본격적으로 경종을 몰아내기 위한 정치공작을 펼쳤다. 출발점은 경종이 후사가 없으니 서둘러 '왕세제'를 책봉하라는 것이었다. 숙빈 최 씨의 아들 연잉군이 왕세제 후보였다. 노론은 경종이 양자를 들일 가능성도 있다고 판단한 만큼, 더욱 적극적으로 연잉군의 왕세제 책봉을 주청 했다. 심지어 노론 신료들이 새벽에 대거 경종에게 몰려가 "후사를 정하는 일은 한시도 늦출 수 없다"라며 압박했다. 이 자리에는 군권을 보유한 병조판서 이만성까지 가세했다. 사실상 '무력시위'의 성격도 띠었다. 소론 대신들은 쏙 빠져있었던 것도 특이점이다.

압박을 못 이긴 경종은 왕세제 책봉을 허락했다. 노론은 안심할
수 없어 대비인 인원왕후 김 씨의 서명까지 받으라고 경종을 다그
쳤다. 노론의 요구대로 경종은 직접 대비전으로 들어가 김 씨의 서
명을 받았다. 이 사건은 새벽에 전격적으로 벌어진 '쿠데타'였다. 소
론과 일반 백성들은 동이 트고 나서야 한밤 중에 무슨 일이 발생했
는지를 알았다. 소론 유봉휘는 분개하며 "왕세제 책봉 문제가 얼마
나 중요한데, 여러 신료들이 참여하지 못한 상황에서 한밤 중에 이
것이 결정될 수 있는지 놀랍다. 임금을 농락하고 협박한 대신들의
죄를 묻지 않을 수 없다"라고 목소리를 높였다. 하지만 노론의 힘이
워낙 막강해 유봉휘는 되레 역공을 당했고 유배를 떠나게 됐다. 노
론의 안하무인적인 행태는 청나라에게 왕세제 책봉을 허락받는 과
정에서도 발생했다. 청나라에 사신으로 간 노론 대신 이건명은 경
종이 병이 있어 후사를 보지 못하기 때문에 왕세제를 책봉할 수밖
에 없다고 말했다. 이때 청나라의 신료들이 병명이 무엇인지를 묻
자 이건명은 발기부전을 뜻하는 '위'라고 답했다. 확인된 사실이 아
님에도 버젓이 이렇게 말하는 것은 현 군왕에 대한 치명적인 모욕
이었다.

극적인 반전

왕세제 책봉이라는 1차 목표를 달성한 노론은 다음 행동에 들어
갔다. 이번에는 경종에게 연잉군이 정사에 참여하게 하라고 압박했
다. 사실상 경종을 상왕으로 밀어내려는 것이었다. 무기력한 경종
은 자신의 병을 이유로 모든 정무를 세제가 처리토록 하라고 말했

다. 양위 선언이나 다름없었다. 이처럼 저울의 추가 한쪽으로 급격히 쏠리는 상황에서, 소론이 더 이상 참지 못하고 공세적으로 나섰다. 특히 소론 영수 최석항은 경종에게 나아가 무릎을 꿇고 통곡을 하며 "명을 거두어주소서"라고 외쳤다. 경종이 밤새 고심하자 최석항은 그 자리를 지키면서 주청을 계속했다. 최석항의 눈물을 본 경종은 일단 기존의 명을 환수했다. 그런데 명을 환수한 지 3일 만에, 경종은 주요 신료들을 소집해 세제의 대리청정을 명했다. 오락가락하는 왕의 모습에 소론은 물론 노론도 당황했다. 경종 스스로가 좀처럼 중심을 잡지 못하고 있는 듯 보였다. 노론은 구수회의를 열고 세제의 대리청정을 수용하기로 했다. 김창집 이이명 이건명 조태채 등 노론 4 대신들이 세제에게 대리청정을 요청하는 연명 차자도 올렸다.

  소론도 긴박하게 움직였다. 그들은 한 자리에 모여 대책을 논의했다. 소론 소속 우의정인 조태구가 경종을 만나서 설득을 하겠다고 말했다. 실제로 조태구가 경종을 만나러 궁궐에 들어서자 (노론 측인) 승정원에선 대간의 탄핵을 이유로 조태구의 면담 주선을 거부했다. 경종이 직접 나서서 조태구를 만나겠다고 하면서 두 사람 간 접견이 이뤄졌다. 노론 주요 신료들은 화들짝 놀라 궁궐로 달려갔지만 이미 만나고 있는 두 사람을 떼어놓을 순 없었다. 아마도 경종은 조태구와의 면담을 통해 앞으로 마음을 굳게 먹기로 작심을 한 듯하다. 이런 사정도 모른 채 노론은 조태구와 왜 만났냐며 경종에게 따졌고, 승정원과 양사 대간들은 조태구 및 그와 내통한 자를 처

암살의 역사

벌하라고 요구했다. 이때 승정원 등은 왕을 위해 존재하는 기관이 아닌 소속 정당을 위해 존재하는 기관이었다.

소론은 이 시점에 뭔가 강하게 행동해 경종을 뒷받침해야 한다고 판단했다. 이에 소론 주요 대신들이 연명으로 상소를 올려 노론 전체를 '역적'으로 규정했다. 특히 노론 4 대신들을 대놓고 '4흉'으로 지목했다. 노론은 경악했다. 경종은 기다렸다는 듯, "응지하여 진언한 것을 내가 깊이 가납한다"라고 말했다. 실제로 왕이 노론 전체를 역당으로 확정한 것이다. 노론이 결코 예상하지 못한 처사였다. 다급해진 노론 소속 승지가 연명 상소를 주도한 소론 김일경을 처벌하라고 주청 했다. 그러나 경종은 되레 승지와 삼사 전원을 파면한 뒤 김일경을 이조참판으로 제수했다. 뒤이은 경종의 조치는 더욱 놀라운 것이었다. 노론 판서들을 전격적으로 파면했고 빈자리를 소론 인사들로 빠르게 채웠다. 그동안 만만하게만 봤던 경종이 매우 과감하고 신속하게 나오자 노론 전체는 큰 충격에 빠졌다. 미처 반격할 틈도 없이 강력한 타격을 받았으니 어안이 벙벙했을 법하다. 역사는 순식간에 정권 교체가 이뤄진 이 사건을 '신축환국'이라고 불렀다. 실록은 다음과 같이 기술하고 있다. "주상께서 즉위하신 이래 과묵하고 방관하는 듯하다가 하룻밤 사이에 하늘을 가를 정도로 과단성 있게 다스려 군흉을 물리치고 사류를 올려 쓰니, 천둥이 울리고 바람이 휘몰아치며 하늘과 땅이 뒤집히는 듯하였다. 사람들이 비로소 주상이 재덕을 숨기어 감추고 있었음을 알았다."

목호룡의 고변, 임인옥사

신축환국으로 크게 불리해진 노론은 나름 반격을 가하려고 기회를 엿보았다. 하지만 신축환국보다 더한 궤멸적인 타격이 기다리고 있었다. 1722년 별안간 '목호룡'이란 사람이 나와서 엄청난 고변을 했다. "성상을 시해하려고 모의하는 역적들이 있는데, 혹 칼로써 혹 독약으로 또는 폐출을 모의한다고 합니다. 나라가 생긴 이래 없었던 역적들이니, 급히 토벌해서 종사를 안정시키소서." 이것이 바로 '삼급수' 고변 사건이다. 삼급수란 칼, 독약, 폐출 등 세 가지 수단을 동원해 경종을 죽이거나 내쫓으려 한 것을 말한다. 보다 구체적으로 대급수는 숙종의 국상 때 자객을 궁궐로 보내 세자(경종)를 죽이는 것이었고, 소급수는 은 500냥을 궁궐의 지상궁에게 제공해 임금의 수라상에 독약을 넣는 것이었다. 마지막으로 평지수는 숙종의 유조를 위조해 경종을 폐출시키는 것이었다. 목호룡은 역적들이 만든 교조에 "경종을 폐위시킨 후 덕양군으로 삼는다"라는 구절이 있는 것도 목격했다고 말했다. '임인옥사'의 서막이었다.

노론의 주장처럼 이것이 단순한 정치공작은 아니었다. 목호룡은 원래 연잉군 쪽에 있었고 실제로 해당 모의에도 가담했던 것으로 알려졌다. 이런 배경 하에서 목호룡의 고변에 무게가 실릴 수밖에 없었다. 나아가 그는 노론 명문가의 자제들을 역적으로 지목했다. 이이명의 아들인 이기지, 김창집의 손자인 김성행, 이사명의 아들이자 이이명의 조카인 이희지, 김만중의 손자이자 이이명의 사위인 김용택, 광성부원군 김만기의 손자 김민택 등이었다. 목호룡은 용문산에 들어가 무덤 자리를 구하다가 이희지 이기지 김용택 등을 만났고, 역모를 알게 됐다고 진술했다. 진술이 구체적인 만큼 역적으로 지목된 사람들은 완전히 궁지에 몰렸다. 혹독한 국문이 뒤따랐다. 결국 노론 명문가의 자제들은 살아남지 못하고 모두 죽임을 당했다. 소론은 여기서 끝내지 않고 이 기회에 노론을 확실히 궤멸시키기로 작정했다. 소론은 노론 명문가의 자제들이 역모에 얽혔으니, 노론 4 대신들도 역모를 몰랐을 리 없고 따라서 이들 모두 극형에 처해야 한다고 주청 했다. 특히 이이명은 자제들에 의해 임금으로 추대되려 했다는 혐의를 받았다. (이 혐의는 조작됐을 가능성이 높다.) 4 대신들의 과거 행적이 도마 위에 오르기도 했다. 김창집은 숙종 때 경종의 대리청정을 종묘에 고묘 하는 것을 반대한 게 역심이란 혐의를 받았다. 이건명은 세제의 대리청정 철회를 요청한 최석항을 비판했던 것이 발목을 잡았다. 조태채 역시 세제의 대리청정을 요청하는 연명 차자에 서명한 일로 궁지에 몰렸다.

　노론 4 대신들은 역모 혐의를 벗지 못하고 끝내 형장의 이슬로 사라졌다. 이들과 관련이 있다고 여겨지는 수많은 사람들도 죽임을 당했다. 신축환국에 이은 임인옥사의 여파로 노론은 좀처럼 헤어 나오기 힘든 수렁에 빠졌다. 정국 주도권을 완전히 장악한 소론의 다음 표적은 노론과 한 몸인 세제 연잉군이었다. 마침 임인옥사의 판결문이라 할 수 있는 '임인옥안'에 연잉군의 이름이 역적의 수괴로 등재됐다. 국문 과정에서 노론이 다음 왕으로 연잉군을 선택했다는 사실을 연잉군이 알았다는 내용이 실토됐던 것이다. 김일경 등 소론 강경파는 세제 폐위를 강하게 주청 했고 환관 박상검 등을 동원해 물리적 압박도 가했다. 더욱이 경종의 부인인 선의왕후 어 씨는 다시 양자를 들이려는 모습을 보였다. 실제로 양자가 들어오고 세제에서 폐위된다면, 연잉군의 목숨은 온전하지 못할 판이었다. 다급해진 연잉군은 발 빠르게 움직였다. 대비인 인원왕후 김 씨를 찾아가 눈물을 흘리며 살려달라고 호소했다. 심지어 경종까지 찾아가 동일하게 행동했다. 특히 김일경 밑에 있는 환관 박상검 등이 자신에게 위해를 가하려 하니 이들을 처벌해 달라고 간청했다. 한때 유력한 차기 군왕 후보가 매우 궁색한 처지로 떨어졌다.

이 같은 노력에도 희망의 불씨가 점점 사그라지려는 찰나, 뜻밖의 일이 벌어졌다. 영의정 조태구 등 소론 온건파가 연잉군의 편을 들면서 박상검 등을 처벌하라고 주청 했다. 이때 경종은 적지 않게 고심했던 것으로 보인다. 실록에 나온 몇 가지 정황들을 살펴봤을 때, 경종은 임인옥사 이후 연잉군을 탐탁지 않게 여기고 세제 폐위까지도 염두에 뒀다. (임인옥사 이전에는 비교적 양호한 관계를 유지한 것으로 전해진다.) 그러나 일부 신료들의 연잉군 옹호를 의식했고, 자신의 후사가 없는 현실적 어려움 때문에 차마 연잉군을 내치지 못했던 것으로 추정된다. 결국 경종은 연잉군과 소론 온건파의 의견을 수용해 박상검 등을 처벌했다. 연잉군이 기사회생하는 순간이었다.

게장과 생감, 인삼차
이후 소론 내부에서 '대제학' 자리를 둘러싸고 강경파와 온건파

간에 내분이 발생했다. 정국의 초점이 다른 데에 있다 보니 연잉군은 다소 숨통을 틔울 수 있었다. 하지만 내분이 잠잠해지면 언제든 연잉군 문제가 도마 위에 오를 수 있었기 때문에, 그는 전전긍긍하며 잠 못 이루는 밤을 지속했다. 이런 가운데 조정을 발칵 뒤집어놓는 사건이 발생했다. 김 씨 성을 가진 궁인이 임금의 어선에 독을 탔다는 혐의를 받게 됐다. 정상적이라면 수사 기관에서 철저히 수사를 하고 책임자를 국문해야 했다. 그런데 경종의 태도가 이상했다. 그는 "원래 그런 일이 없다"라며 수사 자체를 못하게 했다. 어찌 된 영문인지 인원왕후 김 씨가 사건 무마를 시도했기 때문이다. 소론 강경파는 거듭 철저한 수사를 해야 한다고 목소리를 높였지만 경종은 대비를 의식해 소극적이었다.

수사 관련 논란이 지속되는 상황에서 갑자기 경종이 몸져누웠다. 이전부터 경종의 건강 상태가 좋지는 않았지만, 독 사건이 발생한 시점에 병석에 누웠다는 것은 경종이 이미 독에 노출됐을 수도 있다는 것을 방증했다. 다만 해당 사건에 대한 수사가 원천 봉쇄됐기 때문에 여전히 범인이 누구인지는 미궁 속에 있었다. 경종의 건강 상태는 날이 갈수록 나빠졌다. 비상이 걸린 의관들은 본원에서 숙직을 하며 경종의 상태를 살폈고 약을 올렸다. 이 시점에 이상한 음식이 의관들에게 전해졌다. 대비전(인원왕후 김 씨)에서 보낸 '게장'과 '생감'이었다. 의관들은 해당 음식들이 왕의 증세를 악화시킬 수 있다며 꺼려했다. 이때 연잉군이 의관들의 조언을 무시한 채 게장과 생감을 경종에게 올렸다. 경종은 이 음식들을 먹은 후 입맛과 기력을 되찾는 듯 보였다. 그러나 잠시 뿐이었다. 당일 밤부터 경종의 온몸에서 부작용이 속출했다. 의관들은 게장과 생감을 탓하며 급히 다른 약들을 처방했다. 상황은 좀처럼 나아지지 않았고 경종의 의식마저 흐릿해졌다.

혼돈의 시간이 계속되는 가운데 연잉군은 또다시 잘못된 행동을 했다. 경종의 상태를 더욱 악화시킬 수 있는 '인삼'과 부자를 빨리 올리도록 한 것이다. 의관 이공윤은 적극 나서서 "이전에 처방한 약인 계지마황탕을 진어하고 인삼차를 올린다면 임금의 기를 능히 돌리지 못할 것"이라고 반박했다. 계지마황탕과 인삼차는 상극이었기 때문이다. 그럼에도 (한의학에 문외한이었던) 연잉군은 물러서지 않았고 되레 의관들을 꾸짖으며 인삼과 부자를 올렸다. 그는 "내가 의약의 이치는 알지 못하나 인삼이 양기를 회복시키는 것은 안다"라며 근거 없는 자신감도 내비쳤다. 인삼차를 먹은 경종은 아주 잠시동안 의식을 찾는 듯 보였지만, 거기까지였다. 이후 혼수상태에 빠진 경종은 당일을 넘기지 못하고 세상을 떠났다. 재위 기간은 4년 8개월, 나이도 만 36세에 불과했다. 세제 연잉군은 1724년 왕(영조)으로 즉위했다. 소론은 급격히 힘을 잃었고 노론은 화려하게 재기할 수 있었다.

궁인 김 씨가 임금의 어선에 독을 탄 사건, 그러나 인원왕후 김 씨가 석연치 않게 수사를 무마시킨 점, 경종이 병석에 누웠을 때 대비전에서 문제의 음식인 게장과 생감을 보낸 점, 위태롭게 세제의

암살의 역사

지위를 유지하고 있던 연잉군이 의관의 조언도 무시한 채 게장과 생감에 이어 인삼차까지 올린 점. 경종의 죽음을 둘러싼 이 모든 사안들은 세간의 의혹을 사기에 충분했다. 이에 '경종 암살설'은 당대에 빠르고 설득력 있게 퍼졌고 영조와 인원왕후 김 씨가 범인으로 지목됐다. 영조는 끊임없이 경종 암살설에 시달렸다. 급기야 1728년 소론 강경파와 일부 남인들이 경종의 죽음에 영조와 노론이 관련돼 있다면서 반란을 일으켰다. '이인좌의 난'이었다. 1755년에는 영조와 나라를 비방하는 '나주 벽서 사건'이 발생했고, 신치운이라는 사람이 영조 면전에서 "나는 갑신년부터 게장을 먹지 않았소"라고 비꼬았다. 갑신년은 경종이 승하한 1724년을 의미했다. 경종 암살설로 말미암아 영조는 극심한 정통성 콤플렉스에 빠지며 고통을 겪었다. 추후 '사도세자의 비극'도 여기서 비롯된 측면이 있다.

조선 통사의 서막

조선사 최고의 천재군주, 의문의 죽음 전말

정조대왕 어진. 정조는 죄인의 아들이라는 꼬리표를 극복하고 조선 후기
국가의 르네상스를 이끌었다. 하지만 개혁의 정점에서 돌연 세상을 떠났다.

"이날 유시(酉時)에 상(정조)이 창경궁의 영춘헌에서 승하하였는데 이날 햇빛이 어른거리고 삼각산이 울었다. 앞서 양주와 장단 등 고을에서 한창 잘 자라던 벼포기가 어느 날 갑자기 하얗게 죽어 노인들이 그것을 보고 슬퍼하며 말하기를 '이것은 이른바 거상도(居喪稻)이다' 하였는데, 얼마 안 되어 대상이 났다."   _정조실록 中

　조선사에서 가장 훌륭한 임금을 꼽으라면 대개 '세종'과 '정조'가 거론된다. 세종이 조선 전기에 국가를 진흥시켜 단단한 기틀을 다졌다면 정조는 조선 후기 국가의 르네상스를 이끌었다. 두 임금이 수많은 치적을 남겼다는 점에선 비슷하지만 성장 배경과 정치적 환경은 매우 상이하다. 세종은 아버지인 '태종 이방원'의 도움을 많이 받았다. 태종은 가혹한 숙청 등을 통해 세종이 마음껏 정치를 할 수 있는 기반을 마련해 줬다. 그 어떤 신료도 감히 태종의 아들인 세종에게 함부로 대하지 못했다. 하지만 정조는 아니었다. 아버지인 '사도세자'는 영조의 미움을 받고 비참하게 생을 마감했으며, 정조 자신은 죄인의 아들이라는 오명을 썼다. 시작하기도 전에 수많은 쇠사슬이 정조를 휘감았다. 왕이 되는 것 자체도 힘들었지만 왕이 되고 나서도 고난의 연속이었다. 수많은 신료들이 정치적 대척점에 있었고 노골적인 반감을 표출했다.

　그럼에도 정조는 세종과 같은 성군 또는 명군의 반열에 올라섰다. 매우 영민했던 그는 각종 개혁정치를 선보이며 정국 주도권을 장악해 갔다. 나아가 조선을 '근대화'의 길로 이끌었다. 전 세계적으로 일렁이는 근대화의 물결에 조선도 발맞춰 나가는 형국이 조성되면서, 그 어느 때보다 국가의 미래가 밝아 보였다. 그러나 정조의 갑작스러운 죽음으로 더 이상 나아가지 못했다. 정조 사후에는 되레 퇴행하는 모습이 나타났다. 이에 당대 및 후대의 사람들은 정조가 오래 살지 못한 것에 대해 실로 원통해했다. 이러한 마음은 정조의 죽음에 의혹을 제기하는 것으로 이어졌다. 바로 '정조 암살설'이다. 당대에 행해졌던 의료 처방과 미심쩍은 정국 구도 등에 기반해 암살 의혹은 광범위하게 퍼져나갔다. 일각에서는 암살을 기정사실로 받아들이기도 한다. 우리들은 그 진위 여부에 대해 정확히 알 수는 없다. 다만 원통한 마음이 배어있는 암살 의혹을 통해 정조의 개혁정치와 죽음 등이 갖는 역사적 무게감이 막중하다는 것을 알 수 있다. 앞으로도 정조의 삶과 죽음은 역사가들은 물론 모든 이들이 천착할 주제일 것이다. '조선사 최고의 천재군주', 정조의 드라마틱했던 개혁정치와 의문의 죽음 전말을 되돌아봤다.

죄인의 아들

정조는 잘 알려진 대로 '사도세자'의 아들이다. 사도세자는 영조의 장자였지만 아버지와 사이가 좋지 않았다. 그는 정치적으로나 품성 측면에서 매우 보수적이었던 영조와 달리 상당히 자유분방한 성격을 갖고 있었다. 이에 갈수록 공부를 게을리했고 불경한 짓을 일삼았다. 그럴 때마다 영조는 사도세자를 심하게 꾸짖었다. 애정을 갖고 타이르는 게 아니라 엄격하고 과도한 질책만을 했다. 악순환의 연속이었다. 사도세자는 아버지에게 인정을 받지 못했다는 생각에 더욱 비뚤어졌다. 급기야 영조의 정치적 대척점에 서있는 언행을 하고 다녔고 무고한 사람들을 죽이기까지 했다. 혜경궁 홍 씨의 '한중록' 등에 따르면, 사도세자는 영조의 아킬레스건이었던 경종을 추종하는 소론 강경파의 입장에 동조하는 모습을 보였고 연쇄살인도 서슴지 않았다고 한다. 현대 의학은 사도세자의 이런 행각을 '조현병'(정신분열증)으로 진단했다. 위축감, 자괴감과 계속된 책망에 대한 반감이 어우러져 증세가 걷잡을 수 없이 악화됐다는 분석이다. 더욱이 사도세자의 정치적 반대파가 된 노론은 영조에게 사도세자를 끊임없이 모함하며 부자 사이를 이간질했다.

영조는 더 이상 참기가 힘들었다. 어렵게 낳아 애지중지한 자식이었지만 이제는 살인마에 더해 반역까지 도모할 수 있는 예비 역적으로 보였다. 영조는 사도세자를 폐위해 서인으로 삼고 '뒤주' 속에 가뒀다. 나무로 만든 궤짝인 뒤주는 매우 비좁고 막막했다. 음식과 물이 전혀 공급되지 않아 사도세자는 매 순간 괴로워했고 비명을 질렀다. 아버지 영조에게 살려달라고 간청도 해봤지만 영조는 이를 철저히 외면했다. 정조는 이러한 모습을 눈물을 흘리며 지켜봤다. 결국 뒤주 속에 들어간 지 8일째 되던 날, 사도세자는 굶어 죽었다. 사도세자의 죽음으로 그 아들이자 세손인 정조의 미래도 불투명해졌다. 노론 벽파는 죄인의 아들이라는 이유로 정조를 세손에서 폐위할 것을 주청 했다. 추후 정조가 왕위에 오르면 사도세자의 죽음에 기여한 본인들이 온전치 못할 것이라는 두려움도 있었기에 더욱 적극적으로 폐위 목소리를 냈다. 반면 노론 시파는 정조를 지속적으로 지지했다. (노론은 사도세자에 대한 처분을 둘러싸고 찬반 측인 벽파와 시파로 분화됐다.)

　최종 결정권자인 영조는 일찍이 정조의 총명함을 알아봤다. 사도세자와 달리 정조는 어릴 때부터 책을 가까이하고 배우기를 즐겨해 영조를 기쁘게 했다. 영조는 정조가 왕위를 이을 재목으로써 손색이 없다고 확신했다. 비록 아들인 사도세자는 버렸지만, 무슨 일이 있어도 손자만큼은 반드시 지킬 것이라고 다짐했다. 여담으로 영조가 사도세자를 군이 뒤주에 가둬 죽인 것도 정조를 생각했기 때문이라는 분석이 나온다. 만약 사도세자를 처형으로 다스릴 경우 정조에게는 죄인의 자식이라는 명백한 낙인이 찍히게 된다. 이를 회피하기 위해 뒤주에 가둬 죽음을 유도하는 애매한 방식을 선택했다는 것이다. 그리고 영조는 정조에게 큰 힘을 실어주는 결정적 조치를 취했다. 정조를 사도세자의 이복형인 효장세자의 아들로 입적시켜 왕위를 이을 정통성을 확보해 줬다. 그럼에도 사도세자의 반대 세력이었던 노론 벽파가 조정의 실권을 장악하고 있었던 만큼 정조는 하루하루가 가시밭길의 연속이었다. 어머니인 혜경궁 홍 씨는 정조를 매사에 조심하게 했고, 정조 역시 사도세자의 아들이라는 내색을 전혀 하지 않는 등 조심스러운 모습을 보였다. 노론 벽파는 정조의 실수를 잡기 위해 은밀히 정조의 거처에 사람을 보내 감시하기도 했지만 모든 게 수포로 돌아갔다.

　어느덧 영조가 나이가 들어 기력이 쇠하자 정조에게 '대리청정'

을 시키려 했다. 예상대로 노론 벽파는 가열하게 반대했다. 대리청정은 곧 선위나 마찬가지였다. 정조가 대리청정을 하고 있을 때 고령의 영조가 사망하면 자신들이 그토록 우려했던 사도세자의 아들 즉위가 현실화되는 것이었다. 당시 노론 벽파의 핵심이었던 좌의정 홍인한의 말은 노론 벽파가 세손을 어떻게 생각했는지, 그리고 대리청정을 어느 정도로 반대했는지를 여실히 보여준다. "동궁(정조)은 노론·소론을 알 필요가 없으며, 이조판서·병조판서에 누가 좋을지도 알 필요가 없으며, 조정의 일은 더욱더 알 필요가 없습니다." 한마디로 정조를 차기 군왕이 아닌 그냥 생각 없는 어린아이쯤으로 여겼다. 하지만 영조는 노론 벽파의 반대를 물리치고 세손의 대리청정을 관철하려 했다. 그 노력의 일환으로 영조는 정조에게 순감군도 수점 하도록 했다. 무력이 전혀 없던 정조에게 마침내 천금과 같은 군사가 생겼다. 또한 영조는 주변에 긴 칼을 찬 호위무사들을 대동하고 노론 벽파 신료들을 대놓고 압박했다. 정조의 대리청정은 실현될 수 있었다.

이즈음에 정조에게 또 다른 호재가 발생했다. 행부사직 서명선이라는 사람이 영조 앞에 나아가 홍인한 등 노론 벽파 신료들이 정조를 폄하한 말을 상기시켰다. 문제가 된 것은 "조정의 일을 동궁이 알게 할 필요가 없다"와 신료들이 잘 보필하고 있으니 굳이 대리청정은 필요 없다는 취지인 "좌우(신료)는 걱정할 것이 없다"라는 말이었다. 서명선은 "신료들의 무엄하고 방자함이 매우 심하다"라고 목소리를 높였다. 영조는 서명선의 말에 크게 호응했다. 뒤이어 홍인한, 김상복 등 문제가 되는 노론 벽파 신료들을 문책했다. 영조가 죽기 직전에 행한 세손의 대리청정과 일부 노론 벽파 신료들에 대한 문책은 정조에게 큰 힘이 됐다. 이를 통해 정조는 1776년 25세의 나이에 왕위에 오를 수 있었다.

신변의 위협

우여곡절 끝에 즉위한 정조의 일성은 "과인은 사도세자의 아들"이었다. 그동안 금기시됐던 사실을 정조는 첫 공개석상에서 과감히 고백한 것이다. 이는 정조의 국정 방향을 어느 정도 가늠할 수 있는 발언이기도 했다. 노론 벽파에게는 공포 그 자체로 다가왔다. 열흘 후 정조는 사도세자의 존호를 '장헌', 묘호를 '영우원', 사당은 '경모궁'으로 높이는 숭모 사업을 개시했다. 아울러 홍인한, 정후겸, 김귀주 등 사도세자의 죽음에 관련돼 있거나 자신을 폄하한 일부 노론 벽파 신료들을 전격적으로 숙청했다.

이런 가운데 사상 초유의 사건이 발생했다. 일단의 자객들이 왕이 머물던 존현각을 습격한 것이다. 이들은 정조의 목숨을 노렸다. 다행히 오랜 기간 신변의 위협을 느껴왔던 정조가 그날 밤에도 잠을 자지 않고 밤새 책을 보고 있었기 때문에 목숨을 건질 수 있었다. 그런데 이 일을 사주한 사람이 사도세자의 죽음에 큰 영향을 미쳤던 노론 벽파의 핵심 인물 홍계희의 손자 홍상범이라는 사실이 밝혀졌다. 수사 과정에서 홍계희의 조카 홍술해의 아내가 무당의 주술을 이용해 정조를 살해하려 한 사실과 정조 살해 후 그의 이복

　　　　　　　　　　　　　　　암살의 역사

동생인 은전군을 추대하려 했다는 음모도 밝혀졌다. 이 역모 사건에는 대왕대비인 '정순왕후'의 오빠 김귀주와 친밀했던 상궁과 환관들도 참여했다. 사실상 사도세자 및 정조와 대척점에 있었던 노론 벽파, 정순왕후의 어두운 그림자가 이 사건에 드리워져 있었던 것이다. 정순왕후는 영조가 늦은 나이에 간택한 왕비였다. 사도세자보다 10살이 어렸고 정조와도 나이 차이가 크게 나지 않았다. 영조가 죽자 정순왕후는 왕실의 가장 큰 어른인 대왕대비가 됐으며 노론 벽파의 구심점이 됐다. 정순왕후의 친부였던 김한구는 사도세자의 죽음에 결정적인 역할을 한 인물이기도 했다.

이처럼 정조는 힘들게 왕이 돼 의욕적으로 출발했지만, 목숨마저 위협을 받는 실로 '왕 같지 않은' 위태로운 처지에 놓여있었다. 조정은 지난 수십 년 간 행정과 군권 등을 실효적으로 장악한 노론 벽파의 손아귀에 있는 것이나 다름없었다. 이들은 마음만 먹으면 정조를 폐위할 수 있는 힘을 갖고 있었다. 실제로 그런 상황이 오지 않으리라는 보장도 없었다. 그러나 이런 암담한 상황 속에서 정조는 은밀하지만 치밀하게 '반전'을 모색하고 있었다.

정조의 개혁 정치①

정조의 개혁 정치는 왕권 강화와 민생, 근대화를 지향하는 것이었다. 그는 우선 세력 균형을 도모하는 '탕평책'(蕩平策)을 실시했다. 사실상 노론 벽파를 겨냥했다고 봐도 무방하다. 탕평책은 영조 시대에도 있었지만 정조 시대의 탕평책은 좀 달랐다. 영조의 탕평은 각 당에서 온건한 인물들만을 중용한 '완론 탕평'이었다. 이에 인재 풀이 협소하고 사안의 시시비비가 잘 가려지지 않는 측면이 있었다. 반면 정조의 탕평은 각 당의 정체성을 드러내는 인물들을 골고루 중용, 적극적으로 토론하고 합의를 구하면서 사안의 잘잘못을 철저히 가리는 '준론 탕평'이었다. 이는 특정 성향의 인물들에 대한 선호가 없었던 만큼 다양한 인재들이 들어올 수 있었다. 특히 정조는 준론 탕평을 통해 갑술환국 이후 중앙 정계에서 배제됐던 '남인'에게 주목했다. 이때 '채제공'이라는 인물이 발탁돼 중요한 역할을 맡게 됐다. 노론 벽파 입장에선 '역당'이었던 남인이 재부상하는 게 못마땅했지만 당시 분위기 상 일단 관망하는 모습이었다.

정조의 준론 탕평으로 정국 구도는 이전에 비해 균형을 맞춰나가는 모양새였다. 과거에는 정조에 반대하는 세력인 '벽파'가 다수였지만, 이제는 정조를 지지하는 세력인 '시파'가 세를 불려 나갔다. 시파와 벽파는 특정 정파로 뚜렷이 구분할 수 있는 게 아니었다. 정조의 정책들에 대한 세부적 지지 여부에 따라 나눠졌던 만큼 노론은 물론 소론과 남인 내에서도 각각 존재했다. (대체로 노론에 벽파가 많았다.) 이런 상황에서 정조는 '신의 한 수'를 두기도 했다. 준론 탕평의 일환으로 삼정승에 노론 김치인, 소론 이성원, 남인 채제공을 임명하는 절묘한 인사 조치를 단행한 것이다. 노론 벽파 중심에서 벗어남에 따라 정국의 추는 정조에게 유리하게 기울었다. 즉위 초 매우 불리했던 정국은 조금씩 반전되고 있었다.

정조의 개혁 정치②

　정조는 즉위 직후 '규장각' 설치를 서두르기도 했다. 이는 조선시대 왕실 도서관이면서 학술 및 정책을 연구하는 관서였다. 정조는 이곳에 수많은 서적들을 보관했고 근신들을 배치해 국정과 학문을 논했다. 규장각 검서관에 파격적으로 이서구 등 서자들을 기용했으며, '초계문신'(抄啓文臣) 제도를 시행해 양질의 교육과 연구 과정을 거친 인재들을 양산했다. 초계문신은 37세 이하의 당하관 중에서 선발, 본래 직무를 면제하고 연구에 전념하게 하되 1개월에 2회의 구술 고사와 1회의 필답 고사로 성과를 평가했다. 정조가 친히 강론에 참여하거나 시험 채점을 하기도 했다. 여기서 배출된 대표적인 인물들은 '정약용', '이가환' 등이다. 정조가 규장각에 공을 들인 이유는 올바른 정치를 구현함과 더불어 왕권 강화를 목표로 했기 때문이다. 정조는 신진 정치 엘리트들을 육성한 뒤 이들을 중심으로 한 친위 세력을 구축하려는 복안을 갖고 있었다. 실제로 규장각은 승정원, 홍문관을 대신해 군왕의 통치를 보좌하는 기관으로 거듭났다.

　정조는 '민생'을 돌보는데도 적극적이었다. 무엇보다 전국 각지에 역량 있는 암행어사들을 파견해 지방의 부정부패를 뿌리 뽑고자 했다. 수령들에게 지방의 급박한 사정들은 중간 과정을 생략하고 왕에게 직보 하도록 했다. 상업 진흥에 있어서는 육의전을 제외한 모든 시전의 전매 특권인 금난전권을 폐지하는 '신해통공'(辛亥通共)을 실시했다. 자유로운 상업 행위가 보장됨에 따라, 소상공인이 살아나고 물가가 안정되는 등 큰 성과가 나타났다. '신분 해방'을 통한 평등사회를 구현하려는 움직임도 있었다. 핵심은 '노비제 폐지'였다. 정조는 자기 상전을 피해 다른 지역으로 도망간 노비들을 찾아내 본 고장에 돌려보내는 '노비추쇄법'을 폐지했다. 나아가 노비들을 양역을 부담하는 '양인'으로 풀어주는 방안도 제시했다. 이는 노비들의 신역(노역), 신공(물품)의 부담을 경감시킴과 동시에 국가 재정을 확충하는 방안이었다. (노비일 때는 국가에 납세의 의무가 없지만 양인일 때는 의무가 생겨 국가 재정에 보탬이 된다.) 이에 기반해 1798년 보은현 일부 지역에서 노비들에 대한 해방 조치가 단행됐다. 추후 순조 때에는 일부 공노비를 제외한 6만 6000여 명의 내노비와 시노비가 모두 양인으로 해방됐다. 이 밖에 정조는 버려진 고아들을 국가가 책임지고 기르는 '자휼전칙'(字恤典則)을 제정하기도 했으며, 학문과 문화 과학 분야도 크게 진흥해 조선의 르네상스를 이끌었다. 이 같은 노력으로 당시 조선의 백성들은 왕의 덕을 칭송하며 활기차게 생업에 매진하는 분위기가 형성됐다.

정조의 개혁 정치③

왕위에 오른 이후 어느 정도 기반을 닦은 정조는 아버지 사도세자의 추숭 작업을 본격화했다. 그는 1789년 7월 서울에 있던 사도세자의 묘를 지금의 수원 남쪽 화산으로 이장한 뒤 '현륭원'이라고 명명했다. 이때까지만 해도 노론 벽파와 여타 신료들은 그저 정조의 효심이 작용한 것이라고 봤다. 하지만 정조에게는 이를 통한 원대한 계획이 있었다. 바로 '화성 건설'이다. 정조는 화성을 개혁 정치의 본산으로 삼고, 기존 '판' 자체를 완전히 바꾸는 것을 모색했다. 일종의 승부수였다. 화성 건설에는 정조의 심복들이 총출동했다. 정약용이 설계하고 채제공이 총책임을 맡았다. 이때 노론 벽파는 적극 반대했지만 정조는 "여기에는 나의 깊은 뜻이 있다. 장차내 뜻이 성취되는 날이 올 것이다"라며 화성 건설을 흔들림 없이 밀고 나갔다. 궁극적으로 정조는 화성을 국가의 새로운 수도로 만들생각도 갖고 있었던 것으로 보인다. 수원 화성은 약 10년으로 전망됐던 공사 기간을 최대한 단축해 2년 6개월 만에 완공됐다.

　이후 정조는 화성에 '십자로'를 만들고 도로 양편에 큰 상가를 조성했다. 당시 정조는 채제공에게 화성 인구의 증가 방안을 마련하라고 했는데, 채제공은 "길거리에 집들이 가득 들어차게 하는 방법은 전방(상가)을 따로 짓는 것보다 더 나은 수가 없다"라고 답했다. 정조는 이를 바탕으로 국가 경제시스템의 근본적인 변화를 꾀하려했다. 그리고 화성 주변에서 자주 범람하던 진목천을 막아 '만석거'라는 저수지를 만들었다. 만석거는 쌀 만석을 생산해 백성들을 풍요롭게 먹고살게 하겠다는 의미와 황제만이 사용할 수 있는 '만(萬)' 자를 사용해 자주 국가를 천명하려는 의도가 있었다. 화성 북쪽의 황무지를 개간해 '대유둔'(또는 대유평)이라는 큰 국영농장도 조성했다. 대유둔 농토의 일부는 화성 주둔 군사들에게, 또 다른 일부는 농토가 없는 수원 백성들에게 나눠줬다. 모든 농사 자재는 둔소(화성 관리사무소)에서 제공했으며, 대유둔에서 얻은 수확의 60%는 개인이 나머지 40%는 화성유수부에 세금으로 내게 했다. 이러한 정책에 따른 효과는 절묘하게 나타났다. 활발한 농경 활동으로 생산량이 늘어 국가 재정에 보탬이 됐다. 여기서 나온 세금으로 화성 주둔 군사들의 월급을 제공하면서 백성들은 그동안 고통스러웠던 군포의 짐에서 벗어날 수 있었다. 정조는 대유둔의 사례를 전국 8도에 전파하려 했다. 결과적으로 그는 십자로를 통해서는 '상업혁명'의 모범을, 대유둔을 통해서는 '농업혁명'의 모범을 선보였던 셈이다.

화성에는 '장용영'이라는 군영도 설치됐다. 앞선 1785년 정조는 새로운 금위체제를 위해 장용위라는 군왕 호위 전담부대를 창설했다. 장용위의 총책은 장용영병방이라 했고 그 아래에 무과 출신의 정예 금군을 뒀다. 8년 후 정조는 장용위의 규모를 더욱 확대시켜 하나의 군영으로 만드니 이것이 바로 장용영이다. 장용영은 크게 내영과 외영으로 구분됐다. 내영은 도성을 중심으로, 외영은 수원 화성을 중심으로 이뤄졌다. 설치 목적이 왕권 강화에 있었던 만큼 편제도 중앙집권적인 오위 체제를 도입했다. 장용영은 사실상 노론 벽파의 군권에 대응하기 위한 수단이었다. 당초 노론 벽파의 군사적 기반인 수어청과 총융청 등에 밀렸지만 시간이 갈수록 이를 압도해 나갔다. (규장각이 정조를 위한 개혁적 문신을 양성하는 곳이었다면 장용영은 정조를 위한 개혁적 무신을 양성하는 곳이기도 했다.) 전세 역전을 직감한 정조는 장용영의 군사들을 동원해 노론 벽파가 보란 듯이 '무력시위'를 벌였다. 어느 날 정조는 '화성 능행'에서 대규모 군사훈련을 실시했는데, 이때 수많은 장용영의 군사들이 황금 갑옷을 입은 정조를 겹겹이 에워싸 호위했다. 노론 벽파 신료들은 이 장면을 매우 근심 어린 표정으로 지켜봤다. 반면 백성들은 왕의 능행을 즐겁게 뒤따르거나 꽹과리 등을 치면서 억울함을 호소하는 '상언격쟁'을 행했다. 정조는 이것을 적극적으로 받아줬다. 평소 그는 "소설을 읽는 것보다 백성들의 민원을 읽는 것이 훨씬 더 재미있다"라는 말을 남길 정도로 소통에 능했다. 정조는 재위 기간 중 총 13차례에 걸쳐 현륭원을 방문했다. 결국 이러한 능행은 단순 참배가 아니라 정조의 개혁 의지를 표방하는 정치적 성격이 짙은 이벤트였다.

오회연교와 급서

화성 건설을 기점으로 정조와 노론 벽파의 희비는 엇갈렸다. 정조는 개혁 정치에 대한 강한 자신감을 갖게 됐다. 심지어 그는 노론 벽파 신료들 앞에서 왕의 학문적 우월성과 의리의 주인임을 자처하는 '군주도통론'(君主道統論)을 내세우기도 했다. 노론 벽파는 위축됐고 정조의 친위 쿠데타와 천도 가능성 등에 대해 실제적인 위협을 느꼈다. 이런 가운데 남인들도 본격적으로 움직이기 시작했다. 오랜 시간 숨죽이고 있던 영남 남인들은 기회가 왔다고 판단, 수많은 사람들이 연명해 상소를 올렸다. 이를 '영남 만인소'라고 한다. 상소의 주된 내용은 노론 벽파의 아킬레스건인 사도세자 문제였다. 남인들은 "노론 벽파는 각종 재주와 술수를 부려, 심지어 상소로 세자를 욕하는 자도 있었고 급서로 고자질하는 자도 있었습니다. 세자께서 수심에 차고 우울하면 이를 이야깃거리로 삼아 안팎에서 선동하고 교묘하게 참언하고 소문을 퍼뜨려 끝내 말할 수 없는 변고를 일으켰습니다"라고 밝혔다. 남인들은 영조 말기에 노론 벽파가 세손을 제거하려 한 사실도 거론했다. 이를 통해 노론 벽파를 곤경에 빠뜨리고 정조와 새로운 정치를 도모할 계획이었다.

상소를 접한 정조는 목이 메었다. 과거의 비극이 다시 떠올라 그를 옭아맸다. 이를 본 남인들은 사도세자 사건을 재조사해야 한다고 주청 했다. 노론 벽파는 다시 한번 충격을 받았고 정조의 의중을 유심히 살폈다. 그런데 정조는 놀라울 만큼 신중했다. 그는 "내가 영남에 바라는 것은 다른 도에 비할 바가 아니다. 나의 본뜻이 이와 같으니 너희들은 모름지기 나의 본뜻을 갖고 돌아가 영남 인사들에게 말해 주는 게 옳겠다"라고 말했다. 남인들의 뜻을 잘 알았고 본인 또한 비슷한 생각이니 일단 기다리라는 의미였다. 아직 노론 벽파가 강성하니 당장 사도세자 사건 재조사에 들어가는 것은 무리인 측면도 있었다. 비록 남인들의 집단행동이 정국 변화를 가져오진 못했지만, 정조와 남인이 유기적으로 연합해 노론 벽파에 대응하는 형세를 갖췄다. 노론 벽파는 점점 수세에 몰리는 입장이었다.

정조는 좀 더 인내하며 정국을 확 바꿀 수 있는 때를 노렸다. 그때가 바로 1800년에 찾아왔다. 확신에 찬 정조는 5월에 노론 벽파 신료들이 있는 자리에서 대놓고 '오회연교'(五晦筵敎)라는 초강수를 띄웠다. 이는 군신 의리 및 통치 원칙 등을 밝힌 것이다. 즉 사도세자의 억울한 죽음과 관련된 자들은 (처단하지는 않을 테니) 용서를 빌라는 경고와 더불어 향후 정약용, 이가환 등 남인들을 재상에 임명해 중히 쓰겠다는 말이었다. 사실상 노론 벽파에 대한 협박이자 백기

투항 권고였다. 실록에는 다음과 같이 나와있다. "내가(정조가) 하려고 하는 정치를 도와줬으면 하는 것이 곧 나의 소망인데. 내가 이처럼 분명히 일러준 이상 앞으로는 더 이상 여러 말을 하지 않겠다...(중략)... 의리를 천명하든지, 자신의 잘못을 스스로 밝히든지 간에 오직 자기 한 몸에 매인 일이다. 이와 같이 한 뒤에도 또 보람이 없다면 나도 더 이상 어떻게 할 도리가 없다."

이제 노론 벽파는 완전히 코너에 몰렸다. 이들은 한자리에 모여 대응 방안을 고심했지만 쉽사리 답이 나오지 않았다. 그만큼 정국의 주도권은 정조에게 있었다. 지난 100년 간 조정의 실권을 장악했던 노론 벽파 정권이 마침내 무너질 것처럼 보였다. 그런데 누구도 예상하지 못했던 반전이 일어났다. 정조가 오회연교를 발표한 뒤 보름이 지나 병석에 몸져누웠고, 그 보름 뒤에 세상을 떠난 것이다. 이때 정조의 나이는 불과 49세였다. 실로 보기 드문 영민함과 불굴의 의지로 조선 후기 빛나는 개혁 정치를 이끌었던 정조는 끝내 뜻을 다 이루지 못하고 1800년 6월 28일 석연치 않게 역사의 뒤안길로 사라졌다.

암살설 논란

정조의 죽음은 곧바로 격한 논란을 불러일으켰다. 왕의 암살설이 제기된 것이다. 이 주장은 정조와 뜻을 함께 했던 남인들을 중심으로 나왔다. 특히 정조 승하 2개월 뒤, 인동(현 경북 구미시) 지역의 남인 출신 거족 장현광의 후손 장현경과 친족인 장시경 3형제 등이

"임금이 죽었으니 의관이 의심스럽다"라며 처음으로 정조 암살설을 제기했다. 그들은 왕을 죽인 역적을 처단하겠다며 노비들을 동원해 관아를 습격했다. 하지만 관군에 의해 진압을 당했다. 다산 정약용도 정조의 죽음을 예사롭지 않게 여겼다. 그는 저서인 '여유당전서'에 다음과 같이 기술했다. "만나면 전해져 들리는 말들을 이야기했으니. 당시 '한 정승'이 역적 의원인 심인을 천거해서 독약을 올려 바치게 했건만, 우리들의 손으로 그 역적 놈을 제거할 수 없다면서 비분강개하여 눈물까지 흘리곤 했었다." 여기서 말하는 한 정승이란 바로 좌의정 '심환지'를 뜻하는 것이었다. 그는 노론 벽파의 영수였고 궁궐 주치의들이 모여있는 내의원의 총책임자(도제조)였다. 또한 정약용은 "고래(정조)가 해달(노론 벽파)에게 죽임을 당했다"라며 정조 암살을 노골적으로 암시하기도 했다. 이 밖에 창원, 의령, 하동 등 경상도 지역에서 왕의 암살설을 기반으로 백성들을 선동하는 익명의 글들이 잇따라 나붙어 조정을 곤혹스럽게 만들었다.

정조 암살설은 지금도 많은 사람들이 주장하고 있다. 암살설의 근거로 당시 정국 구도가 우선 거론된다. 화성 건설 등으로 정조의 개혁 정치가 절정에 이르고 오회연교까지 발표됨에 따라, 위기감을 느낀 노론 벽파가 선수를 쳐 왕을 암살했다는 것이다. 정조가 죽기 전 처방받았던 의료에 대한 의문도 제기된다. 정조는 사망하기 보름 전인 1800년 6월 14일부터 종기를 앓았는데, 그 원인은 해묵은 화병이었다. 수십 년 동안 면전에서 자신의 아버지를 죽인 원수들(노론 벽파)을 상대해야 했으니 그럴 법도 했다. 이때 정조가 처방을 받았던 의료는 수은 성분을 갖고 있는 경면주사를 태워 환부에 쐬는 '연훈방'이었다. 연훈방을 처방받은 직후 정조의 상태가 일시적으로 호전되는 듯했지만 처방 후 3일 째부터 그는 혼수상태에 빠졌다. 의식은 좀처럼 돌아오지 않았고 결국 정조는 숨을 거뒀다. 이에 연훈방 처방에 따른 수은 중독으로 정조가 사망했을 가능성이 제기됐다. 그러나 다른 한편에서는 수은 중독으로 인한 사망 가능성을 낮게 보고 있다. 대신 다른 문제점들을 제기하며 암살 가능성을 수면 위로 올렸다. 우선 초반에 종기를 째는 등의 적절한 치료 시기를 놓쳤다. 다음으로 연훈방 등을 짧은 시간에 과다 사용해 다량의 출혈을 유발했다. 또한 종기가 완전히 치료되지 않았음에도 역효과를 유발하는 보약인 '경옥고'를 복용하게 했다. 경옥고는 인삼에 생지황과 복령 등이 들어간 한약재였다. 앞서 정조는 "체질상 과인은 인삼과 맞지 않다"라고 말한 적도 있었다. 종합해 보면 정조는 내의원의 잘못된 처방으로 죽음을 맞았는데, 내의원의 총책임자가 정조의 정적인 심환지였음을 감안할 때 이러한 잘못된 처방은 다분히 의도적이라는 것이다. (의학에도 정통했던 정조는 내의원 의관들을 의심해 본인이 직접 약을 처방하기도 했다.)

의문점은 이뿐만이 아니다. 당시 종기 치료의 대가이자 정조가 무척 총애했던 중인 출신의 명의 '피재길'이 하필 정조가 위급한 시기에 부재했다. 상술했듯 6월 14일부터 정조에게 종기가 발생했는데, 피재길은 그즈음부터 22일까지 정조 곁에 있지 않았다. 노론 벽파가 그를 연수 목적으로 지방에 보낸 것으로 알려졌다. 만약 피재

길이 뛰어난 의술을 발휘해 초기에 종기 치료를 했다면 정조는 허망하게 세상을 떠나지는 않았을 것이다. 뒤늦게 사태를 파악한 피재길이 급히 궁궐에 뛰어왔지만 이미 정조가 혼수상태에 빠진 뒤였다. 그리고 정조가 죽기 직전 그의 곁에는 정적인 정순왕후가 있었다. 그녀는 정조의 마지막 날에 직접 고농축 탕약인 '성향정기산'을 들고 침전에 찾아왔다. 그곳에서 의관 등 주변 사람들을 모두 나가게 한 뒤 누워있는 왕과 독대를 했다. 주변에는 사관도 없어서 무슨 일이 일어나는지 전혀 알 수가 없었다. 그런데 잠시 후 정순왕후가 울면서 뛰쳐나와 "전하가 승하하셨다"라고 외쳤다. 신료들은 놀라서 침전으로 뛰어들어갔다. 정조는 아직 숨이 붙어 있었고 무언가를 중얼거렸다. 그 말은 바로 '수정전'이었다. 수정전은 정순왕후가 거처하고 있던 장소였다. 이 말을 한 직후 정조는 숨을 거뒀다. 해석의 차이가 있을 수 있지만, 정조의 마지막 순간에 정적인 정순왕후가 있었고 정조의 마지막 말이 그녀를 나타내는 장소였다는 점은 충분히 의심스러운 대목으로 읽힌다.

정조 암살설을 반박하는 주장들도 있다. 정조 암살의 근거로 내세우는 사료들은 가설을 합리화하기 위해 왜곡 과장된 것이고, 몇 가지 근거들을 감안할 때 정조 암살의 가능성은 희박하다고 보고 있다. 해당 근거들을 살펴보면, 우선 노론 벽파와 사이가 좋지 않았던 혜경궁 홍 씨가 정조의 죽음을 확인한 뒤 별다른 문제를 제기하지 않았다. 가장 최근에 발견된 정조의 어찰을 보면, 기존에 알려진 것처럼 정조와 심환지가 정적 관계가 아닌 '밀월' 관계였음을 엿볼 수 있다. 또한 정순왕후가 사망하면서 노론 벽파가 몰락하고 안동 김 씨와 반남 박 씨 세력이 중심이 된 정조 계열 시파가 집권했을 때, 정조의 죽음과 관련된 문제 제기가 나오지 않았다는 점도 정조 암살설을 반박하는 근거가 되고 있다.

퇴행하는 조선

정조의 죽음과 관련된 논란은 여전히 현재진행형이다. 암살설의 진위 여부와 관련해 무엇이 진실인지 섣불리 예단하기는 어렵다. 다만 이러한 암살설이 나오는 배경에 주목할 필요가 있다. 정조 암살설에는 정조라는 위대한 군왕의 죽음과 개혁 정치의 좌절 등에 대한 아쉬움이 투영돼 있다는 분석이 나온다. 정조가 조선의 군왕으로 존재하고 있을 때, 전 세계에는 '근대화'라는 거대한 물결이 일렁이고 있었다. 미국 독립혁명, 프랑스 대혁명, 영국 산업혁명 등이 대표적이다. 정조의 조선도 이 거대한 물결에서 예외가 아니었다. 정조의 헌신적인 노력으로 조선은 그 어느 때보다 근대적인 개혁 과정을 착실히 밟아나가고 있었고, 다시 한번 크게 웅비할 수 있는 절호의 기회를 맞았다.

그러나 정조의 죽음이라는 뜻밖의 불행으로 이 모든 움직임은 일순간 중단됐다. 정조 사후 조선은 정순왕후를 중심으로 한 보수적인 노론 벽파가 다시 권력을 휘어잡았다. 정조의 모든 개혁 정책들은 폐기됐고 정약용 등 정조의 최측근들은 쫓겨났다. 이후 안동 김 씨 등이 '병인갱화'(丙寅更和)로 권력을 잡은 후에는 극소수의 권세가를 중심으로 국가가 운영되는 '세도정치'가 행해졌다. 정조를 빼닮은 손자인 '효명세자'가 등장해 희망을 주기도 했지만 잠시 뿐이었다. 대체로 왕권은 약화돼 중심을 잡지 못했고 사회 도처에선 각종 폐단들이 횡행했다. 이처럼 역사적 흐름에 어긋나는 퇴행과 반동은 조선을 끝내 망국의 길로 나아가게 했다. 이 모든 조선 '통사'(痛史)는 정조의 의문의 죽음에서 비롯됐으며, "만약 정조가 10년만 더 살았다면 조선의 미래는 달라졌을 것"이라는 부질없는 한탄으로 귀결되게 한다. 이 같은 견해에 기반해 암살설은 정조 사후 200여 년이 지난 지금까지도 계속 거론되고 있고, 개혁군주 정조와 그가 꿈꿨던 세상을 조망하게 한다.

암살의 역사

07

고종 암살설

대한제국 황제의 의문사

국권 피탈과 급서 전말

1919년 3월 3일에 거행된 고종의 국장. 사실상 마지막 군주의 석연치 않은 죽음은 거국적인 '3.1 운동'의 도화선이 됐다.

"한진창 씨는 광무태황제(고종)가 독살된 게 틀림없다고 믿고 있다. 그가 이렇게 생각하는 근거는 이렇다. 이상적이라 할 만큼 건강하던 황제가 식혜를 마신 지 30분도 안 되어 심한 경련을 일으키며 죽어갔다. 황제의 팔다리가 1~2일 만에 엄청나게 부어올라서 사람들이 통 넓은 한복 바지를 벗기기 위해 바지를 찢어야만 했다. 황제의 이는 모두 구강 안에서 빠져있고 혀가 닳아 없어져 버렸다는 사실을 발견했다. 30cm가량 되는 검은 줄이 목 부위에서부터 복부까지 길게 나 있었다. 민영휘, 나세환, 강석호 등과 함께 염을 행한 민영달씨가 한 씨에게 이 상세한 내용들을 말해주었다고 한다."

_윤치호 일기 中

정조 사후 내리막길을 걸은 조선은 19세기 중후반부터 위태로운 지경에 처했다. 해외 열강들이 호시탐탐 조선을 노리기 시작했다. 그중 이웃나라인 '일본'이 가장 적극적이었다. '메이지 유신'을 통해 근대화에 성공한 일본은 노골적인 야욕을 드러내며 조선을 공략했다. 일본의 조선 침략 역사를 살펴보면 혀를 내두를 정도다. 집요하고 잔인한 방법을 총동원해 마수를 뻗쳤다. 한없이 미약했던 조선은 일본에 제대로 된 저항도 못해보고 속절없이 당했다. 치욕적인 '국권 피탈' 폭풍은 조금의 자비도 없이 매우 가혹하게 휘몰아쳤다. 결국 대한제국의 모든 주권은 일본에게 넘겨지고 말았다. 대한제국 백성들은 졸지에 망국의 백성들이 됐다. 사실상 마지막 군주인 '고종'의 처지는 비참해졌다. 폐주가 됐고 구석진 곳에 유폐됐다.

암살의 역사

고종은 국권 피탈의 책임에서 결코 자유로울 수 없다. 그의 여러 실정들이 불행한 결과의 원인으로 작용했기 때문이다. 다만 고종을 부정적인 시각으로만 볼 수는 없다. 나름대로 일본에 용감히 맞섰고 국권 회복을 위해 노력한 측면이 있다. 그 당시 존재감 만으로 나라를 잃은 백성들에게 큰 위안이 되기도 했다. 백성들은 고종이 생존해 있는 한, 아직 '완전한 국권 피탈'은 이뤄지지 않았다고 생각할 정도였다. 하지만 머지않아 완전한 국권 피탈이 이뤄지고 말았다. 고종이 급서 한 것이다. 마지막 군주를 잃은 백성들은 커다란 충격에 빠졌다. 그러면서 석연치 않은 죽음에 의문을 제기하는 목소리가 곳곳에서 터져 나왔다. '고종 암살설'이다. 이는 여러 정황과 증언들로 인해 당대는 물론 현재에도 설득력 있게 회자되고 있다.

기실 암살설 논란에는 백성들의 설움과 분노가 고스란히 투영돼 있었다. 이로 말미암아 '3.1 운동'이라는 거국적인 민족운동이 발생했다. 3.1 운동은 왕정이 아닌 민주 공화정을 지향하는 '대한민국 임시정부'의 탄생으로도 이어졌다. 역설적으로 고종의 죽음과 암살설은 민족사에서 가장 중요하게 다뤄지는 사건들의 도화선 역할을 한 셈이다. '나라를 빼앗긴 비운의 군주', 고종의 국권회복 노력과 의문의 죽음 전말을 되돌아봤다.

국권 피탈, 유폐된 왕
일본은 1875년 강화도에서 무력을 사용한 '운요호 사건', 그리고 부산 등 3개 항구 개항과 치외법권 인정 등을 골자로 하는 불평등

조약인 '강화도 조약(조일수호조규)'을 체결한 이래 집요하게 대한제국(또는 조선) 침탈을 획책했다. 때로는 자신들에게 우호적인 세력을 지원해 정변(1884년 '갑신정변')의 판을 깔아주거나 대놓고 친일 내각을 출범시켜 기만적인 개혁(1894년 '갑오개혁')을 단행했다. 다른 한편으로는 서슴없이 무력을 동원하기도 했다. 동학농민혁명 시기에 일본군에 대항하는 농민군을 무자비하게 학살했고 청일 전쟁을 앞두고 경복궁을 기습 점령해 고종을 인질로 잡았다.(1894년 '경복궁 쿠데타') 아울러 반일 기조를 명확히 했던 민비를 잔인하게 시해했다.(1895년 '을미사변') 일본은 엄연히 주권을 갖고 있는 타국에서 제멋대로 군대와 낭인들을 동원해 그 나라 왕을 욕보였으며 왕비와 백성들을 도륙했다. 맹렬하게 치고 들어오는 일본의 공세 앞에 고종과 조선은 한없이 무력했다. 이 시기 고종은 나름대로 '이이제이' 정책, 즉 다른 국가들을 이용해 일본을 통제하려 했지만 별다른 소용이 없었다.

일본의 대한제국 침탈 시도는 '청·일전쟁'과 '러·일전쟁' 승리를 계기로 보다 구체화됐다. 일본은 경쟁 국가였던 청나라에 이어 러시아까지 이기면서 더 이상 거칠 것이 없었다. (일본이 전통적인 군사 강국인 러시아와의 전쟁에서 승리한 것은 전 세계에 큰 충격을 줬다.) 대한제국 완전 침탈을 위해 신속하게 움직였다. 일본은 사전 정지작업의 일환으로 자신들에게 우호적인 미국과 영국에게 대한제국 침탈을 승인받았다. 1905년 7월 미국의 제26대 대통령 시어도어 루스벨트의 특사인 윌리엄 하워드 태프트 전쟁부 장관이 전쟁부 업무로 필리핀에 가던 중 잠시 일본에 들러 가쓰라 다로 일본 총리와 은밀한 협정을 맺었다. 이것이 바로 '가쓰라—태프트 밀약'이다. 일본의 대한제국 식민지배와 미국의 필리핀 식민 지배를 상호 합의한 것이 골자였다. 뒤이어 일본은 영국과 '제2차 영일동맹'을 체결했다. 이 동맹을 통해 일본은 대한제국에서의 정치적 경제적 군사적 이익을 영국으로부터 보장받았다.

1905년 10월 말, 일본 내각 회의는 대한제국을 보호국 화한다는 명목으로 '강제 병합'할 것임을 공개적으로 천명했다. 일왕의 명을 받은 이토 히로부미는 경운궁에 있는 고종을 찾아가 강제 병합 내용이 담긴 일왕의 친서를 전달했다. 그리고 '을사조약' 체결을 요구했다. 고종은 친서와 조약 체결 요구를 거부했고 대한제국은 독립국으로 남고 싶다고 분명히 밝혔다. 이토 히로부미는 대놓고 고종을 협박했다. 그는 "대한제국이 어떻게 해서 오늘날까지 생존할 수 있었습니까? 만약 폐하께서 거부할 경우, 일본 정부는 이미 결심한 바가 있어 그 결과가 어떻게 될 것인지 깊이 생각해야 합니다. 짐작하건대 대한제국의 지위는 이 조약을 체결하는 것 이상으로 곤란한 경우에 처할 것이며, 더욱 불리한 결과를 각오하지 않으면 안 될 것입니다"라고 말했다. 그럼에도 고종은 쉽게 굴복하지 않았다. 신료들과 회의를 해본 후 결정을 하겠다는 식으로 이토 히로부미를 회피했다.

가만히 있을 일본이 아니었다. 일본은 보병 1개 대대, 포병 중대, 기병 연대를 동원해 궁궐 앞과 종로에서 무력시위를 벌였다. 서울

도심 곳곳을 순회하며 공포 분위기를 조성했다. 결국 을사조약은 '을사오적'(이완용, 이지용, 이근택, 박제순, 권중현)의 찬성만으로 강제 조 인됐다. 조약서에는 일본의 특명전권공사인 하야시 곤스케와 대한 제국 외부대신 박제순의 이름이 담겼다. 고종의 서명이나 위임장은 첨부되지 않았다. 일본은 을사조약 체결 직후 '통감부'(초대 통감 이토 히로부미)를 설치해 대한제국의 내정을 완전히 장악했고 외교권도 박 탈했다. 주권이 일본에게 넘어감으로써, 사실상 이때부터 대한제국 은 일본의 식민지가 됐다. 국가를 진심으로 생각하는 충신들은 투 쟁과 죽음으로 일본에 맞섰다. 전 참판 민종식과 최익현 등은 전라 도 태인에서 의병을 일으켰고 전 참정 민영환과 전 특진관 조병세 등은 자결했다.

고종은 격렬히 저항했다. 그는 "짐을 협박해 조약을 조인했다"라 며 을사조약 무효를 선언했다. 국제 사회에 친서도 보내 조약의 불 법성을 호소했다. 특히 미국인 헐버트를 통해 "보호 조약은 병기로 위협해 늑정(勒定)했기에 전혀 무효하다"라는 내용의 급전을 미국 정부에 전달했다. 하지만 루스벨트 대통령은 헐버트와의 접견을 거 부했고 루트 국무장관도 냉담한 태도를 보였다. 이들은 '가쓰라-태 프트 밀약'이 유효하다고 밝혔다. 고종은 영국의 언론사인 '트리뷴' 에 본인이 을사조약을 승인하거나 주권의 일부를 일본에 양도한 적 이 없음을 분명히 밝혔다. 영국인 베델이 운영하는 '대한매일신보' 에도 이와 같은 내용을 실었다. 나아가 그는 1907년 네덜란드 헤이 그에서 열린 '제2차 만국평화회의'에 이준, 이상설, 이위종 등 3인을 밀사로 파견해 을사조약 무효를 도모했다. 별다른 성과는 없었다. 만국평화회의에 참석한 그 어떤 나라들도 한없이 미약한 군주의 호소에 귀 기울여주지 않았다. 오히려 역효과만 발생했다. 일본은 '헤이그 밀사 사건'을 구실로 고종을 강제 퇴위시켰다.

고종의 뒤를 이어 '순종'이 즉위했다. 순종은 과거 '독차 사건'의 후유증으로 정상적인 상태가 아니었다. 일본 입장에서 고종은 껄끄러웠지만 유약한 순종은 상대하기 너무 쉬웠다. 백성들도 고종만을 왕으로 여겼지 순종을 왕으로 보지 않았다. 일본의 태도는 더욱 과감하고 오만방자해졌다. 대한제국군 병력을 공식적으로 해산(1907년 '군대 해산')시켰고 1910년 마침내 '한일 합방'까지 이뤄냈다. 대한제국이란 국호는 다시 조선으로 회귀된 뒤 일본의 한 부로 편입됐으며 '조선총독부'가 설치돼 조선의 모든 것을 좌지우지했다. 고종 황제는 이태왕으로, 순종은 이왕으로 격하됐다. 한때 한 나라의 황제였던 고종은 완전 유폐된 상태에 놓였다. 일본은 '궁금령'(宮禁令)을 제정 공포해 고종의 주변을 철저히 차단하고 고립시켰다. 외부인들이 궁궐에 출입하려면 반드시 일본 경무고문부의 허가를 받도록 했다. 만약 허가를 받지 않고 출입하면 엄한 처벌이 기다리고 있었다. 이러한 조치와 관련해 일본은 "궁궐의 위엄과 안전을 보장하기 위한 것"이라는 핑계를 댔다. 결국 고종은 사람들조차 마음대로 만날 수 없는 매우 처량한 폐주로 전락했다.

반전 카드, 망명

　비록 엄혹한 유폐 생활이었지만 이 와중에도 고종은 나름대로 뭔가를 하려고 노력했다. 은밀히 밀지를 내려 항일 의병 투쟁을 독려했고 헤이그 밀사 때처럼 외교전을 펼칠 수 있는 기회를 계속 엿보았다. 1918년에 이르러 고종에게 외교전 기회가 찾아오기도 했다. 당시 제1차 세계대전이 종료되고 미국 대통령 '우드로 윌슨'을 중심으로 '민족 자결주의'가 확산되고 있었다. 이는 정치적 원리의 하나로서, 민족의식을 지닌 한 집단이 독자적인 국가를 형성하고 자신의 정부를 선택할 수 있어야 한다는 것이었다. 고종은 이러한 사상을 통해 독립에 대한 희망을 가졌다. 뒤이어 제1차 세계대전을 청산하는 국제 협상인 '파리강화회의'에 밀사를 파견, 민족 자결주의를 내세우며 국권 회복을 위한 국제적 지원을 얻어내려 했다.

　그리고 고종은 이 즈음 매우 중요한 과업을 시작했다. '해외 망명'을 추진한 것이다. 국내에서 고종의 항일 투쟁은 뚜렷한 한계가 있을 수밖에 없었다. 무슨 일을 해도 일본의 손바닥 안에 있는 것이나 다름없었다. 더욱이 일각에서는 고종을 일본과 한 묶음으로 보는 시각도 있었다. 하지만 고종의 위치가 해외로 이동하게 된다면 얘기가 달라졌다. 그곳은 일본의 물리적 핍박에서 벗어난 장소였고, 보다 자유롭고 강력하게 항일 투쟁을 전개해 나갈 공간이 있었다. 실제로 고종이 해외에서 항일 투쟁 조서를 내린다면 그동안 잠자코 있었던 옛 대한제국 신료들과 백성들이 크게 동조할 가능성이 높았다. 한마디로 해외에 있는 고종은 독립운동의 절대적 '구심점'이 되는 것이었다.

　고종의 해외 망명은 1904년 러·일 전쟁 때 러시아로의 망명을 시도한 것을 시작으로 총 5차례에 걸쳐 모색됐다. 특히 독립운동가 '이상설'은 1915년 신한혁명당을 조직한 뒤 외교부장인 성낙형을 통해 고종의 해외 망명을 추진했다. 고종을 해외로 모신 후 신한혁명당 수장으로 만들고 중국 정부와 일종의 우호 조약인 중한의방조약을 체결할 생각이었다. 그러나 성낙형, 김사준 등이 고종 알현 직전에 보안법 위반으로 일본군에 체포되면서 무위에 그쳤다. 1918년 고종의 해외 망명이 다시 추진됐다. 이를 주도한 것은 우당 '이회영'이었다. 그는 왕의 시종인 이교영을 통해 고종에게 해외 망명 의사를 물었다. 고종의 대답은 긍정적이었다. 마침 고종은 일본이 세자 영친왕을 일본 왕족과 혼인시키려 하는 것 때문에 심기가 매우 불편한 상태였다. 이는 곧 조선 왕실의 맥이 완전히 절단되는 것을 의미했기 때문이다.

　고종이 망명할 곳으로 중국 베이징이 선정됐다. 망명 자금도 마련됐는데, 민비의 사촌동생인 민영달이 5만 원의 거금을 내놓았다. 이회영은 이 자금으로 베이징에 고종이 거처할 행궁을 마련하기로 했다. 만약 이 계획대로 이뤄져 중국 베이징에 망명 정부가 수립될 경우, 국내는 물론 국제적으로 큰 파장이 일고 일본은 궁지에 몰릴 터였다. 열강들이 불법적인 한일 합방의 진실을 알게 되면서 일본에 등을 돌리고 망명 정부를 승인할 가능성도 배제할 수 없었다. 이처럼 해외 망명이라는 고종의 획기적 반전 카드는 조만간 구체적인 실행이 담보될 것처럼 보였다. 그런데 1919년 1월 21일 밤, 별안간 충격적인 사건이 발생했다. 건강했던 고종이 덕수궁 함녕전에서 향년 68세의 나이로 급서 한 것이다.

증폭되는 암살설

누구도 예상하지 못했던 고종의 갑작스러운 죽음으로 백성들은 큰 충격에 빠졌다. 무엇보다 평소 고종이 매우 건강했기 때문에 백성들은 그의 급서를 쉽사리 믿지 못하는 분위기였다. 궁내부 사무관이었던 일본인 곤도 시로스케가 본인의 저서인 '이왕궁비사'에서 밝힌 내용은 당시 고종의 죽음과 관련된 분위기를 잘 드러내고 있다. "나는 너무 뜻밖이어서 그 사실이 믿어지지 않아 혹시 창덕궁(순종) 쪽이 아닌가 반문했다. 그렇게 물은 이유는 왕 전하께서 평소 병약하셨기 때문이며 덕수궁(고종) 전하께서는 매우 건강하셨기 때문이다." 고종은 승하하기 얼마 전까지도 운동을 하고 수라를 잘 들었다고 한다.

백성들 사이에서 고종의 죽음에 대한 논란이 증폭됐다. 바로 '고종 암살설'이다. 고종의 평소 건강 상태와 그가 추진했던 항일 투쟁 및 해외 망명 계획 등을 감안할 때, 고종이 일본이나 친일파에 의해 죽임을 당했을 수도 있다는 소문이 광범위하게 퍼졌다. 시간이 갈수록 암살설은 그 이유와 용의자들의 실명까지 등장하며 구체화되는 모습을 보였다. 광화문 앞 전수학교의 벽에는 "저들(일본)이 파리

강화회의를 두려워해 우리 황제를 독살했다"라는 내용의 글이 붙여졌다. 고종의 죽음 직후 발표된 '국민대회성명서'에는 일본이 이완용에게 윤덕영, 한상학이라는 역적을 시켜 (식사 당번을 하는 두 궁녀로 하여금) 밤참에 독약을 타서 올리도록 했다는 글이 실리기도 했다. 이와 비슷한 내용은 외국인인 마티 윌콕스 노블의 일기에도 등장했다. 참고로 이완용과 이기용은 고종이 급서 할 당시 궁궐에서 숙직을 했다. 모종의 음모를 꾸미기가 매우 수월한 상황에 있었다.

고종 암살설과 관련해 가장 큰 주목을 받고 있는 것은 한 때 독립운동가이자 친일파였던 '윤치호'가 쓴 일기다. 윤치호는 고종의 시신을 직접 본 민영달이 중추원 참의 한진창에게 한 말을 자신의 일기에 기록해 놓았다. 여기에는 매우 건강하던 고종이 식혜를 마신 후 짧은 시간 내에 심한 경련을 일으키며 죽어갔고, 그 시신의 팔다리는 하루 이틀 만에 크게 부어올라 한복 바지를 벗길 때 옷을 찢어야 했다고 적혀있다. 이어 실제로 염(殮)을 행한 사람에게 직접 들었다고 전제한 후, 죽은 고종의 이가 모두 빠져 있었고 혀는 닳아 없어졌으며 기다란 검은 줄이 목에서 복부까지 나 있었다고 밝혔다. 승하 직후 고종에게 식혜를 올린 궁녀 2명도 의문사했다고 덧붙였다.

병조판서를 지낸 민영휘가 홍건이라는 사람에게 한 말을 기록한 부분도 의미심장하다. 고종이 한약을 한 사발 먹고 난 후 한 시간도 못 돼 현기증과 위통을 호소했고, 잠시 후 고종의 육신이 심하게 마비돼 민 씨가 도착했을 때 입도 뻥끗하지 못했다고 전했다. 더욱이 죽어가는 고종이 민 씨의 두 손을 세게 움켜쥐어서 환관이 이를 푸느라 무척 애를 먹었다고 밝혔다. 윤치호는 일기에 증언자들의 실명을 모두 기재함으로써 신빙성을 높이려 하고 있다. 현대 의학에서는 윤치호 일기에 나와있는 고종의 심한 경련은 독성 급성중독에 의한 것이며, 시신이 부어오른 것은 중독에 의해 사후 부패가 빠르게 진행됐기 때문이라고 진단했다. 그리고 목에서 복부까지 난 검은 줄은 시신 부패 시 피부 혈관들이 그물처럼 나타나는 '부패망'이고, 고종이 민 씨의 두 손을 세게 움켜쥔 것은 갑작스럽게 다가온 죽음의 공포에 맞서 본능적으로 생명줄을 붙들기 위한 몸부림이라고 보고 있다.

고종 암살설과 관련한 증언은 여기서 끝나지 않는다. 당시 총독부의 주요 관리였던 구라토미가 남긴 일기와 곤도 시로스케가 남긴 회고록에는 한일 합방에 적극적인 역할을 했던 대표적인 친일파 윤덕영, 민병석 등이 고종 암살에 깊숙이 연루돼 있음을 나타내는 내용이 담겨있다. 나아가 구라토미 일기는 고종의 죽음에 '윗선'이 개입돼 있음을 시사하기도 했다. 즉 초대 총독이었던 데라우치와 2대 총독 하세가와를 직접적으로 언급했다. 데라우치가 하세가와를 통해 고종에게 무언가를 요구했는데, 고종이 이를 수락하지 않자 윤덕영 민병석을 시켜 암살을 감행했다는 소문이 있다는 것이다. 데라우치와 하세가와가 요구한 것이 정확히 무엇인지는 밝혀지지 않았다. 고종이 한일 합방이 잘 된 결정이었음을 공식적으로 인정하고 선포하라는 것으로 추정된다. 이 밖에 독립운동가인 선우훈은 '사외비사'에서 해외 망명 계획을 알아챈 일본이 친일파들을 사주해 고종을 죽였다고 밝혔다.

이처럼 고종 암살설은 여러 정황과 증언, 자료들을 토대로 기정 사실처럼 받아들여졌다. 다만 직접적인 증거가 없는 만큼 현재 이 것이 정식으로 인정된 것은 아니다. 다른 한편에서는 반론도 제기 되고 있다. 그 당시 일본이 고종이 불미스럽게 죽었을 경우 발생할 수 있는 후과를 충분히 감안하고 있었던 만큼, 고종 암살은 가능성 이 희박한 설에 불과하다는 것이다. 무엇이 진실이든지 간에 고종 의 죽음은 이후 우리나라 역사의 향방에 큰 영향을 미치게 된다.

민족운동의 도화선

고종이 사망한 후 백성들의 설움과 분노는 끓어올랐다. 당시 백 성들은 순종이 있긴 했지만 사실상 고종을 마지막 군주로 생각하고 있었다. 비록 고종에 대한 역사적 평가는 엇갈렸지만 어쨌든 민족 을 대표하는 황제로 인식했던 것이다. 그러한 인물이 갑작스럽게, 그것도 석연치 않게 숨을 거뒀으니 백성들은 쓰라린 마음을 감출 수 없었다. 이는 거국적인 '3.1 운동'의 도화선이 됐다.

이 민족 운동은 이전과는 사뭇 다른 성격을 갖고 있었다. 우선 3.1 운동은 이전의 계몽운동, 의병운동, 백성들의 생존권 수호투쟁 등 각계각층의 다양한 운동 경험이 하나로 수렴된 역사상 최대 규모의 민족 운동이었다. 그리고 과거에 일부 의병 운동이 조선 왕정 복위 등을 염두에 둔 복고적인 성격을 나타냈다면, 3.1 운동은 복고적인 성격에서 완전 탈피해 근대적인 '대한 독립'에 무게를 뒀다. 이를 계기로 백성들의 민족적·계급적 각성이 촉진되기도 했다.

이 같은 거국적 민족 운동의 열기는 민주 공화정을 지향하는 '대한민국 임시정부'의 탄생으로 이어졌다. 이는 독립 정신을 집약해 우리 민족이 주권 국민이라는 것을 전 세계에 표방하고, 향후 독립 운동을 효율적으로 발전시키기 위해 조직됐다. 이에 따라 임시정부는 대외적으로는 주권 국민의 대표 기관(정부)으로, 대내적으로는 독립운동 통할 기구로서의 역할을 수행하며 '광복'의 촉매제가 됐다.

08

김구 암살

겨레의 큰 스승, 쓰러지다

대한독립에 헌신한 민족지도자의 죽음 전말

김구가 암살당한 장소인 경교장의 유리창 총탄 자국. 바깥에서 김구 서거 소식을 접한 시민들이 대성통곡을 하고 있다.

"김구는 붓글씨를 쓰던 중 안두희를 만났다. 안두희가 김구 앞에 나아가 '선생님, 먹을 갈아 드릴까요?'라고 묻자 김구는 고개를 들어 안두희를 쳐다봤다. 바로 그때, 안두희는 미국제 권총을 꺼내든 후 김구를 향해 4발의 총탄을 발사했다."

대한민국 역사에서 마땅히 존경받아야 할 사람들은 누구일까. 여러 사람들이 있을 수 있겠지만, 목숨을 걸고 '독립운동'에 헌신했던 사람들이 존경받아야 마땅하다고 생각한다. 기실 이들은 '일본 제국주의'(일제)라는 거악과 적당히 타협하며 안온한 삶을 살 수도 있었을 것이다. 하지만 그러한 삶을 초개와 같이 버리고 올바른 신념과 정의에 충실한 삶을 선택했다. 당장의 개인적 이익이 아닌 장기적 관점에서 국가와 민족의 미래를 먼저 생각했던 것이다. 반면 적극적 친일파들은 자신들의 안위만을 위해 부정의한 삶을 선택했다.

독립운동의 최선봉에 있었던 인물이 바로 '백범 김구'다. 그는 시들어가는 '대한민국 임시정부'의 깃발을 끝까지 부여잡았다. 이를 살리고 '무장투쟁'이라는 확고한 원칙을 내세우며 일제에 맞섰다. 일제를 대화와 타협의 대상이 아닌 오로지 무장투쟁을 통해 '격퇴'해야 할 대상으로 여겼기 때문이다. 폭탄 테러, 요인 암살 등을 서슴지 않았기 때문에 일제는 김구 제거에 혈안이었다. 결과적으로 김구의 투쟁은 상당한 성과를 거둬 중국 국민당 정부의 지원을 얻어내기도 했다. 나아가 정식 군대까지 조직해 한반도에서 일제를 몰아내려는 계획도 세웠다. 예상보다 빠른 일제의 항복으로 뜻을

암살의 역사

이루지는 못했다. 김구의 맹활약은 해방 후에도 계속됐다. 신탁통치를 거부하는 등 진정한 '자주독립'을 위해 투쟁했다. 특히 좌우 이념 갈등으로 남북한이 분단의 위기에 처했을 때, 김구는 '민족통일'을 이뤄야 한다는 일념으로 백방으로 뛰었다. 그러나 참담한 실패를 맛봤다. 간절히 염원해 온 통일 조국이 물 건너가자 그의 어깨는 한없이 위축됐다. 이때부터 비극적인 결말도 예고됐다. 김구는 육군장교였던 '안두희'에게 암살을 당했다. 평생을 조국의 자주독립과 민족통일에 헌신했지만, 일제도 아닌 동포의 손에 죽임을 당하고 말았다. 김구 암살은 굴곡진 한국 현대사의 결정판이었다. 안두희는 사건 이후 이해할 수 없을 정도로 잘 나감에 따라 그의 배후에 모종의 세력이 있음을 암시했다.

최근 김구를 비롯한 독립운동가들이 부당한 사유로 폄훼되고 비난받는 일이 나타나고 있다. 일부 세력이 깎아내리는 근거는 빈약하기 이를 데 없다. 오늘을 살아가는 후손들이 해야 할 일은 독립운동가들의 숭고한 정신을 본받고 그들의 업적을 제대로 알리며 계승해 나가는 것이다. 이것이 어제의 역사 앞에 부끄럽지 않은 자세이고 내일의 역사를 올바로 세워나가는 단초라고 생각한다. '겨레의 큰 스승이자 민족지도자', 백범 김구의 자주독립과 민족통일운동 그리고 암살 전말을 되돌아봤다.

항일 투쟁 최선봉에서

김구의 항일 투쟁 역사는 1919년 '3.1 운동' 직후부터 살펴봐야 한다. 그는 그해 4월 중국 상하이로 건너갔다. '대한민국 임시정부'에 참여하기 위해서였다. 이미 오래전부터 김구의 마음속은 대한 독립에 대한 열망과 무장 항일투쟁 의지로 가득 차 있었다. 상하이에서 임시의정원 의원이 된 김구는 내무부 총장 안창호를 만나 "임시정부의 문지기가 되고 싶다"라고 밝혔다. 김구의 확고한 결기를 엿볼 수 있는 대목이다. 안창호는 감탄하며 김구에게 초대 '경무국장'직을 맡겼다. (당초 김구는 자신의 학식이 낮아 경무국장에 어울리지 않는다며 손사래를 쳤다.) 임시정부 내무부 경무국장에 취임한 김구는 정보, 감찰, 경찰, 밀정 검거 등의 활동을 펼쳤다. 다양한 한인 청년들이 인력으로 들어와 그에게 힘을 보탰다. 김구는 일본 영사관의 첩자였던 17세 소년 김도순을 사살했고, 독립운동가들을 약물로 독살하려 한 황학선을 체포해 처단했다. 일본의 사주를 받은 첩자인 선우갑, 강린우 등도 추방시켰다. 김구의 활약이 두드러지자 일본은 그를 체포, 암살하려 했다. 하지만 김구는 결코 잡히지 않았다.

1922년 9월 김구는 임시정부 내무부 총장에 취임했다. 당시 임시정부의 상황은 녹록지 않았다. 지지부진한 임시정부를 새로 창조하자는 '창조파'와 구조만 수정하자는 '개조파'가 국민대표회의에서 충돌했다. 김구는 임시정부 고수파였고 이 정부를 거부하는 세력에 대해 큰 적개심을 갖고 있었다. 이에 그는 내무부령 제1호를 발동해 소모적인 논쟁장으로 변질된 국민대표회의를 해산시켰다. 뒤이어 임시정부 거부 세력을 겨냥해 상하이 추방령을 발표했다. 의혹이 있는 사람들에 대한 숙청 작업도 지속했다. 김구는 "레닌이 보낸

암살의 역사

독립운동 자금을 유용했다"라는 명목으로 한인사회당의 간부인 김
립을 사살했다. 다만 김립의 자금 유용과 관련한 뚜렷한 증거가 발
견되지 않아 여전히 논란이 일고 있다. 악질적인 친일파들에 대한
제거 작업도 적극 시행했다. 임시정부 무장독립운동단체인 대한통
의부를 통해 암살특공대를 조직, 최창규 이용구 배정자 정갑주 등
을 암살 또는 암살 시도했다.

　김구의 과단성 있는 행동은 주변의 인정을 받았다. 1926년 임시
의정원 의장인 이동녕은 김구에게 임시정부 국무령직을 제안했다.
이는 사실상 임시정부 수반이었다. 앞서 경무국장직을 제안받았
을 때와 마찬가지로 김구는 자신의 출신 배경을 이유로 해당 제안
을 거절했다. 이동녕과 임시정부 요인들은 김구에게 국무령직을 맡
아달라고 집요하게 요구했다. 김구는 마지못해 수락하는 모습을 보
였다. 국무령에 취임한 그는 국무령제를 국무위원제로 변경하고 국
무위원회 초대 주석이 됐다. 1930년에는 이동녕, 이시영 등과 함께
'한국독립당'을 조직하기도 했다. 하지만 이 시기에 임시정부는 엄
혹한 재정난에 빠졌다. 무엇보다 국내 연락망인 연통제가 완전히
와해된 게 악영향을 미쳤다. 그나마 미국 교민들의 성금으로 간신
히 버텨나갔다.

　재정난과 독립운동가들의 이탈, 변절 등 숱한 어려움들이 있었지
만 김구와 임시정부는 결코 포기하지 않았다. 1931년 테러 단체인
'한인애국단'을 결성해 일본 요인 암살 활동을 전개했다. 특히 일본

어에 능통한 청년인 '이봉창'을 일본의 심장부인 도쿄에 파견해 일왕에게 수류탄을 투척시켰다. 그러나 이 거사는 미수에 그쳤다. 이후 김구는 일본군의 상하이 사변 전승축하연이 상하이 홍커우 공원에서 열린다는 정보를 입수했다. '윤봉길'이라는 건실한 청년을 현장에 파견했다. 그곳에서 윤봉길은 갖고 있던 물통 폭탄을 표적에 성공적으로 투척했다. (자결용인 도시락 폭탄도 있었지만 불발됐다.) 이 의거로 현장에 있던 수많은 일본 군인들이 사망하거나 중상을 입었다. 이때 중화민국의 장제스 총통은 "중국의 100만 대군이 해내지 못한 일을 조선의 한 젊은 청년이 해냈다"라며 극찬했다. 윤봉길 의거는 독립운동에 활력을 불어넣은 것은 물론 중국 국민당 정부의 지원을 이끌어내는 결정적 계기가 됐다. 그동안 겪었던 임시정부의 재정난도 어느 정도 해결할 수 있었다. 한편 김구는 당시 조선 총독인 우카키 가즈시게에 대한 암살을 시도하기도 했다. 하지만 국내로 파견된 한인애국단원 유진식과 이덕주가 거사 직전 일본군에 체포돼 수포로 돌아갔다. 또한 유상근, 최흥식을 만주 다롄으로 파견해 만주철도 폭파를 시도했으나 실패했다.

김구는 1933년 장제스를 만나 한중 양국의 우의를 돈독히 했고, 중국 낙양군관학교를 독립군 무관양성소로 활용하도록 허락받았다. 이에 낙양군관학교에 한인훈련반이 설치돼 한인 92명이 입교했다. 중앙육군군관학교 낙양분교에도 한인특별반이 설치돼 독립군을 양성했다. 김구는 만주에 있던 지청천, 오광석, 이범석 등을 불러 교관을 시켰다. 이곳에서의 활동은 훗날 광복군 창설의 모태가 됐다. 일련의 모습들은 이전에는 상상하기 어려웠던 파격이었다. 상술했듯 윤봉길 의거가 이 같은 모습에 크게 기여했다. 그런데 임시정부는 1935년 또다시 위기에 처했다. 임시정부 해산론이 거세게 제기된 것이다. 중국 관내에서 활동했던 여러 독립운동 정당 및 단체들이 더 강력한 응집력과 항일투쟁을 위해 임시정부를 해산한 뒤 단일신당을 결성하자고 주장했다. 이에 따라 '민족혁명당'이 출현했다. 그러나 김구는 임시정부를 반드시 지킬 것이라고 다짐했다. 임시정부가 곧 3.1 운동의 계승체이며 민족의 대표기관이라고 확신했다. 그는 임시정부에 힘을 싣기 위해 이동녕 이시영 등과 함께 여당 격인 한국국민당을 창당했다. 아울러 1936년 임시의정원 회의를 통해 임시정부를 더욱 강화할 것임을 공식 천명했다.

김구는 한편으로는 임시정부를 강화하면서도 다른 한편으로는 독립운동 세력을 통합하기 위해 노력했다. 다만 다양한 색깔을 갖고 있는 세력들을 한데 모으는 것은 여간 쉬운 일이 아니었다. 독립운동 세력 내 사회주의 계열은 보수주의 계열을 극도로 싫어했고, 보수주의 계열 역시 사회주의 계열과 함께 갈 수 없다고 단언했다. 상호 간 근본적인 노선과 이해관계가 맞지 않아 독립운동 세력의 대동단결은 성사되지 못했다. (추후 일부 민족혁명당 인사들과 무정부주의자들이 임시정부에 합류하기도 했지만, 임시정부 내 좌우파 갈등만을 부추길 뿐이었다.) 김구는 1940년 임시정부 국무위원회에서 다시 주석으로 선출됐다. 그해에 임시정부 최초의 정식군대인 '한국광복군'을 충칭에서 조직했고, 총사령관에 지청천 참모장에 이범석을 임명했다. 일본이

1941년 12월 미군이 주둔하고 있던 하와이 진주만을 기습 공격하자 대일선전포고를 하고 임전 태세에 돌입했다. 이후 광복군은 중국의 여러 지역에서 항일 공동 군사작전을 펼쳤다.

김구는 1944년 주석으로 재선출됐고 중화민국으로부터 광복군의 통수권을 환수했다. 이제 그는 명실상부 임시정부 주석 겸 광복군 통수부 주석이 됐다. 정권, 군권, 당권을 모두 장악한 것이다. 이 여세를 몰아 김구는 중국과 미국에 임시정부를 승인해 줄 것을 강하게 요청하기도 했다. 한편 이 시기 전세는 미국에 완전히 기울었다. 김구는 해당 기회를 활용한 매우 대담한 계획을 세웠다. 광복군의 '국내 진공'이 그것이다. 미군 특수사령부(OSS)와 합동 훈련을 한 뒤, 광복군을 잠수함으로 국내에 진입시키려 했다. 사실상 독자적인 군사 작전을 통해 임시정부의 발언권을 강화하려 한 것이다. 1945년 8월 초 미군이 광복군의 국내 진공 작전을 승인함에 따라 이제 구체적인 실행만이 남은 상태였다. 그러나 김구와 임시정부의 계획을 단번에 무너뜨리는 일이 발생했다. 일본이 8월 15일 연합군에 무조건 항복을 선언했다. 그 시각 산시성에 있던 김구는 산시성 주석 축소주로부터 광복 소식을 들었다. 그는 광복 그 자체는 좋았지만, 치밀하게 준비했던 광복군의 국내 진공이 물 건너가자 크게 한탄했다. 이렇게 되면 임시정부 세력이 미군에 인정받지 못하는 것은 물론 광복 후 국내 정계를 주도하기도 쉽지 않았다. 꿈에 그리던 광복이 찾아온 후에도 김구의 가시밭길은 예고된 것이었다.

자주독립운동

김구는 귀국 준비를 서둘렀다. 무엇보다 그는 임시정부 자격으로 귀국을 희망했다. 그러나 '존 하지' 미군정청 사령관은 개인 자격으로 귀국하라고 했다. 김구와 임시정부의 활동이 미국에 인정을 받지 못했다는 것을 단적으로 보여주는 사례였다. 다만 임시정부가 정부 명칭을 쓰는 것과 김구의 개인경호원, 광복군의 무기 소지 등은 허용했다. 김구는 중국 국민당의 송별식에 참석한 후, 11월 3일 임시정부 국무위원들과 함께 제1진으로 귀국했다. 이때 그는 "내가 귀국할 때 한국 정부도 같이 귀국하는 것"이라고 선언했다. 이후 지주 최창학이 제공한 죽첨정(경교장)에 거처를 마련한 뒤 본격적인 정치 활동을 개시했다. 김규식과 함께 돈암장을 찾아가 이승만을 만났고 서울운동장에서 열린 임시정부 환영회에 참석했다. 순국선열 추념대회를 조직, 주관하기도 했다. (추후 김구는 윤봉길, 이봉창, 백정기 등 세 의사의 장례를 첫 국민장으로 엄수했고 그 유골을 효창공원에 봉안했다.)

이런 가운데 중대한 일이 터졌다. 1945년 12월 28일, 모스크바 삼상회의에서 한국에 대한 '신탁통치'가 결정된 것이다. 한국은 정부 수립 능력이 없으니 향후 5년 간 미국, 소련, 영국, 중국 4개국이 통치한다는 내용이었다. 김구는 이승만과 더불어 강력한 '반탁' 운동을 전개했다. 경교장에서 열린 각 정당 사회단체 대표자 대회에서 김구는 "우리 민족이 다 죽는 한이 있더라도 신탁통치만큼은 절대로 받을 수 없으며, 우리들은 피를 흘려서라도 자주독립정부를 우리들 손으로 세워야 한다"라고 외쳤다. 그러면서 반탁을 하지 않는

자들을 모두 매국노로 규정했다. 당시 김규식, 안재홍, 여운형, 송진우 등은 현실적으로 신탁통치가 필요할 수도 있다는 입장이었다. (이 즈음 송진우가 암살당했는데 그 배후로 김구가 지목됐다.) 나아가 김구는 하지에게 신탁통치 반대 성명서를 보냈고 반탁 시위를 주도했다. 이의 영향으로 미군정청 한국인 직원들이 파업을 하는 사태도 발생했다. 화가 난 하지는 김구를 군정청으로 불러 자기 말을 듣지 않으면 죽이겠다고 경고했다. 김구는 물러서기는커녕 "죽이려면 죽여봐"라고 응수했다. 급기야 하지는 김구를 포함한 임시정부 요인들을 국외로 추방할 것을 결심했다. 하지만 조병옥의 적극적인 노력으로 국외 추방은 실행되지 못했고 두 사람 간 대립도 일단락됐다.

1946년 1월 신탁통치와 임시정부 수립을 위한 '미소공동위원회'가 결정되자 김구와 이승만 등은 미소공위 반대 및 공위 불참을 선언했다. 반면 김규식 등은 미소공위에 찬성했다. 제1차 미소공위는 3월 덕수궁에서 개최됐으나 순탄하지 못했다. 반탁 운동을 전개한 정당 및 사회단체들을 협의 대상으로 포함할지를 두고 미소 양국이 대립했다. 소련은 반탁 운동 단체를 협의 대상에서 제외해야 한다고 주장했지만, 미국은 반탁 운동 단체도 협의에 참여시켜야 한다고 반박했다. 그러자 소련은 과거에 반탁 운동을 했더라도 향후 모스크바 결정을 지지하면, 그동안의 행적을 불문에 부치고 협의 대상으로 삼을 것이라고 했다. 이에 따라 '미소공위는 모스크바 결정을 지지하기로 선언한 조선의 민주주의 정당 및 사회단체들과 협의한다'라는 내용의 공동성명 5호를 발표했다. 당초 김구는 여기에 서명하지 않았다. 하지와 김규식 등이 "서명이 곧 신탁통치 문제에 긍정적 언질을 주는 것은 아니다"라는 특별성명을 발표하자 서명에 동참했다. 소련은 거세게 이의를 제기했다. 공동성명 5호의 취지에 맞지 않는다는 것이었다. 다시 대립이 발생했고 1차 미소공위는 결렬됐다. 이때 이승만이 전라북도 정읍에서 남한만의 단독정부를 수립해야 한다고 발언해 파문이 일기도 했다. '정읍발언'이었다.

1차 미소공위 결렬을 계기로 김구는 더욱 적극적으로 반탁 운동을 전개했다. 대규모 반탁 시위를 획책했고 반탁독립투쟁회 등을 결성했다. 반탁 운동의 일환으로 신속한 정부 수립도 계획했다. 김구는 1947년 2월 비상국민회의를 소집해 여러 단체들을 통합한 '국민의회'를 결성했다. 이를 통해 반탁 운동을 기반으로 한 과도정부를 수립하려 했다. 또한 김구는 이승만이 도미할 때, 이른 시일 내에 미국으로부터 정부수립 지원에 대한 확약을 받아오라고 당부했다. 김구와 임시정부 인사들이 정부 수립일로 잡은 것은 3.1절 전후였다. 하지만 사전에 정보를 입수한 미군정이 적극 나서서 정부 수립 계획을 틀어막기 시작했다. 미군정은 임시정부 인사들을 소환해 대놓고 협박했다. 결국 김구의 과도정부 수립 계획은 불발됐다. 5월에 열린 제2차 미소공위는 반탁 운동에 불을 질렀다. 김구의 주도 하에 여러 지역에서 반탁 궐기대회가 열렸다. 이 같은 노력으로 변화가 찾아왔다. 9월 미군정이 한국 문제를 국제연합(UN)으로 이관한다고 밝힌 것이다. 미소공위를 통한 문제 해결을 포기한 셈이었다. 소련은 반발했지만 김구와 이승만 등은 열렬히 환영했다.

민족통일운동

반탁 운동과 더불어 주목되는 김구의 활동을 좀 더 살펴볼 필요가 있다. 김구는 엄연히 '보수 우파'에 속했다. 그는 우파 진영이 단결해야 한다고 주장했고 일관되게 우파 정당 통합을 추진했다. 특히 자신의 한국독립당과 한민당 간의 통합 노력이 대표적이다. 한민당의 김성수는 통합을 찬성했지만 장덕수는 임시정부 인사들을 불신해 반대했다. 이후 장덕수는 피살됐는데, 그를 사살한 사람들이 한독당 당원이어서 김구가 배후로 의심받았다. 김구는 한독당 외에 국민의회를 중심으로 한 우파 진영의 단결도 모색했다. 향후 국가를 이끌어 갈 인재들을 양성하는 노력도 이어졌다. 김구는 항일 무장투쟁 과정에서 광복군이 필요했던 것처럼, 건국의 단계에서도 이에 합당한 동량이 필요하다고 판단했다. 이에 '건국실천원양성소'를 설립, 전국 각지의 유망한 청년들을 선발해 적극적으로 교육했다.

가장 주목되는 것은 '민족 통일 운동'이다. 김구는 한반도에 남한 단독정부가 아닌 '남북통일정부'가 들어서야 한다고 확신했다. 그것만이 우리 민족이 살 길이라고 믿었다. 다만 이는 이승만과의 관계를 틀어지게 만드는 결정적 요인으로 작용했다. 1948년 초부터 한반도 상황은 크게 악화됐다. 당시 북한이 국제연합의 남북한총선거감시위원단인 국제연합한국임시위원단의 입북을 거절함에 따라, 선거 가능 지역인 남한만의 단독 선거가 결정됐다. 남한도 그렇고 북한 역시 단독정부를 세우려는 절차가 착착 진행되고 있었다. 다급해진 김구는 '3천만 동포에게 읍고함'이라는 성명서를 통해 "마음 속에 있는 38선을 무너뜨리고 자주독립의 통일정부를 세우자"라고 강력히 호소했다. 그러면서 5.10 제헌국회의원선거를 거부했고 북한에 들어가 김일성과 '남북 협상'을 하겠다고 밝혔다. 이는 목숨이 위태로울 수 있는 위험한 계획이었지만, 김구는 자신의 목숨보다 분단을 막고 남북통일정부를 수립하는 게 우선이었다.

실제로 4월에 김구가 김규식과 함께 방북길에 오르려 하자 신익희, 조소앙, 이철승 등이 적극 만류했다. 더욱이 수많은 청년들이 경교장에 몰려와 눈물을 흘리며 "못 가십니다. 가시려거든 우리를 밟고 가십시오"라고 외쳤다. 김구는 청년들을 피해 기어이 북한으로 들어갔다. 김구는 평양에서 김일성을 만난 후 남북 연석회의와 4김(김구 김규식 김일성 김두봉) 회담에 잇따라 참석했다. 이 자리에서 김구는 한편으로는 이승만의 단독선거 및 단독정부 수립을 비판했고, 또 다른 한편으로는 북한의 단독정부 수립도 비판하며 중단해 줄 것을 간곡히 요청했다. 그러나 별다른 효과는 없었다. 이미 김일성과 북한은 단독정부 수립을 위한 모든 준비를 마쳤다. 남한에서 먼저 단독정부가 세워지면 곧바로 뒤따를 계획이었다. 결과적으로 김구의 남북 협상은 김일성에게 이용된 측면이 있었다. 김일성은 남측 대표자와 협상까지 하며 끝까지 통일정부 수립을 위해 노력했다는 인상을 심어줄 수 있었다. 궁극적으로 북한 단독정부 수립을 위한 명분 쌓기용이었던 것이다.

김구는 크게 낙담하며 3.8선을 넘어 귀환했다. 이승만은 그런 김구를 보며 "거 뭣하러 평양에 가서 만났느냐. 김구는 혁명가는 될 수 있어도 정치가는 못 된다. 그저 곡괭이 들고나가서 부수라면 하겠지만 정치 다독거리는 건 못한다"라고 비판했다. 여기저기서 들려오는 조롱과 비판 소리에 김구는 더욱 침울해졌다. 이런 와중에 김구가 없는 사이 총선거에 입후보한 한독당 인사들이 경교장으로 찾아왔다. 배신감을 느낀 김구는 이들을 향해 "즉시 탈당하라"라고 소리쳤다. 1948년 8월 15일, 결국 남한에서 이승만을 대통령으로 하는 단독정부가 수립됐다. 김구는 "조국을 영원히 분단시키고 종국에는 무력 충돌로 이어질 것"이라고 경고했다. 추후 6.25 전쟁 등을 감안하면 김구의 예언은 매우 정확했다. 남한의 뒤를 이어 북한에서도 9월 9일 단독정부가 수립됐다. 과거와 달리 힘이 많이 빠진 김구는 한동안 칩거 생활을 이어갔다. 그럼에도 희망의 끈을 완전히 놓은 것은 아니었다. 재야에서라도 국가의 미래와 민족 통일에 기여할 수 있는 방안을 찾으려 했다.

경교장 총성

김구는 재야에서 꾸준히 자기 목소리를 냈다. 그는 우선 조국과 민족의 앞날을 위해 친일파들을 반드시 처단해야 한다며 '반민족행위특별조사위원회'(반민특위)의 재구성을 촉구했다. 당시 이승만 정권은 북한 공산주의 정권의 위협을 의식해 친일파 처단이 아닌 온존을 선택했다. 친일파 입장에서는 무게감이 남다른 김구의 주장이 매우 거슬렸을 것이다. 김구는 '남북 협상'과 '통일 정부' 수립을 재

132   암살의 역사

차 언급하기도 했다. 미국과 소련이 각각 남한과 북한에서 물러난 후에 통일정부 수립이 가능할 수 있고, 이번에는 평양이 아닌 서울에서 남북 협상이 열려야 한다고 주장했다. 아울러 김구는 미래 세대의 교육에도 계속 신경을 썼다. 전재민 부락 아동을 가르치기 위해 '백범학원' 및 창암학교를 설립해 운영했다.

그런데 이 시기에 불길한 정보가 입수됐다. 김구에 대한 '암살' 음모가 진행되고 있다는 것이다. 김구가 단독정부 수립을 반대하고 남북 협상 등 민족 통일 운동을 전개하자, 이에 불만을 품은 극우 세력이 그를 노리고 있다는 구체적인 정보도 들어왔다. 이를 접한 김구는 그저 웃을 뿐이었다. 그는 "임시정부 시절에 일본 놈들도 어찌하지 못한 일을 감히 동포가 할 수 있겠느냐"라고 말했다. 하지만 비극은 찾아오고야 말았다. 1949년 6월 26일, 김구는 여느 때와 다름없이 자택인 경교장에서 식사를 한 후 붓글씨를 쓰고 있었다. 잠시 뒤 비극적인 사건이 발생할 것을 결코 예상할 수 없을 만큼 평온한 하루였다. 이때 육군 포병사령부 장교이자 한독당 당원이었던 '안두희'가 김구를 만나기 위해 경교장에 들어왔다. 김구 비서진들은 안두희를 1층에서 대기하게 했고, 헌병 대위 강홍모를 김구와 먼저 만나게 했다. 그런 다음 안두희를 김구의 서재로 안내했다. 비서진들은 마땅히 안두희의 신체를 검색해야 했지만, 별다른 의심을 하지 않아 그대로 통과시켰다.

김구는 붓글씨를 쓰던 중 안두희를 만났다. 안두희가 김구 앞에 나아가 "선생님, 먹을 갈아 드릴까요?"라고 묻자 김구는 고개를 들어 안두희를 쳐다봤다. 바로 그때, 안두희가 미국제 권총을 꺼내든 후 김구를 향해 4발의 총탄을 발사했다. 정면에서 총을 맞은 김구는 그대로 쓰러졌다. 해당 암살 경위는 비서진들이 증언한 내용이다. 그런데 안두희가 재판정에서 밝힌 암살 경위는 좀 다르다. 안두희는 김구와 2미터 간격을 두고 마주 앉아 대화를 나눴다고 한다. 이 자리에서 안두희는 민족 통일 운동을 하는 김구의 행위를 대놓고 비판했다. 그는 "선생이 공산당과 악수하는 거 아니냐? 나도 선생을 의심하게 된다"라고 말했다. 이에 김구는 "네놈이 무슨 소리를 하느냐"라며 크게 화를 냈다. 안두희는 이 모습을 보고 김구를 죽일 것을 결심했다고 한다. 발사된 4발의 총탄 가운데 첫 번째 총탄은 김구의 코 밑을 뚫고 오른쪽 볼로 빠져나와 유리창을 뚫었다. 두 번째 총탄은 김구의 목을 정면으로 뚫은 뒤 유리창에 맞았다. 세 번째 총탄은 김구의 오른쪽 가슴을 지나 폐를 뚫었고 네 번째 총탄은 김구의 아랫배를 관통했다.

총성을 들은 비서진들이 급히 서재로 달려와 쓰러진 김구를 병원으로 이송했다. 안두희는 김구 암살 직후 경교장을 빠져나가려다가 경비원들에게 붙잡혀 헌병사령부로 연행됐다. 병원에 이송된 김구는 즉시 진찰을 받았지만 머지않아 숨을 거뒀다. 그의 나이 74세였다. 한평생을 조국의 자주독립과 민족통일운동에 헌신한 민족지도자가 서거하자 전 국민이 애도했다. 10일 간 진행된 장례 기간 동안 약 120만 명에 달하는 추모 인파가 몰렸다. (참고로 당시 서울 인구는 140

암살의 역사

만 명이었다.) 일부 추모객들은 걷잡을 수 없는 슬픔을 이기지 못하고 실신하기도 했다. 이승만은 두 차례에 걸친 성명을 통해 "한인이 어찌해서 이런 만행을 범했는지 과연 통탄할 일이다. 백범 선생이 피해를 당함으로써 우리나라와 민족에게 엄청난 손해를 주게 된 것을 통분해 마지않는다"라고 밝혔다. 김구는 7월 5일 효창공원에 안장됐고 1962년 건국공로훈장 중장이 추서 됐다.

암살의 배후

김구가 암살된 직후 전봉덕 헌병 부사령관은 해당 사건이 안두희의 단독 범행이라고 발표했다. 이승만은 김구 암살이 한독당의 내분에서 비롯된 것이라고 밝혔다. 사건에 그 어떠한 배후도 없으며 우발적인 사고 정도로 치부하는 모습이었다. (이승만 정권은 안두희를 김구에게 소개하고 한독당에 가입시켜 사건의 빌미를 제공했다는 혐의로, 한독당 조직부장이자 광복군 지휘관이었던 김학규를 구속했다.) 추후 재판정에 나온 안두희는 당당했다. 그는 "나는 김구를 반역자라 생각하고 내 행동은 애국이라 생각한다"라고 말했다. 마치 믿는 구석이 있는 것처럼 보일 정도였다. 안두희가 무슨 말만 하면 재판정 내에서 박수 소리가 나왔고 판사는 이를 제지하지도 않았다. 법원 주변에서는 '애국자 안두희를 석방하라'라는 내용의 전단이 붙었다. 검찰에는 수시로 안두희를 두둔하는 자들의 협박 전화가 걸려왔다. 기묘하게도 재판정의 분위기는 살인범인 안두희에게 매우 유리해 보였다.

김구 암살은 정말 우발적인 단독 범행이었을까. 이는 전봉덕이나 이승만의 발표와 달리 결코 간단한 사건이 아니었다. 조직적인 음모와 배후가 있을 것이라는 의혹이 끊임없이 제기됐다. 가장 대표적인 것으로 '군부'가 거론됐다. 지난 1995년에 발표된 '백범김구선생 암살진상국회조사보고서'를 살펴보면, 안두희의 직속상관인 포병사령관 장은산이 암살을 직접 지시했고 김창룡 특무대장과 채병덕 총참모장, 전봉덕 헌병 부사령관 등이 사건에 적극 개입됐음을 강하게 시사하고 있다. 이들은 과거 일제에 자발적으로 협조한 대표적인 친일파들이기도 했다. 군부와 함께 안두희가 가담했던 '서북청년단'도 김구 암살에 깊이 관여된 것으로 추정된다.

사건 이후 안두희의 행적을 살펴보면 의혹의 그림자는 더욱 짙어진다. 그는 무기 징역을 선고받았지만 석 달만에 징역 15년으로 감형됐다. 6.25 전쟁이 발발하자 형집행정지로 풀려나 군에 복귀했다. 정치권에서 이에 대해 문제를 제기했으나 군부는 되레 안두희를 소위에서 소령으로 특진시켰다. 아직 재판이 끝나지 않은 상황임에도 형 면제 처분에 더해 초고속 승진이라는 절대적 특혜가 부여된 것이다. 안두희는 군을 제대한 후 강원도 양구에 군납공장을 차려 큰 부를 축적했고 대저택에서 호의호식하며 살았다. 하지만 이승만 정권이 무너진 뒤 안두희는 지속적으로 규탄을 받았다. 수많은 사람들이 그에게 김구 암살의 진실을 밝히라고 요구했다. 때로는 물리적인 위협도 수반됐다. 안두희는 끝끝내 제대로 된 증언을 하지 않고 도망 다니다, 1996년 평소 김구를 존경한 버스기사 박기서가 휘두른 정의봉에 맞아 죽었다.

암살의 역사

김구 암살의 혐의점은 '이승만'에게까지 향했다. 기실 김구의 최대 정적은 이승만이었다. 또한 안두희의 석연치 않은 행적과 군부의 이해할 수 없는 양태가 과연 이승만의 동의 없이 가능했겠느냐는 의혹이 강하게 제기됐다. 일각에서는 김구 암살의 최종적인 배후에 이승만이 있다고 확신하는 목소리도 나온다. 다만 이승만이 김구 암살에 개입됐다고 볼 수 있는 직접적인 증거나 증언은 아직 나오지 않았다. 미국에 대해 의혹을 제기하는 목소리도 있지만 이승만과 마찬가지로 직접 증거는 발견되지 않았다. 한때는 극우 테러단체인 '백의사'의 소행이라고 보는 시각도 있었다. 하지만 백의사 수장인 염동진의 행동과 김구 비서인 선우진의 증언을 살펴보면, 사실상 김구 암살에 백의사가 관련돼 있지 않다고 판단할 수 있다. 결론적으로 김구 암살 사건은 이승만 정권 하의 군부가 개입됐다고 말할 수 있지만, 당사자인 안두희의 갑작스러운 사망 등으로 확실한 마침표가 찍히지 않은 영구 미제사건으로 남게 됐다.

09

장준하 암살설

그날 약사봉에선 무슨 일이 있었나

민주화 투사의 이상한 죽음 전말

장준하 선생. 일제 강점기엔 독립운동가로, 박정희 정권
시절엔 민주화 투사로 활동했다. 등산을 갔다가 돌연 세
상을 떠났다.

"등산에 참여한 이들은 약사봉 입구에 도착하자마자 산길을 올랐다. 다들 능숙하게 등산을 했다. 약사봉 중간 지점에 이르렀을 때, 허기를 달래기 위한 점심식사를 했다. 그런데 이때 문제가 발생했다. 장준하의 행방이 묘연했다. 약사봉 중간지점에 도착했는지 여부가 불투명했다. 불길한 기운이 엄습했다. 얼마 뒤 김용환이 허겁지겁 달려와 뜻밖의 소식을 전했다. 장준하가 등산하다가 실족해 추락사했다는 것이다."

대한민국 현대사는 '산업화'와 '민주화' 세력의 대립의 역사였다고 볼 수 있다. 전자는 강압적인 통치를 기반으로 국가의 경제 발전에 주안점을 뒀다. 후자는 강압적인 통치에 대항해 국가의 민주화에 역점을 뒀다. 어느 세력이 더 옳았다거나 훌륭했다고 말할 순 없다. 각자의 위치에서 각자의 역할을 하며 국가 발전을 견인했기 때문이다. 산업화 세력을 대표하는 인물은 '박정희'였다. 민주화 세력을 대표하는 인물은 '장준하'였다.

본편에서 살펴볼 장준하는 일제 강점기엔 독립운동가로, 박정희 정권 시절엔 민주화 투사로 활동했다. 지극히 험난한 일생의 연속이었지만, 이에 굴하지 않고 자신의 신념에 충실한 삶을 살았다. 점잖은 외모와 달리 그 누구보다 강도 높은 투쟁 발언과 행동을 이어가면서, 박정희의 가장 강력한 '정적'으로 부상했다. 반면 민주화 세력에게 있어 장준하는 듬직한 맏형이자 정신적 지주였다. 그런데 '유신체제'로 대변되는 강압적 통치가 절정에 이르렀을 때, 장준하는 돌연 '이상한 죽음'을 맞이했다. 당시 수사기관에선 장준하와 동행했던 한 인물의 증언을 바탕으로 등산 중 '추락사'(실족사) 했다고 발표했다. 하지만 시신 상태 등 여러 정황들은 단순 추락사가 아닌 '암살' 의혹을 제기하고 있다. 수십 년에 걸쳐 조사가 이뤄질수록 이러한 의혹이 해소되긴커녕 오히려 증폭됐다. 의혹은 현재진행형이며 좀처럼 사그라들지 않을 논란거리로 고착화됐다.

장준하 암살 의혹은 암울한 한국 현대사의 한 단면을 반영한다. 강압과 폭력이 일상화된 사회 속에서 석연치 않은 죽음이 자주 발생했고, 이에 의문을 제기하는 목소리가 곳곳에서 터져 나왔다. 마치 동전의 양면처럼, 경제 성장이라는 화려함 뒤에 이 같은 부정적인 측면이 상존했다. 장준하의 삶과 그 시대적 환경을 통해 우리는 역사의 빛과 어둠을 균형감 있게 바라볼 수 있다. 대표적인 '민주화 투사', 장준하의 민주화 투쟁과 암살 의혹 전말을 되돌아봤다.

박정희의 장기집권

육군 소장이었던 박정희는 1961년 '5.16 쿠데타'로 권력을 장악했다. 당초 그는 국가의 혼란을 잠재운 뒤 권력을 민간에 이양하고 원대복귀하겠다고 밝혔다. 하지만 1963년 '민주공화당'을 창당하고 대통령 선거에 출마했다. 박정희는 대선에서 야당 단일후보인 '윤보선'을 근소한 표차로 누르고 당선됐다. 이로써 제3공화국의 최고 통치권자가 됐다. 박정희 정권은 '경제 개발'과 '한일 국교정상화'에 역점을 뒀다. 특히 한일 국교정상화를 통해 경제 개발에 필요한 자금을 확보할 수 있다고 판단, 대일 협상에 적극 나섰다. 이 과정에서 대일청구권(배상) 자금과 어업 및 평화선 문제가 논란이 됨에 따라 '6.3 항쟁' 등 전국민적 반발이 일어났다. 박정희 정권이 일반 여론을 무시한 채 3억 달러의 청구권 보상에 만족하고, 한국 어민들의 생명선인 평화선을 일본에 내주기로 작정했다는 비판이 거세게 일었다. 박정희 정권은 군대 투입 등 강경책으로 반발을 물리쳤고 1965년 '한일기본조약'을 정식으로 조인했다. 한일 국교정상화가 이뤄지면서 적지 않은 자금이 들어왔다. 이 밖에 베트남 전쟁 파병에 따른 미국의 경제적 지원, 투자단 유치, 서독에 광부와 간호사를 파견해 얻은 수익금 등으로 박정희 정권은 경제 개발에 매진할 수 있었다.

　강력한 경제개발 정책과 수출 드라이브, 기간산업 및 중화학 공업 육성, 경부고속도로 등 인프라 개선 사업으로 대한민국은 뚜렷한 경제 성장세를 나타냈다. (이 시기에 중앙정보부 등을 동원한 강압적 통치도 본격화했다.) 박정희는 국정 운영에 상당한 자신감을 갖게 됐다. 이 여세를 몰아 집권 연장도 추진했다. 1969년 '3선 개헌'이었다. 재선까지였던 대통령 연임 횟수를 3선으로 늘리려 한 것이다. 김형욱의 중앙정보부는 3선 개헌 달성을 위해 온갖 정치공작을 펼쳤다. 하지만 쉽지 않았다. 야당은 물론 여당 내에서도 반대가 만만치 않았다. 이만섭 등 공화당 내 3선 개헌 반대파들은 고심을 거듭했다. 그 결과 김형욱을 퇴진시키는 전제 하에 3선 개헌을 찬성한다는 입장으로 선회했다. 박정희는 이를 받아들였고 추후 김형욱을 숙청했다.

여당은 야당의 반대에도 불구하고 9월 14일 새벽에 3선 개헌안을 변칙 통과시켰다. 개헌안 관련한 국민투표도 진행, 투표율 77.1%에 찬성률 65.1%로 통과됐다. 박정희 정권은 이후에도 경제 개발에 매진하며 장기집권과 독재체제의 기반을 다져갔다. 그런데 1971년 4월 대선에서 뜻밖의 복병을 만났다. '40대 기수론'을 내세운 신민당의 '김대중'이었다. 김대중은 유세 기간 중 "이번에 정권교체에 실패할 경우 박정희가 영구집권을 위한 총통제를 실시할 것"이라고 경고했다. 아울러 일부 지역에서 돌풍을 일으키며 박정희의 간담을 서늘하게 했다. 박정희는 "나를 한 번 더 뽑아 주십시오, 하는 이야기도 이번이 마지막"이라며 읍소하는 모습을 보였다. 비록 박정희가 승리하긴 했지만 표 차이가 별로 나지 않는 '신승'이었다. 직후에 실시된 국회의원 선거에서도 신민당이 89석을 얻으며 선전했고 공화당은 간신히 과반 의석을 확보했다. 이전에 공화당은 개헌 가능한 의석까지 갖고 있었지만 크게 쪼그라든 셈이었다.

장기 집권을 염두에 두고 있던 박정희는 큰 위협을 느꼈다. 앞으로 정상적인 수단을 통해선 재집권이 힘들 것이라는 전망이 우세해졌다. 사실상 국민들은 경제 성장에 기여한 공을 감안해 박정희의 3선까진 허락했지만, 더 이상 개헌을 통한 집권 연장은 못하게 만든 셈이었다. 박정희는 '비정상적인 방법'을 통한 집권 연장을 강구하게 됐다. 1972년 10월 17일, 박정희 정권은 전격적으로 특별선언 및 비상조치를 선포했다. 국회를 해산하고 정당 및 정치 활동의 중지 등 현행 헌법의 일부 조항 효력을 정지시켰다. 당시 헌법에는 대통령의 국회 해산권이 없었음에도 불구하고 박정희는 군대를 동원해 초법적인 조치를 취하는 '친위쿠데타'를 일으킨 것이었다. 전국에 계엄령도 선포했고 반발하는 야당 국회의원들을 감금, 고문했다. 이후 박정희 정권은 통일주체국민회의를 통한 간접선거로 대통령을 선출하는 '유신헌법'을 제정했다. 여기엔 대통령이 헌법 효력까지 일시 정지시킬 수 있는 '긴급조치권'도 담겼다. 이를 통해 제4공화국이 출범했고, 박정희에겐 영구집권과 독재체제의 길이 열렸다.

사회 곳곳에서 유신헌법의 개정을 요구하는 목소리가 터져 나왔다. 이에 박정희 정권은 긴급조치를 동원해 탄압했다. 유신체제 7년 간 수많은 정치인, 학생, 지식인, 종교인 등이 긴급조치에 걸려 투옥됐다. 민주주의는 크게 후퇴할 수밖에 없었다. 미국을 비롯한 해외 국가들에서도 박정희 정권의 철권통치를 비난하는 목소리가 높아졌다. 박정희 정권은 이에 아랑곳지 않았고 기존 노선을 고수했다. 다만 이 기간 국가의 경제는 눈에 띄게 성장했다. 연간 10%를 넘나드는 기록적인 고도성장을 달성했고 국민소득도 크게 증가했다. 박정희 정권은 민주주의 후퇴라는 단점을 경제 성장으로 만회하는 모습을 나타냈다.

민주화 투사 '장준하'
박정희 정권의 독재에 맞선 대표적인 민주화 투사인 '장준하'는 일제 강점기엔 '대한민국 임시정부'에서 활동했다. 당초 일본군에 자원입대 형식으로 강제 징병됐지만 1944년 소수의 동지들과 함께 탈출해 임시정부에 합류했다. 주로 한국광복군과 미국 CIA(중앙정보국)의 전신인 OSS에서 활동하다 해방을 맞이했다. 이후 장준하는 1953년 민족통일문제, 민주사상 함양, 경제발전 등을 기본 편집방향으로 삼은 월간종합잡지 '사상계'를 창간했다. 그는 사상계에 이승만 정권의 독재를 비판하는 칼럼을 지속적으로 실었다. 4.19 혁명 후 장면 내각이 출범하자 입각, 국토건설단 기획부장 등을 역임했다. 박정희가 주도한 5.16 쿠데타 직후에 장준하는 이를 지지하는 모습을 보였다. 얼마간의 군정을 통해 국가가 안정될 수 있을 것이라는 기대감이 컸다. 또한 적극적인 친미, 반공주의자였던 장준하는 군사정권이 철저한 친미, 반공 노선을 걸을 것이라 판단해 지지했다. 그러나 추후 박정희가 민간정부로 권력을 이양하지 않고 집권 연장을 추진하자 강력한 반대 입장으로 돌아섰다.

장준하는 1964년 윤보선, 장택상 등과 함께 한일 회담을 '대일굴욕외교'로 규정하며 반대 운동을 펼쳤다. 특히 대일굴욕외교 반대 투쟁위원회의 주요 연사로 전국을 순회하며 70여 차례의 비판 연설을 했다. "한일 회담은 일본 제국주의 군인 출신이 침략자이자 전범 집단인 일본 자민당과 매국 협상을 하는 것"이라고 원색적으로 비판했다. 한일 회담을 비판하는 사상계 긴급 임시증간호도 냈다. 이에 대응해 박정희 정권은 세무사찰로 사상계를 탄압했다. 장준하는 1966년 '사카린 밀수 사건'이 터졌을 때에도 전면에 나섰다. 대구시 수성천에서 열린 민중당 주최 '특정재벌 밀수진상 폭로 및 규탄 국민대회'에서 "우리나라 밀수 왕초는 바로 박정희"라고 직격탄을 날렸다. 그러면서 재벌총수와 박정희 정권 고위층 사이에 오간 밀수 관련 내용을 폭로했다. 이 일로 장준하는 한 달간 수감됐다가 보석으로 풀려났다. 장준하는 1967년 대통령 선거에서 윤보선을 지지했다. 그는 선거 운동을 하면서 박정희를 겨냥해 매우 날 선 비판을 가한 것으로 유명하다. 주요 비판 내용들은 다음과 같다. 박정희가 일본 천황에게 충성을 맹세하고 일본군 장교가 돼 광복군에 총부리를 겨눴다는 것, 남로당 군사조직책으로 활동했고 자기 목숨을 위해 조직원을 팔아넘겼다는 것, 박정희가 청년들의 피를 베트남 전쟁에 팔아먹는 매국 행위를 했다는 것 등이었다. 수위가 매우 높은 투쟁이었다. 박정희 정권이 가만히 있을 리 없었다. 장준하는 선거 운동 중 국가원수 모독죄로 체포돼 3개월 간 투옥됐다.

그럼에도 그는 멈추지 않았다. 옥중에서 국회의원 총선거에 출마해 당선됐다. 장준하는 국회 경제과학분과 위원회와 국방분과위원회 위원으로 활동했다. 유신체제가 성립된 후, 장준하의 투쟁은 더욱 거세졌다. 그는 긴급조치가 '기본권 탄압'이며 유신체제를 바꾸는 '개헌'이 필요하다고 주장했다. 나아가 1973년 12월 YMCA 회관에서 개헌청원운동본부를 발족시킨 뒤 '헌법개정 백만인 서명운동'을 전개했다. 수많은 국민들이 이러한 노력에 관심을 기울였다. 하지만 장준하는 대통령 긴급조치 제1호 위반혐의로 구속됐고 징역 15년형을 선고받았다. 옥중에서 건강이 급격히 악화됨에 따라 간신히 풀려날 수 있었다. 장준하의 민주화 투쟁 하이라이트 시기는

1975년이었다. 그해 8월 20일경에 모종의 '거사'를 계획했던 것으로 보인다. 그는 당시에 김대중, 함석헌 등과 잇따라 만났고 아들에게 "민중의 힘으로 박정희를 무너뜨리는 게 역부족이니 게릴라전으로 제거해야 한다. 군부 쪽과도 상당히 연계돼 있다"라고 말했다. 야당과 재야인사, 일부 군부 세력이 함께 하는 거사였던 것으로 추정된다. 일부 군부 세력은 바로 '김재규' 등이었다고 한다. 과거 2군단장이었던 김재규는 장준하 국회의원과 사적인 인연을 맺었고 그를 존경하게 된 것으로 전해진다. (장준하의 아들인 장호권은 김재규의 '10.26' 사태도 장준하의 영향을 받은 게 확실하다고 주장했다.) 그러나 이 거사는 결행되지 못했다. 장준하의 신변에 변고가 발생했기 때문이다.

이상한 죽음

장준하의 취미는 '등산'이었다. 평일과 주말 가릴 것 없이 등산을 자주 즐겼다. 운명의 날인 1975년 8월 17일에도 호림산악회와 함께 경기도 포천에 있는 '약사봉' 등산에 나섰다. 다만 장준하가 이날 자발적으로 등산에 나선 것인지, 아니면 문제의 인물인 '김용환' 등의 강권에 따른 것인지는 확실치 않다. 장준하의 비서인 이철우는 대절된 관광버스에 자리가 없어 동행하지 못했다. 등산에 참여한 이들은 약사봉 입구에 도착하자마자 산길을 올랐다. 다들 능숙하게 등산을 했다. 약사봉 중간 지점에 이르렀을 때, 허기를 달래기 위한 점심식사를 했다. 그런데 이때 문제가 발생했다. 장준하의 행방이 묘연했다. 약사봉 중간지점에 도착했는지 여부가 불투명했다. 불길한 기운이 엄습했다. 얼마 뒤 김용환이 허겁지겁 달려와 뜻밖의 소식을 전했다. 장준하가 등산하다가 실족해 추락사했다는 것이다. 산악회원들은 급히 사고 현장으로 달려갔고 장준하의 시신을 확인했다.

장준하의 마지막을 추적할 수 있는 수단은 사실상 최후 동행자였던 김용환의 '진술'밖에 없었다. 김용환은 점심식사 장소에 도착해 장준하를 찾았지만 보이지 않아 주변 사람들에게 물어봤다. 누군가가 장준하는 먼저 산으로 올라갔다고 말해 뒤쫓았다. 김용환은 머지않아 장준하를 만났고, 함께 산 정상까지 올라간 다음 하산길에 나섰다. 김용환은 장준하보다 한 발 앞서 걸었다. 험난한 암벽 지형을 만났을 때 문제가 터졌다. 김용환이 옆에 있는 나무를 붙잡고 천천히 내려가던 중, 뒤에서 이상한 소리가 나서 돌아봤다. 장준하가 보이지 않았다. 김용환은 직감적으로 장준하의 추락을 인지하고 절벽 아래로 내려갔다. 그곳에서 장준하의 시신을 마주했다. 김용환의 진술에 따르면 "장준하는 두 손을 가슴에 나란히 얹고 편안한 자세로 자는 듯 누워있었다. 왼쪽 귀밑이 약간 찢어진 것 외에는 별다른 상처도 없었다"라고 한다. 다만 이 모든 것들은 확정된 사실이 아닌 김용환의 진술에 불과했다.

사고 소식을 전달받고 출동한 포천경찰서 경찰관들은 사망 경위를 제대로 조사하지 않았다. 일반적으로 행해지는 현장감식이나 사진촬영도 하지 않았다. 윗선의 지시 때문인 것으로 알려졌다. 이후 서울지검 의정부지청 소속 검사와 검안의사 등이 시신검안 및 현장

검증을 실시했다. 검안의사는 오른쪽 귀 뒤쪽 후두부가 함몰골절돼 '추락사'한 것으로 추정된다는 진술을 했다. 검사는 검안의사의 진술에 더해 김용환의 진술까지 그대로 수용, 최종 추락사(실족사)로 결론 내린 뒤 빠르게 내사 종결했다. 부검도 실시하지 않은 채로 말이다.

암살 의혹

당시 장준하의 죽음과 관련한 수사는 명백한 부실 수사로 비쳤다. 더욱이 후두부 함몰골절 외에 별다른 외상이 없다는 것이 의문점으로 떠올랐다. 이에 단순 추락사가 아닌, 또 다른 가능성이 제기됐다. 바로 '암살' 의혹이다. 박정희 정권이 가장 강력한 정적인 장준하를 끝내 제거한 것 아니냐는 의혹이 곳곳에서 나왔다. 박정희 정권은 해당 의혹 제기를 유언비어 날조 및 유포 행위로 규정해 강경하게 탄압했다. 1993년에 이르러서야 제대로 된 조사가 이뤄졌다. 민주당의 '장준하 선생 사인규명 진상조사위원회'가 결성돼 조사한 결과, 다음과 같은 의문점들이 제기됐다. 장준하의 (머리 제외한) 시신에 별다른 외상이나 골절이 없고 휴대한 보온병과 안경이 깨지지 않았다. 시신의 오른쪽 귀 뒤에 가로 세로 2cm가량의 흉기로 찍힌 자국이 있고 팔과 엉덩이에 주삿바늘 자국이 있었다. 어깨 안쪽에 피멍이 들어있는데, 이는 어깨를 붙들려 억지로 끌려간 듯한 흔적으로 보인다. 시신이 발견된 암벽은 경사도를 감안할 때 굴러 떨어지는 물체가 멈출 수 없는 곳이다. 추락 지점이 경사 75도의 가파른 암벽이어서 장비 없이는 내려갈 수 없다.

일부 전문가들은 "오른쪽 귀의 함몰된 작은 상처는 중앙 부분이 오목한 형태의 인공적인 물체를 가지고 직각으로 충격을 가해 생긴 것"이라는 법의학적 소견을 밝히기도 했다. 최후 동행자였던 김용환의 행적에 대한 의문점도 있었다. 김용환은 장준하가 1967년 첫 국회의원 선거에 출마했을 때 선거캠프에서 자원봉사자로 활동했다. 장준하가 1971년 국회의원 선거에서 낙선하자 돌연 사라졌다가, 1975년 이 날에 갑자기 나타나 등산에 동행했다. 행적에 대한 의문에 더해 김용환의 정체도 명확히 밝혀지지 않아 세간의 의혹은 더욱 커졌다. (김용환은 사건 관련한 증언도 계속 번복했다.) 2002년 의문사진상규명위원회의 조사에서도 특기할 만한 의문점이 나왔다. 위원회는 실물 모형을 이용해 추락 관련한 시뮬레이션을 해봤다. 그 결과 모형에선 두개골 함몰골절 이외에 다른 외상들도 뚜렷이 나타났다. 위원회는 "장준하가 추락사하지 않은 것으로 추정된다"라고 밝혔다. 앞선 민주당의 조사와 의문사진상규명위원회의 조사 모두 한 가지를 가리키고 있었다. '장준하 암살'이었다. 다만 국가정보원 등을 통한 추가 자료 확보가 물 건너 감에 따라 확정적인 사망 원인 및 정권 개입 여부는 밝혀내지 못했다. 추락사는 아닌 게 분명하고 사실상 암살로 보임에도 '진상 규명 불능'이라는 애매한 결론을 내리고 말았다.

장준하 암살 의혹은 한동안 잠잠했다가 2012년에 재부상했다. 당시 폭우로 인해 장준하 묘소 뒤편 석축이 붕괴됐다. 부득이 장준하 유골을 이장할 수밖에 없었다. 이장 시 유골을 검시해야 했는데, 여기서 두개골 골절 흔적이 적나라하게 드러났다. 지름 5~6cm 크기의 원형으로 함몰된 구멍과 금이 가 있었다. 이전부터 '사인'으로 지적된 것이었지만 각종 매체를 통해 국민들에게 또렷이 전파된 것은 처음이었다. 이의 여파로 장준하의 사망 원인과 관련한 논란이 다시 발생했다. 장준하의 아들 장호권은 "추락으로 두개골에 그런 상처가 나기는 어렵다는 법의학자의 소견이 있었다. '망치' 사이즈와 같은 크기로 두개골이 함몰됐다 사인은 망치에 의한 가격으로 보인다"라고 주장했다. 장준하기념사업회도 나서서 전면 재조사에 착수할 것을 촉구했다. 이후 '장준하 선생 사인진상조사 공동위원회'가 구성돼 자체 재조사에 들어갔다. 위원회는 장준하 사망 원인을 '타살 후 추락'으로 결론지었다. 몇 가지 근거가 있다. 머리에 강한 외부 충격이 가해지면서 죽으면 목등뼈에 있는 혈액순환 기능이 멈춰 출혈이 발생하지 않는데, 장준하 사망 시 출혈이 거의 없었다. 추락하면 어깨뼈도 골절돼야 하는데 시신의 어깨뼈는 멀쩡했다. 추락에 의해 두개골이 함몰됐다면 왼쪽 안구 주위 뼈도 함께 손상돼야 하는데 이 부분도 멀쩡했다. 그럼에도 장준하 사망은 여전히 풀리지 않은 사건이다. 사건과 관련한 조사기록물들이 오랜 기간 비공개로 처리돼 있고 김용환 등 핵심 관련자들이 이미 죽었거나 침묵을 지키고 있다. 의문점들이 완전히 해소되기까진 앞으로 많은 시간이 소요될 것으로 보인다.

10

박정희 암살

18년 절대권력 무너뜨린 궁정동 총성

10.26 사태 전말

'10.26 사태' 현장 검증 모습. 김재규 중앙정보부장은 궁정동 연회장에서 박정희 대통령과 차지철 경호실장을 암살했다.

"신재순이 한창 노래를 부르는 와중에 김재규가 별안간 박정희에게 '각하, 정치를 좀 대국적으로 하십시오'라고 소리쳤다. 뒤이어 권총을 뽑아 '너 이 새끼 건방져'라고 외치며 차지철에게 총탄을 발사했다. 김재규가 쏜 총탄은 차지철의 오른쪽 손목을 관통했다. 차지철은 '김 부장, 왜 이래'라고 외쳤고 연회장은 순식간에 아수라장이 됐다. 당황한 박정희는 '지금 뭐 하는 짓들이야'라고 소리쳤다. 김재규는 '너도 죽어봐'라고 말하며 박정희의 오른쪽 가슴에 두 번째 총탄을 발사했다."

역사적 인물을 평가할 땐 대체로 공과 과를 함께 바라보곤 한다. 긍정적인 인물도 과가 있을 수 있고 부정적인 인물도 공이 있을 수 있다. 두 가지 측면을 폭넓게 바라보는 것은 해당 인물을 객관적, 입체적으로 이해하는 데 도움이 된다. 다만 공과를 둘러싼 의견 대립이 극심해 논란을 불러일으키는 경우가 있다. 본편의 주인공인 '박정희' 대통령이 이에 해당한다. 국내의 보수, 진보 세력은 박정희를 매우 상이하게 평가한다. 보수는 경제를 크게 발전시키고 국방을 튼튼히 한 위대한 지도자로 평가한다. 진보는 친일 행위, 군부독재, 민주세력 탄압 등을 자행한 독재자로 평가한다. 때로는 양 진영이 박정희의 공과가 혼재함을 간과한 채, 자신들이 바라보는 측면만을 내세우며 충돌한다. 이에 따라 박정희란 인물은 매번 정치적 이념적 대립의 중심에 있었다.

실제로 박정희는 1961년 5.16 쿠데타로 집권한 이래 경제 발전에 전력을 다했다. 중화학공업, 수출산업을 육성하고 새마을운동을 전개했다. 국토종합개발과 산림녹화, 군 현대화 사업 등도 적극적으로 시행했다. 대한민국의 경제 수준과 삶의 질은 눈에 띄게 향상됐고 농업 국가에서 현대 산업화 국가로 탈바꿈했다. 이런 측면에서 박정희는 산업화의 역군이자 훌륭한 지도자로 여겨졌다. 하지만 빛이 있으면 어둠도 있기 마련이다. 박정희는 국민들의 민주화 요구를 철저히 탄압했고 3선 개헌과 유신헌법 제정 등을 통해 장기집권을 획책했다. 그 결과 무려 18년 동안 권좌에 머무를 수 있었다. 이런 측면은 박정희를 전형적인 독재자로 여겨지게 만들었다. 나아가 불행한 결말로 인도했다. 김재규 중앙정보부장에 의해 박정희가 암살당한 '10.26 사태'가 그것이다.

이 사태 원인과 관련해 여러 해석이 있지만, 박정희의 장기집권 무리수가 커다란 역효과를 낸 것이란 분석이 설득력 있다. 역사적으로 순리를 거스르는 정치적 행위는 대개 역효과를 발생시켰다. 박정희 이전 시대에는 3.15 부정선거가 있었고, 이후에는 12.12 쿠데타 등이 있었다. 이러한 사건들을 일으킨 주체들은 그 결말이 좋지 못했다. 결국 18년 절대권력을 무너뜨린 '궁정동 총성'은 박정희가 장기집권 수순을 밟는 순간 예견된 것이나 다름없었다. 박정희 정권 말기 각종 파열음과 10.26 사태 전말을 되돌아봤다.

정권 말기 현상 : 김영삼 제명과 부마 항쟁

1979년 8월 가발 수출회사인 'YH 무역'에서 근로조건 및 처우 개선 등을 요구하던 여성 노동자 187명이 신민당 당사로 모여들었다. 한없이 약자였던 여성 노동자들은 야당의 정치적 도움과 여론의 도움을 얻으려 했다. 당시 대표적인 민주화 투사이자 야권 지도자였던 '김영삼' 신민당 총재는 이들과 면담을 한 뒤 신민당 당사 안에서 함께 투쟁할 것을 약속했다. 자칫 정치적으로 부담스러울 수 있는 상황이었지만 별로 개의치 않았다. 이때 김영삼은 여성 노동자들에게 "성경에 나옵니다. '너희는 결코 두려워 말라. 나의 의로운 오른손으로 너희를 붙들리라.' 걱정 마세요. 대한민국 역사에서 공권력이 야당 당사를 습격한 적이 없습니다. 나도 있고 국회의원 30명이 여기 여러분과 함께 있습니다"라고 말했다.

하지만 박정희 정권은 대규모 경찰 병력을 투입해 여성 노동자들의 신민당 농성을 무력 진압하려 했다. 김영삼과 신민당 소속 국회의원 및 당직자들은 스크럼을 짜서 경찰의 당사 진입을 기필코 막아내겠다는 결연한 의지를 내비쳤다. 더욱이 김영삼은 신민당 당사 주변에서 경찰청 정보과, 보안과 형사들을 발견하면 멱살을 잡고 뺨을 후려쳤다. 심지어 진압 작전을 지휘하는 마포경찰서장을 만나서도 "너희들이 저 여공들을 다 죽일 셈이냐"라고 외치며 뺨을 후려쳤다. 가히 '김영삼다운' 행동이었다. 그러나 농성 3일째 되는 새벽 2시, 2000여 명에 달하는 경찰 병력이 진압 작전을 개시해 신민당 당사 안으로 밀고 들어갔다. 이들은 무자비한 폭력을 행사하며 수많은 여성 노동자들을 강제연행했다. 이 와중에 여성 노동자 김경숙이 건물 옥상에서 추락해 사망하는 사건이 발생했다. 당시 경찰은 김경숙이 투신 자살했다는 거짓 발표를 했다. 뒤늦게 김경숙 사망 소식을 접한 김영삼은 "이 암흑적인 정치, 살인정치를 감행한 이 정권은 필연코 머지않아서 반드시 쓰러질 것이다. 쓰러지는 방법도 비참하게 쓰러질 것이라고 내 예언해 두는 바이다"라고 포효했다.

김영삼은 YH무역 사건 직후 미국 '뉴욕타임스'와 기자회견을 가졌다. 그는 이 회견에서 박정희 정권에 대한 미국의 직접적인 제어와 지지 철회를 강하게 요구했다. 회견의 파급력은 상당했다. 하지만 이는 김영삼을 제거하는데 혈안이 된 박정희 정권에게 유용한 빌미를 제공했다. 박정희 정권과 여당인 민주공화당, 유신정우회는 김영삼의 기자회견 발언을 '사대주의'로 규정했다. 뒤이어 국회에서 김영삼에 대한 징계동의안 제출 및 국회의원직 제명을 추진했다. 신민당 의원들이 이를 저지하기 위해 국회 본회의장을 점거했지만, 여당은 물리력을 동원해 김영삼 제명안을 단독으로 날치기 처리했다. 신민당과 민주통일당 의원들은 의원직 총사퇴를 결의했다. 김영삼의 정치적 고향인 부산, 마산에서도 거센 반발 조짐이 나타났다. 결국 해당 지역 대학생들을 중심으로 '부마항쟁'이 터졌다. 시위에 참가한 대학생 및 일반 시민들은 김영삼에 대한 탄압 중단과 유신독재 타도를 외쳤다. 날이 갈수록 시위 규모는 걷잡을 수 없이 확대됐고 일부 지역에서는 치안 공백 상태가 나타나기도 했다. 현지에 급파된 중앙정보부 요원들을 통해 시위의 심각성을 전해 들은 박정희 정권은 고심 끝에 강경진압에 나섰다. 부산에 비상계엄령을 선포한 뒤 공수부대를 투입, 1058명을 연행하고 66명을 군사재판에 회부했다. 마산 및 창원 일대에는 위수령을 발동해 505명을 연행하고 59명을 군사재판에 회부했다. 강경진압으로 인해 부마항쟁은 누그러지는 듯했지만, 결과적으로 이는 박정희 정권 몰락의 결정적 단초가 됐다.

정권 말기 현상 : 韓-美 갈등

1977년 미국의 제39대 대통령으로 '지미 카터'가 취임했다. '도덕 정치'와 '인권 외교'를 표방한 카터 행정부는 이전 행정부와 달리 박정희 정권의 장기집권에 대한 노골적인 반감을 드러냈다. 유신헌법의 전면적인 수정과 한국의 민주화를 요구하며 박정희 정권에 대한 압박 강도를 갈수록 높여갔다. 반면 카터 행정부는 민주화를 요구하는 한국의 학생 운동 및 야당 지도자들에 대해서는 직간접적인 지지를 표명하는 모습을 보였다. 그러나 박정희 정권은 유신독재 체제를 포기할 생각이 없었고, 되레 민주화 운동에 대한 탄압의 수위를 높여갈 뿐이었다. 카터 행정부는 압박의 결정판으로써 '주한미군 철수' 카드를 꺼내 들기도 했다. 북한의 침략에 맞설 수 있는 든든한 뒷배인 주한미군을 철수시킨다는 것은 박정희 정권의 가장 민감한 부위를 대놓고 건드리는 것이었다. 카터 행정부가 실제로 주한미군 철수를 의도한 것인지는 확실치 않지만, 적어도 이 카드를 통해 박정희 정권의 근본적인 노선 변화를 유도하려 한 것은 확실해 보인다. 이런 상황에서도 박정희 정권은 쉽게 물러서려 하지 않았다. 오히려 독자적인 '핵무기' 개발이라는 초강경 카드를 검토해 나갔다.

　1979년 6월 카터가 한국을 직접 방문하는 일이 있었다. 이 방한은 카터가 한미연합사 창설 때 한미 양국의 협력 방안을 함께 모색하고 싶다는 뜻을 박정희에게 전달해 성사된 것이었다. 이때 두 사람 및 한·미 행정부 간 갈등이 얼마나 심각한 지가 여실히 드러났다. 우선 카터는 박정희 정권이 제공한 영빈관 숙소를 거부했다. 김포공항에 내리자마자 미 해병대 헬기를 타고 동두천의 미군 기지로 이동해 여장을 풀었다. 다음날 카터는 국회 연설에서 '인권, 민주주의'라는 용어를 여러 번 강조하며 박정희의 심기를 대놓고 자극했다. 이 직후에 청와대에서 정상회담이 열렸다. 여기에선 박정희가 반격하는 모양새를 나타냈다. 박정희는 사전에 미국으로부터 주한미군 철수 문제를 거론하지 말아 달라는 부탁을 받았지만, 이에 아랑곳하지 않고 철수의 부당성을 강조하는 연설을 무려 45분 간이나 했다. 세계 최강 미국 대통령 앞에서 한국 대통령이 '안보 강연'을 한 것이나 다름없었다. 이 연설이 진행되는 내내 카터의 표정은 '노기'로 가득했다. 회담장 분위기는 급격히 냉각되며 살얼음판을 걷는 것 같았다고 전해진다. 카터는 옆에 있는 측근에게 "박정희가 연설을 당장 중단하지 않으면 회담장을 박차고 나갈 것"이라고 말하기도 했다. 주변 사람들은 이를 말리느라 진땀을 뺐다고 한다. 추후 카터는 사석에서 이 당시 정상회담을 "그동안 동맹국 지도자들과 가진 회담 가운데 가장 불쾌한 회담이었다"라고 회고했다. 이처럼 박정희 정권 말기에는 한국과 미국의 관계가 전례 없는 악화 일로를 걸었다.

정권 말기 현상 : 김형욱 사건

김형욱은 역대 중앙정보부장들 가운데 최장수 부장이었다. 1963년부터 69년까지 무려 6년 이상을 중정부장으로 있으면서 민주화 운동과 정치적 반대파들을 극심하게 탄압했다. 이른바 '남산돈가스'라는 악명을 떨쳤다. 심각한 국제 문제로까지 비화됐던 '동백림 간첩단 사건', 3선 개헌 반대파들을 숙청할 목적으로 일으킨 '국민복지회 사건', 그리고 사상초유의 '사법살인'으로 불리는 '인민혁명당 사건'은 김형욱이 주도한 대표적인 탄압 사례였다. 민주화를 열망했던 사람들에게 김형욱은 공포와 증오의 대상이었지만, 대체로 강경책을 선호했던 박정희에게 김형욱은 효과적인 쓰임새를 갖고 있는 '심복'으로 여겨졌다.

박정희의 신임을 한 몸에 받는 것처럼 보였던 김형욱은 1969년을 기점으로 내리막길을 걷게 됐다. 당시 여당인 민주공화당 내에서 박정희가 원했던 3선 개헌안 찬성의 선행 조건으로 김형욱 중정부장 해임이 강하게 제기됐다. 김형욱은 과격한 언행 때문에 여야 가릴 것 없이 도처에 적이 많았던 만큼 시간이 갈수록 불리해졌다. 결국 박정희는 김형욱을 중정부장에서 해임하기에 이르렀다. 이후 김형욱은 잠시 민주공화당 국회의원으로 활동했지만 1972년 유신 선포 후에는 의원직마저 박탈당하게 됐다. 일련의 사건으로 권력의 중심부에서 완전히 멀어짐에 따라, 김형욱은 자신이 '토사구팽'을 당했다고 생각했다. 박정희에 대한 충성과 정권 유지를 위해 온갖 궂은일을 도맡아 했는데, 돌아온 것은 비참한 말로라고 느낀 것이다. 박정희에 대한 원망을 쌓아가던 김형욱은 가만히 있지 않았다. 중정부장 시절 최측근이었던 문학림과 함께 타이완으로 출국, 추후에는 미국 뉴욕에 머물렀다. 사실상의 '도피'였다. 박정희는 김형욱을 돌아오게 하기 위해 김종필, 정일권 등 고위급 인사들을 보내 설득을 이어갔다. 모두 허사였다.

문제는 1977년에 발생했다. 미국 정가를 발칵 뒤집어 놓은 '박동선 코리아 게이트 사건'이 터진 후, 김형욱은 미국 프레이저 청문회에 출석해 박정희 정권의 부정부패와 비리 등을 적나라하게 폭로했다. 여기에 더해 박정희의 은밀한 사생활을 담은 회고록을 일본에서 출간하기도 했다. 일종의 '복수'였던 셈이다. 이에 따라 박정희 정권은 국제적인 망신을 당하며 궁지에 몰렸고 김형욱은 다시는 돌아올 수 없는 강을 건너게 됐다. 초조해진 박정희 정권은 급기야 김형욱 제거 작전에 돌입했다. (제거에 나선 주체가 김재규의 중정인지 아니면 차지철의 경호실인지 논란이 분분하다.) 김형욱은 1979년 10월 정체불명의 공작원들에 의해 프랑스 파리에서 납치된 뒤 행방이 묘연해졌다. 지금까지도 김형욱이 언제 어디서 최후를 맞았는지 확인된 바는 없다. 설들만 난무할 뿐이다. 특히 한국 공작원에게 고용된 현지 킬러들이 김형욱을 납치해 죽인 후 그 시신을 양계장 분쇄기에 갈아버렸다는 설이 유력하게 제기되기도 했다. 현재 김형욱 사건은 표본적 미제 사건으로 남아있다.

김재규-차지철 대립

민주화 이후 정부들에서 대표적인 권력 기관이라고 하면 대개 검찰과 경찰을 꼽는다. 그러나 박정희 정권 하에서 대표적인 권력 기관을 꼽으라면 중앙정보부와 청와대 경호실을 들 수 있다. 당시 검찰과 경찰은 표면적인 권력 기관으로서만 존재했을 뿐, 사실상 중정과 경호실이 정권의 모든 대소사를 좌지우지하는 최고 권력기관으로 군림했다. 이들 기관은 박정희 정권 장기 집권의 든든한 버팀목이었다. 양대 권력 기관이다 보니 중정과 경호실 수장 간에 갈등, 신경전도 극심했다. 과거 이후락 중정부장과 박종규 경호실장 간 숨은 알력이 있었다. 박정희 정권 말기에는 김재규 중정부장과 차지철 경호실장 간의 갈등이 표출됐다. (김재규는 육군 중장 출신으로 보안사령관, 건설부 장관, 중정부장 등 요직을 두루 거쳤다. 차지철은 육군 중령 출신으로 국회의원으로 적지 않게 활동하다 경호실장까지 지내게 됐다.)

이 두 사람은 각종 사안에 있어 사사건건 대립했다. 민주화 운동과 야당 대응, 김형욱 사건 대응 등에 있어서 항상 노선이 엇갈렸던 것이다. 김재규는 대체로 온건파에 속했지만 차지철은 언제나 강경파에 속했다. 김재규는 사안 해결방안을 논할 때 박정희의 심기를 거슬리게 하는 말도 곧잘 했지만 차지철은 박정희의 심기에 부합하는 말만 했다. 초반 김재규의 말을 귀담아듣는 듯했던 박정희는 후반으로 갈수록 김재규를 멀리하고 차지철에게 힘을 실었다. 그러면서 박정희 정권의 노선은 더욱 강경한 방향으로 흘러갔고 김재규는 권력 구도에서 점차 소외됐다. 박정희의 지지를 등에 업은 차지철의 교만함은 날이 갈수록 심해져 김재규의 분노는 하늘을 찔렀다. 이는 10.26 사태라는 '파국'을 초래하는 결정적인 원인으로 작용했다.

10.26 사태

1979년 10월 26일의 그날은 비교적 맑았다. 박정희는 KBS 당진 송신소 개소식과 삽교천 방조제 준공식에 참석할 예정이었다. 김재규는 당진 송신소가 중앙정보부의 관할이었기 때문에 함께 하려 했다. 그러나 차지철이 가로막았다. 그는 "시국이 안 좋으니 정보부장까지 서울을 비우면 안 된다. 김 부장은 참석하지 말고 자리를 지켜라"라고 말한 뒤 일방적으로 전화를 끊어버렸다. 김재규는 상당한 모욕감을 느꼈을 것으로 보인다. 결국 김재규를 배제한 채 박정희, 차지철, 대통령 비서실장인 김계원이 행사에 참석했다. 박정희는 행사장에서 여느 때보다 기분이 더 좋아 보였다고 한다. 평소에는 민주화 항쟁과 야당의 공세 등으로 좀처럼 기분 좋은 모습을 찾아볼 수 없었다. 그런데 행사장에선 앞으로의 상황을 예고하기라도 하듯 불길한 모습들이 연출됐다. 삽교천 완공 기념 담수비를 제막할 때 강한 바람이 몰아쳐 천이 비석을 휘감아버렸다. 박정희가 계속 줄을 당겨도 천이 벗겨지지 않아 경호원들이 비석에 올라가 천을 벗겨야 했다. 또한 당진 송신소에서 도고호텔로 이동할 때 헬리콥터 2호기가 기관 고장을 일으켜 주저앉았다. 박정희가 탑승한 1

호기가 도고호텔에 착륙할 때에는 호텔 사육장에 있던 사슴이 헬기 소음에 놀라 날뛰다 축사 기둥을 들이받고 즉사하기도 했다.

박정희는 행사를 모두 끝마친 후 차지철에게 '궁정동' 안가에서 연회를 하자고 했다. 피곤했던 차지철은 몰래 짜증 섞인 반응을 보였지만 어쩔 수 없었다. 연회에는 차지철과 더불어 김재규와 김계원도 참석하게 됐다. (궁정동 안가는 청와대 담장 밖에 위치한 집으로 극소수만 알고 있는 극비 보안 시설이었다. 주로 박정희와 김재규의 소규모 연회 때 사용됐다.) 김재규는 연회 참석 지시를 받았을 때 다소 이상한 행동을 했다. 정승화 육군참모총장에게 전화를 걸어 "오늘 궁정동에서 저녁이나 들면서 시국 이야기 좀 하자"라고 말했다. 김정섭 중앙정보부 제2차장보에게도 연락해 궁정동으로 오도록 했다. 엄연히 대통령과 저녁 선약이 있는데 또 다른 약속을 잡아버린 것이다. 추후 김재규는 법정에서 국가의 실병력을 장악하고 있는 정승화 총장의 힘을 사전에 포섭해 놓기 위해 궁정동으로 불렀다는 취지의 진술을 했다. 비슷한 시각, 박선호 중앙정보부 의전과장은 가수 심수봉과 모델 신재순을 연회에 섭외했다.

연회가 시작되기에 앞서, 김재규와 김계원은 궁정동 안가 '나'동 연회장 앞에서 먼저 만났다. 김재규는 김계원에게 부마사태의 심각성을 적나라하게 알렸다. 그러면서 차지철이 중간에서 개입해 박정희에게 진실을 알리지 않고 있다고 비판했다. 평소 차지철을 미워했던 김계원도 김재규의 말에 동의했다. 이때 김재규는 "형님, 그 자식을 해치워 버릴까요?"라고 물었다. 김계원은 말없이 고개를 끄덕였다. 김재규는 이를 거사에 대한 동의로 받아들였다. 아마도 김계원은 김재규의 발언을 우발적인 것으로 인식했거나 화가 난 김재규의 기분을 그냥 맞춰주려 했던 것으로 보인다. 이후 정승화와 김정섭이 도착, 궁정동 '가'동으로 들어가 식사하며 김재규를 기다렸다. 이들은 조만간 불어닥칠 역사의 소용돌이를 전혀 예상하지 못하고 있었다.

저녁 6시 박정희와 차지철이 도착해 김재규, 김계원과 함께 궁정동 '나'동으로 들어갔다. 이들은 곧 전통 한국식 만찬 교자상 앞에서 술을 겸한 저녁 식사를 했다. 술은 주로 박정희와 김계원이 마셨다. 건강이 좋지 않았던 김재규와 기독교 신자인 차지철은 거의 마시지 않았다. 국가의 최고 권력자들이 모여있는 식사 자리인 만큼 정치 현안과 관련된 이야기가 나오지 않을 수 없었다. 초반에 다소 양호했던 분위기는 금세 어두워졌다. 박정희는 김재규에게 신민당 공작이 어떻게 되고 있는지를 물었다. 이 공작은 김영삼에게서 신민당 당권을 빼앗아 정운갑 신민당 총재 권한대행에게 넘기는 작업이었다. 김재규는 신민당 주류 세력들이 강경하게 나와 여의치 않다고 답했다. 박정희는 "오늘 삽교천은 참 좋았는데 신민당은 왜 그 모양인가?"라며 한숨을 쉬었다. 이때 차지철이 끼어들었다. 그는 "신민당 놈들 중에 국회의원 하기 싫은 놈 하나도 없다. 까불면 전부 탱크로 싹 깔아뭉개야 한다"라고 말했다. 김재규는 저간의 상황을 계속 이야기했지만 박정희와 차지철은 제대로 듣지 않았다. 급기야 차지철은 "요새 정보부가 뭐하는지 모르겠다"라며 김재규의 심기를 대놓고 자극했다. 옆에 있던 김계원이 분위기를 바꿔보려 노력했지만 역부족이었다. 때마침 심수봉과 신재순이 연회장에 들어오면서 경색된 분위기가 다소 누그러질 수 있었다. 술이 좀 들어간 박정희도 주변에 농담을 건넸다.

김재규는 화를 좀처럼 떨쳐버리지 못했다. 이전부터 박정희와 차지철에게 구박과 모욕을 받아왔는데 연회장에서도 그렇게 되니 참기가 힘들었다. 저녁 7시 김재규는 연회장을 빠져나와 정승화와 김정섭에게 갔다. 그는 정승화에게 "갑자기 대통령의 부름을 받고 연회에 참석 중이니 잠시 김 차장과 시국 이야기 좀 나눠라. 끝나는 대로 오겠다"라고 말했다. 이후 본관에 있는 자신의 집무실로 간 뒤 책장에 놓여있는 권총을 바지 호주머니에 숨겨 나왔다. 그런 다음 수행비서인 박흥주 대령과 의전과장 박선호를 호출했다. 이들을 만난 김재규는 권총을 들어 보이며 박정희, 차지철 암살과 경호원 제거 계획을 알렸다. 그는 "일이 잘못되면 자네들이나 나나 죽은 목숨이다. 오늘 저녁에 내가 (차지철을) 해치우겠다. 방에서 총소리가 나면 너희들은 경호원들을 처치해라. 지금 본관에 육군참모총장과 2차장보도 와 있다. 각오는 돼 있겠지?"라고 말했다. 박선호가 "각하도 포함됩니까?"라고 묻자 김재규는 "그렇다"라고 답했다. 박선호가 "오늘은 경호원들이 너무 많으니 다른 날을 고르자"라며 만류했지만 김재규는 거사 의지를 꺾지 않았다. 박선호와 박흥주는 오랜 기간 모셨던 상관인 김재규의 뜻을 따르기로 했다. 이때 부하들에게 주어진 거사 준비 시간이 굉장히 짧았음에도 불구하고 매우 일사불란하게 거사가 준비됐다. 박흥주는 이기주, 유성옥과 함께 궁정동 안가 '나'동 식당 앞에 숨어서 김재규가 총을 쏘기만을 기다렸다. 총소리가 나면 이들은 곧장 식당으로 달려가 청와대 경호원들을 처리할 계획이었다. 박선호는 궁정동 안가 경호원 대기실에 있는 정인형 경호처장과 안재송 부처장을 처리할 계획이었다. 다만 박선호는 정인형과 해병대 동기이자 친구 사이였던 만큼 죽이지는 않을 생각이었다.

김재규의 거사가 초읽기에 들어간 가운데, 방송 뉴스에서 김영삼과 글라이스틴 미국 대사가 회담을 나누는 장면이 나왔다. 이를 목격한 박정희는 불편한 심기를 재차 드러냈다. 그는 "총재도 아닌 사람이 무슨 이야기를 하느냐?"라고 말했고, 김영삼 구속 불발에 대해서도 불만을 토로했다. 이에 김재규는 "이미 국회에서 제명당했는데 구속까지 한다면 김영삼을 두 번 처벌한다는 인상을 줄 것"이라고 주장했다. 그러자 박정희는 인상을 잔뜩 찌푸리며 "정보부가 좀 무서워야지. 신민당 놈들 비행조서만 움켜쥐고 있으면 되나? 잡아들일 놈들은 바로 입건해야지"라고 소리쳤다. 김재규는 굳은 표정으로 아무 말도 하지 않았다. 이때 궁정동 안가 지배인인 남효주가 김재규에게 박선호의 호출을 알렸다. 김재규는 부속실로 들어가 박선호를 만났다. 이 자리에서 박선호는 최종적으로 거사 준비가 완료됐다고 밝혔다. 김재규는 다시 연회장으로 들어왔다. 심각한 상태인 김재규와 달리, 박정희와 차지철 김계원 등은 조만간 벌어질 엄청난 일들을 예상하지 못한 채 그저 연회를 만끽하고 있었다.

　운명의 저녁 7시 41분. 신재순이 한창 노래를 부르는 와중에 김재규가 별안간 박정희에게 "각하, 정치를 좀 대국적으로 하십시오"라고 소리쳤다. 뒤이어 권총을 뽑아 "너 이 새끼 건방져"라고 외치며 차지철에게 총탄을 발사했다. 김재규가 쏜 총탄은 차지철의 오른쪽 손목을 관통했다. 차지철은 "김 부장, 왜 이래?"라고 외쳤고 연회장은 순식간에 아수라장이 됐다. 당황한 박정희는 "지금 뭐 하는 짓들이야"라고 소리쳤다. 김재규는 "너도 죽어봐"라고 말하며 박정희의 오른쪽 가슴에 두 번째 총탄을 발사했다. 폐에 관통상을 입은 박정희는 많은 피를 흘리며 쓰러졌다. 이때 입은 상처는 박정희의 직접적인 '사인'이 됐다. 김재규는 박정희에게 추가적인 총격을 가하려 했지만 권총이 격발 불량으로 발사되지 않았다. 갑자기 궁정동 전체의 불도 꺼지자 김재규는 밖으로 뛰쳐나갔고 차지철은 이 틈을 타 화장실로 도망쳤다. (궁정동 불이 꺼진 이유는 안가 영선 담당 강무홍이 총성을 전기 합선으로 착각하고 차단기를 내렸기 때문이다.)

　한편 궁정동 '나'동 식당 앞에서 대기하고 있던 박흥주 등은 김재규가 총을 쏜 직후 식당으로 달려가 청와대 경호원들에게 무차별 총격을 가했다. 난데없는 기습 공격에 경호원들은 속절없이 무너졌다. 박선호는 경호원 대기실에서 정인형, 안재송에게 권총을 겨눴다. 박선호는 정인형에게 "움직이지 마, 우리 다 같이 살자"라고 호소했다. 그러나 안재송이 권총을 뽑으려 하자 박선호는 두 사람 모두에게 방아쇠를 당겼다. 당시 안재송은 국내 최고의 속사권총 실력자였지만 먼저 총을 겨눈 박선호에게 맥없이 당했다. 이로써 김재규의 중앙정보부 요원들은 차지철의 경호원들을 모두 제압하는 데 성공했다. 앞서 연회장 밖으로 뛰쳐나갔던 김재규는 급히 새로운 총을 찾았다. 박선호는 김재규가 원하는 총을 건네줬다. 김재규는 다시 연회장으로 들어갔는데, 마침 화장실에서 나와 경호원들을 찾고 있던 차지철과 마주쳤다. 차지철은 문갑을 치켜들고 비명을 지르며 거세게 저항했다. 김재규는 여유 있게 대응했고 차지철의 복부에 총을 쏴서 죽였다.

이제 남은 것은 박정희뿐이었다. 심수봉과 신재순은 박정희의 등 뒤에서 뿜어져 나오는 피를 막고 있었다. 당시 박정희는 "나는 괜찮아"라고 중얼거렸다고 한다. 김재규가 박정희에게 다가오자 그녀들은 황급히 몸을 피했다. 추후 신재순은 "그때 김재규와 눈이 마주쳤을 때를 영원히 잊지 못한다. 다음에는 나를 쏘겠구나 생각해 후다닥 실내 화장실로 뛰어갔다"라고 진술했다. 김재규는 박정희의 우측 관자놀이에 총을 겨눴다. 그런 다음 최후의 일격을 가했다. 마지막 총탄은 박정희의 오른쪽 귀 바로 윗부분을 뚫고 들어가 뇌를 관통했다. 무려 18년 간 절대권력을 유지했던 박정희는 부하의 손에 허무하게 세상을 떠났다. 그의 나이 61세였다. 이때까지만 해도 김재규의 거사는 기대한 것 이상으로 큰 성공을 거둔 셈이었다.

결정적 실책

김재규는 연회장 밖으로 나가 김계원을 만났다. 김계원은 김재규가 거사를 할 때 숨어있었다. 김재규는 "나는 한다면 한다. 이제 다 끝났다. 보안을 유지하라"라고 말했다. 김재규는 현장 수습을 김계원에게 맡기고 정승화에게 달려갔다. (김재규는 김계원이 자신에게 협조하든지 아니면 두려워서 딴마음을 품지 못할 것이라 여겼다.) 정승화는 바깥에서 소란이 일자 확인하기 위해 나와있는 상태였다. 김재규는 숨을 헐떡이면서 물을 마신 후 정승화의 팔을 붙들고 "총장, 큰일 났다"라고 3차례 외쳤다. 정승화가 무슨 일인지를 묻자 김재규는 일단 자신의 차에 탑승한 후 얘기하자고 했다. 김재규는 차 안에서 정승화에게 대통령의 죽음을 알렸다. 죽음의 원인은 알려주지 않았다. 정승화는 침통해했다. 이때 김재규는 차를 어디로 향해야 할지를 고민했다. 정승화는 만약의 사태에 대비하기 위해 병력 동원이 용이한 육군본부로 가자고 제안했다. 김재규는 박흥주가 육군본부행에 동의하자 이에 따랐다.

바로 이 지점이 김재규의 결정적 실책으로 꼽힌다. 그가 상황을 자신에게 유리하게 이끌기 위해선 마땅히 중앙정보부로 갔어야 했다. 그곳에서 정보부의 권력과 권위를 내세워 일종의 공작을 펼칠 수 있었다. 가령 차지철이 대통령을 죽여서 자신이 그를 제거했다거나, 대통령의 죽음에 외부 세력이 개입돼 있으니 중앙정보부가 전면에 나서 수사를 하겠다고 할 수도 있었다. 특히 차지철에 대한 정부 인사들의 반감이 워낙 강했던 만큼, 김재규가 차지철에게 책

암살의 역사

임을 돌린다면 거의 다 믿을 분위기였다. 실제로 정승화는 대통령의 죽음 소식을 접한 후 차지철이 암살한 것이라 판단, 당시 전성각 수도경비사령관에게 청와대를 원거리에서 포위하라고 지시했다. 김치열 법무부 장관은 "차지철 그 새끼가 기고만장하며 까불더니 결국 일을 저질렀다"라고 분통을 터뜨렸다. 목격자들도 문제가 되지 않았다. 김계원과 심수봉, 신재순은 충분히 입막음이 가능한 사람들이었다. 하지만 김재규는 무슨 이유에서인지 자신이 영향력을 발휘할 수 없는 육군본부로 갔다. 추후 정승화는 박흥주와 김재규가 충성심 강한 경호실 요원들이 중앙정보부로 몰려올 것을 우려해 선뜻 육군본부행을 선택했을 것이라고 추정했다.

거사의 실패

한편 김계원은 박정희를 등에 업고 보안사 영내에 있는 국군서울지구병원으로 갔다. 김계원은 당직군의관에게 빨리 환자를 살려내라고 윽박질렀다. 연락을 받고 달려온 박정희의 주치의이자 병원장인 김병수 공군 준장은 시체를 검안하는 과정에서 하복부의 피부병 자국을 보고 박정희임을 알았다. 소생은 불가능했고 머지않아 사망 선고가 내려졌다. 김계원은 곧바로 청와대로 돌아와 "대통령 유고 상황이니 국무총리 및 국무위원들은 속히 청와대로 와달라"라고 요청했다. 최규하 총리를 비롯해 신현확 부총리, 구자춘 내무부 장관, 김치열 법무부 장관 등 고위관료들이 속속 청와대에 도착했다. 이때 김계원은 최규하에게 몰래 다가가 "오늘 만찬장에서 김재규와 차지철이 싸우다가 김재규가 잘못 쏜 총에 각하가 맞아 서거했다.

계엄을 선포해야 한다"라고 귀띔했다. 다만 이때까지만 해도 최규하는 김재규를 범인으로 확정하지 않았다. 비슷한 시각, 육군본부 벙커에 도착한 김재규는 김계원에게 전화를 걸어 최규하 등을 데리고 육본 벙커로 오라고 했다. 이후 최규하와 고관들이 벙커에 도착했지만 장소가 너무 협소해 육본 대회의실로 자리를 옮겼다. 이 즈음에 구자춘과 김치열 등은 비서실 직원으로부터 "각하가 변을 당했다"라는 소식을 접했다. 이들은 즉시 김계원에게 달려가 어찌 된 일인지를 물었다. 김계원은 "간신배를 제거한다는 것이 각하가 다치셨다"라고 답했다. 상술했듯 김치열은 차지철의 소행인 줄 알고 원망을 쏟아냈다. 비로소 국무위원들 전원이 박정희가 사망했다는 것을 알게 됐다.

김재규는 김계원을 따로 불러 계엄령 선포를 위한 긴급 국무회의 개최를 최규하에게 건의하라고 압박했다. 김계원은 최규하에게 그대로 건의했고 받아들여졌다. 이후에 열린 긴급 국무회의에서 김재규는 "각하가 유고 상태다. 이 사실을 최소 48시간 동안 보안에 부치고 빨리 계엄령을 선포해야 한다. 김일성이 알면 큰일 난다"라고 말했다. 그는 상황이 심상치 않으니 계엄령 주장이 먹혀들 것이라 예상했다. 그렇게 되면 보다 수월하게 상황을 주도할 수 있을 것이라 판단했다. 하지만 대부분의 국무위원들이 반대했다. 신현확은 "밑도 끝도 없이 계엄령은 말이 안 된다. 사건의 전말을 밝혀라"라고 요구했다. 김치열은 48시간 보안이 불가능하며 이 상황을 빨리 미국에 알려야 한다고 주장했다. 김성진 문화공보부 장관도 김재규의 주장에 반발하며 정회를 요구했다. 결국 국무회의는 중단됐다. 김재규의 계획이 어그러지는 순간이었다. 이때 김계원은 적지 않게 놀랐다. 당초 그는 김재규가 치밀하게 쿠데타를 준비했고, 그를 지지하는 세력도 많을 것이라 판단했다. 그래서 김재규의 요구에 별다른 저항 없이 따랐던 것이다. 하지만 긴급 국무회의에서 김재규의 주장이 전혀 먹혀들지 않자, 지지 세력도 없고 특별한 전략도 없음을 눈치챘다.

김계원은 진실을 전파하기로 결심했다. 그는 조용히 회의실을 빠져나와 노재현 국방부 장관과 정승화 총장을 호출했다. 그런 다음 김재규가 대통령을 살해한 범인이라고 밝혔다. 노재현과 정승화는 즉시 김재규 체포 계획을 논의했고 보안사에서 수사를 하는 것으로 결정했다. 김재규 체포는 김진기 헌병감과 전두환 보안사령관이 맡았다. (정승화는 전두환에게 "김재규를 안가에 정중히 모셔라"라고 말했다. 이는 전두환으로 하여금 김재규와 정승화가 공모 관계였다고 주장하게 만드는 빌미가 됐다.) 우선 김진기가 김재규에게 다가가 "총장님이 보자고 하신다"라며 유인했다. 김진기는 만약의 사태에 대비해 헌병 기동타격대 1개 소대를 국방부 후문에 배치했다. 전두환 수하에 있던 보안사 군사정보과장 오일랑 중령이 김재규를 국방부 지하 계단 쪽으로 데려갔다. 심상치 않음을 느낀 박흥주가 함께 가려 했으나 헌병들에게 제지당했다. 김재규가 어느 장소에 도착하자 한 대의 차량이 있었다. 오일랑은 빠르게 차 뒷문을 열고 김재규를 강제로 밀어 넣었다. 김재규는 의외로 저항을 하지 않고 순응했다. 그가 소지하고 있던 권총도 빼앗겼다.

김재규는 먼저 정동 안가로 연행돼 전두환의 심복인 허화평 대령을 만났다. 그런데 이 자리에서 그는 "내가 박정희를 죽였다. 내일이면 세상이 바뀐다"라며 자백을 했다. 이 말을 접한 전두환은 즉각 정승화에게 알린 후 김재규를 보안사 서빙고 분실로 끌고 갔다. 10월 27일 새벽 1시 30분. 김재규가 완전히 체포되고 박흥주도 도주하면서 김재규의 거사는 최종 실패했다. 이후 박선호, 이기주, 유성옥 등 거사에 가담했던 중앙정보부 요원들이 모두 체포돼 보안사 분실로 연행됐다. (정회됐던 긴급 국무회의는 속개돼 새벽 3시에 끝났고 4시 10분에 비상계엄령이 선포됐다. 계엄사령관에는 정승화가 임명됐다.) 보안사 분실로 끌려간 김재규는 혹독한 '고문'을 받았다. 10.26 사태와 관련해 김재규의 명확한 자백이 필요했던 보안사 수사관들은 그를 매우 거칠게 다뤘다. 여담으로 한때 김재규 수하에 있었던 사람도 고문에 가담하게 됐다. 그는 처음에는 곤혹스러워했지만 윗선의 압박을 받은 후에는 안면몰수하고 김재규를 흠씬 두들겨 팼다. 상당한 아픔에도 불구하고 김재규는 비굴한 모습만은 보이지 않으려 노력했다. 그는 의자에 앉아있다가 타격을 받고 바닥에 나뒹굴어도 신속하게 다시 일어나 의자를 바로 세운 후 정자세로 앉았다. 김재규는 고문 과정에서 박정희를 단독으로 시해했고 미국과 손잡은 일도 없다고 밝혔다.

추후 법정에 선 김재규는 이 땅의 민주주의를 위해 '야수의 심정'

172

으로 유신의 심장(박정희)에 총을 쐈다고 주장했다. 그가 사형 판결 직전 법정에서 행한 최후 진술은 이 같은 주장이 그저 허언이 아니라는 핵심 근거로 부각되곤 했다. 이에 따라 일부 시민사회단체를 중심으로 10.26 사태를 민주화 의거로, 김재규를 민주화 투사로 인정하자는 주장이 지속적으로 제기됐다. 그러나 다른 한편에서는 10.26 사태가 사전에 치밀하게 계획된 것이 아니었던 만큼, 김재규가 차지철과의 권력 다툼에서 밀려 우발적 충동적으로 범행을 저지른 것에 불과하다는 주장이 나왔다. 또한 일각에선 박정희 정권과 갈등을 겪던 미국이 김재규에게 박정희 암살을 암암리에 사주했다는 주장이 나오기도 했다. 김재규는 내란 목적 살인죄와 내란 수괴 미수, 내란중요임무 종사 미수죄 등이 적용돼 교수형을 선고받은 후 1980년 5월 24일 형장의 이슬로 사라졌다. 10.26 사태 이후 대한민국에는 일정 부분 변화가 찾아왔다. 최규하 과도정부가 수립된 후 유신헌법이 폐기됐고 억압적이었던 사회 분위기도 다소 완화되는 모습이 나타났다. 이른바 '서울의 봄'이었다. 그러나 완전한 민주화가 도래하지는 못했다. 10.26 사태로 인해 대통령, 중정부장, 경호실장 등 최고 권력자들이 한꺼번에 사라지면서 권력 공백 현상이 나타났다. 이 틈을 타 전두환 등이 중심이 된 신군부가 '12.12 쿠데타'를 일으켜 권력을 장악했다. 군부 권위주의 체제가 연장되면서 대한민국은 또다시 어두운 세월을 보내야만 했다.

암살의 역사

- 세계사 편 -

11

링컨 암살

포드 극장의 비극

위대한 해방자, 통합자의 죽음 전말

링컨 암살을 묘사한 그림. 링컨은 워싱턴에 있는 포드 극장에서 연극을 관람하던 중 존 윌크스 부스에게 암살을 당했다.

"부스는 별다른 제지를 받지 않고 천천히 대통령석으로 갔다. 그는 작은 틈을 통해 링컨의 동정을 살폈다. 그러면서 무대와 객석에서 시끄러운 소리가 나오길 기다렸다. 마침내 한 배우가 큰 소리를 내면서 독백을 했고 모든 청중들이 폭소를 터뜨렸다. 부스는 이때를 놓치지 않았다. 문을 열고 대통령석으로 들어가 링컨의 뒷머리에 총탄을 발사했다."

미국인들이 가장 존경하는 대통령이 누구인지에 대해 설문을 하면 항상 '에이브러햄 링컨'이 첫 손에 꼽힌다. 이러한 데에는 명확한 이유가 있다. 가난한 환경에서 태어나 무수한 실패를 겪으면서도, 끝내 포기하지 않고 정진해 대통령의 자리까지 올라간 '인간 승리' 스토리에 주목한다. 아울러 '노예 해방'이라는 숭고한 가치를 추구하고 '남북전쟁'과 같은 초유의 위기 상황을 슬기롭게 극복한 뒤 '국가 통합'의 단초를 마련한 것에 아낌없는 찬사를 보낸다. 일각에서는 링컨을 자신의 사명을 다 완수하고 떠나간 '예수 그리스도'에 비유할 정도다. 그만큼 미국인들에게 있어 링컨의 존재감은 절대적이다.

실제로 링컨의 삶과 시대적 환경은 지극히 어려웠다. 미국은 물론 전 세계 지도자들을 살펴봐도 링컨만큼 실패와 좌절을 겪은 인물은 극히 드물다. 더욱이 그 당시는 미국 역사상 최악의 비상시국이었다. 노예제로 인한 해묵은 갈등이 폭발해 내전까지 발생, 각각의 주로 이뤄졌던 연방 국가 미국이 분단될 수도 있는 상황이었다.

이런 상황에서 링컨은 탁월한 리더십을 발휘했다. 그는 남부와의 타협을 거부하고 끝까지 전쟁을 감수하면서 분단을 막아냈다. 이 와중에 오래전부터 마음속에 품어온 숭고한 가치, 노예 해방도 이뤄냈다. 링컨이 노예제 폐지 과정에서 보여준 집요할 정도의 정치적 노력은 특기할 만하다. 전쟁에서 승리한 후에는 반역자라 할 수 있는 남부 지도자들을 기꺼이 용서하며 국가를 하나로 통합하려 했다.

다만 링컨의 역할은 여기까지였다. 그는 전후 미국의 재건을 위해 의욕적으로 일을 하려 했지만 뜻하지 않은 '암살'로 생을 마감했다. 격무에서 벗어나 잠시 휴식과 즐거움을 취하기 위해 방문한 포드 극장에서 암살자 '존 윌크스 부스'가 쏜 총탄에 쓰러졌다. 기본적인 경호가 제대로 이뤄지지 않은 상태에서 너무나 쉽게 암살 위험에 노출됐다. 수많은 미국인들이 장례식에 몰려와 링컨의 죽음을 애도했다. 비록 링컨은 떠나갔지만 그가 내세운 자유와 통합의 정신은 후대로 이어져 오늘의 미국을 만들었다. 미국인들은 인종과 지역을 넘어 하나의 국가 아래에서 단결하고 있고 최초의 흑인 대통령이 나올 만큼 국민 의식이 성숙했다. 링컨의 유산은 앞으로도 미국을 지탱하는 커다란 버팀목일 것이다. '위대한 해방자이자 통합자', 링컨의 노예 해방 운동과 국가 통합 노력, 그리고 암살 전말을 되돌아봤다.

美 노예제 갈등

　미국은 19세기 초반부터 양 진영으로 극명하게 나뉘기 시작했다. '노예제'를 허용하는 주와 그렇지 않은 주였다. 후자인 북부주의 경우 농업보다 자유 임노동에 기반한 상공업이 발달했다. 주로 이민자를 중심으로 노동력이 형성돼 굳이 흑인 노예가 필요하지 않았다. 반면 전자인 남부주의 상황은 달랐다. 여기선 면화 농장이 발달했으며 '조면기'의 발명 등으로 노예를 동원한 대규모 노동력이 필요했다. 남부에게 있어 면화 산업은 핵심 기반이었고 노예는 이를 지탱하는 유용한 수단이었다. 남부에서의 노예 숫자는 지속적으로 늘어나 수백 만 명에 이르렀다. 노예제를 둘러싼 북부와 남부의 대립, 갈등은 고스란히 표출됐다. 북부는 기독교 정신과 독립선언문에 입각해 노예제 폐지를 주장했고 남부는 생존권에 입각해 노예제 존속을 주장했다. 시간이 갈수록 북부와 남부의 관계는 악화되는 모습을 보였다. 당초 북부 자유주와 남부 노예주는 11대 11로 비슷한 숫자를 유지했다. 그런데 서부 개척 이후 미주리 준주가 노예주로서 미국 의회에 연방 가입 신청을 했다. 북부는 불리해질 수 있기에 미주리의 연방 가입을 반대했지만 남부는 지지함에 따라 갈등이 심화됐다. 이때 '헨리 클레이' 상원의원이 나서서 매사추세츠 주 북부를 메인 주로 승격시켜 자유주의 수를 늘리고 미주리는 노예주로 연방 가입을 시켜주자고 했다. 또한 위도 36도 30분선을 기준으로 이북은 자유주로 이남은 노예주로 각각 나누기로 합의하면서 균형을 맞췄다. '미주리 타협'으로 갈등은 수면 아래로 가라앉는 듯했다.

하지만 미국-멕시코 전쟁을 통해 얻은 영토를 두고 또다시 갈등이 발생했다. 북부는 신규 영토에서 노예제를 금지하자는 윌몬 법안을 제시했다. 더욱이 신규 영토 중의 하나인 캘리포니아가 위도 36도 30분선 아래에 있었음에도 노예주가 아닌 자유주로 연방에 가입하길 원했다. 당연히 남부는 반발했고 대응할 만한 새로운 노예주를 찾으려 했다. 그러나 찾는 게 쉽지 않았고 정치적 균형이 깨질 위기에 처했다. 남부는 이를 계기로 노예제 폐지 움직임이 확산될 수도 있다고 우려했다. 초조함이 극대화된 남부의 반발이 이어지자 다시 헨리 클레이가 나서서 중재안을 내놓았다. 핵심은 캘리포니아를 자유주로, 유타와 뉴멕시코는 노예주로 구분하자는 것이었다. 클레이의 안은 우여곡절 끝에 의회에서 통과됐다. 이처럼 갈등이 있을 때마다 극적으로 타협이 이뤄지며 아슬아슬한 균형 상태가 유지됐다. 그러나 1854년 갈등을 격화시키는 사건이 발생했다. '캔자스-네브래스카 법'이 제정된 것이다. 준주에서 주로 승격될 캔자스의 주민들이 인민주권 원칙에 따라 노예제 존폐 여부를 투표로 결정하게 하자는 게 골자였다. 미주리 타협에 따르면 캔자스는 자유주가 되는 게 맞지만 해당 법으로 인해 불투명한 상황에 처하게 됐다. 이때 북부의 노예제 폐지론자들과 남부의 노예제 존속론자들이 대거 캔자스로 몰려들기 시작했다. 양 진영은 캔자스를 자신들이 선호하는 지역으로 만들려 했다. 저마다 중무장을 한 채 개표 조작과 무력 사용을 남발했다. 극심한 부정 선거가 이뤄진 가운데 캔자스는 노예주가 됐다. (추후 1861년에 캔자스는 자유주로 변경됐다.)

투표 이후에도 양 진영 간 무력 충돌이 곳곳에서 발생했다. 일명 '유혈의 캔자스'였다. 노예제 존속론자들에 의해 자유주를 선호하는 마을인 로렌스가 약탈당했다. 급진적인 노예제 폐지론자인 '존 브라운' 등이 캔자스 프랭클린군의 포타와토미 골짜기에 거주하는 노예제 존속론자들을 무참히 살해했다. 존 브라운은 연방정부의 무기 창고를 습격해 노예들을 무장시키려고도 했다. 로렌스 약탈과 포타와토미 학살 이외에도 오사와토미 전투, 마래 데 시뉴 대학살 등이 벌어지며 사태는 걷잡을 수 없이 악화됐다. 북부와 남부, 노예제 폐지론자들과 노예제 존속론자들의 대립과 갈등이 격화하면서 정치인들 사이에서도 폭력적인 모습과 분열되는 양상이 나타났다. 특히 남부 사우스캐롤라이나 출신 하원 의원이 북부 출신 의원인 '찰스 섬너'를 죽기 직전까지 구타하는 사건이 발생했다. 엎친 데 덮친 격으로 1857년 연방대법원이 갈등에 불을 지르는 판결을 했다. 흑인 노예였던 '드레드 스콧'의 자유를 인정할 수 없으며 특정 지역에서 노예제를 금지한 미주리 타협은 위헌이라고 판결했다. 사실상 연방대법원이 미국은 전 근대적인 노예 국가라는 것을 인증한 셈이었다. 상황 개선의 실마리가 조금도 보이지 않는 암담한 상황 속에서 대망의 1860년 대통령 선거가 다가오고 있었다. 여기서 누가 대통령이 되느냐에 따라 노예제의 운명이 좌우될 수 있었기에 북부와 남부는 그 어느 때보다 촉각을 곤두세웠다. 이 대선의 중심에 있었던 인물이 바로 '에이브러햄 링컨'이었다.

실패와 슬픔을 딛고

링컨은 평생 2번의 사업 실패와 10번의 선거 중 7번의 낙선을 겪었다. 더욱이 9세 때 어머니, 19세 때 누이, 26세 때 약혼녀, 41세 때 차남 에드워드, 53세 때 삼남 윌리엄을 먼저 보내는 슬픔까지 겪었다. 즉 실패와 슬픔으로 점철된 인생이었다. 켄터키주에서 가난한 목수의 아들로 태어난 링컨은 1829년 미국-멕시코 국경분쟁 때 군인으로 복무했다. 경제적 독립을 위한 목적으로 루이지애나로 건너간 뒤 우체국 직원, 뱃사공, 측량기사, 프로레슬러, 가게 점원 등 여러 직업들을 전전했다. 사업도 벌였지만 실패했으며 1832년 일리노이 주 의원 선거에 출마해 13명 중 8위로 낙선했다. 링컨은 이듬해에 또다시 사업을 벌였지만 실패했다. 두 번의 사업 실패, 이에 따른 빚을 갚는 데에만 무려 17년이 걸렸다고 한다. 링컨은 어렵게 변호사 자격증을 취득한 뒤 1834년 일리노이 주 의원 선거에 재출마해 당선, 비로소 정계에 발을 들였다. 다만 일리노이 주 의장 선거에선 낙선했다.

링컨의 정치길은 가시밭길의 연속이었다. 1840년 대통령 선거인단 선거에서 낙선했고 1844년 연방 하원의원에 도전했지만 공천 관문에서 좌절을 맛보았다. 1846년 37세의 나이에 연방 하원의원에 당선돼 워싱턴 중앙 정치 무대에 간신히 등단했다. (20대 초반에 정계에 투신한 것 치고는 상당히 늦은 편이었다.) 그러나 1855년 상원의원 선거에서 낙선, 1856년 부통령 후보 경선에서 3분의 1 정도의 지지만 받으며 낙선했다. 이때 링컨의 나이는 50대에 근접하고 있었다.

매번 낙선의 고배를 마셨지만 링컨은 절대로 꺾이지 않았다. 그는 1858년 상원의원 선거에 다시 출마해 당시 유명 정치인이었던 '스티븐 A. 더글러스'와 불꽃 튀는 경쟁을 벌였다. 비록 이 선거에서도 링컨은 낙선했지만 탁월한 언변으로 노예제에 대한 반대 입장을 피력하며 국민들에게 뚜렷한 인상을 남겼다. 이때 링컨이 더글러스와 행한 세 차례의 노예제 관련 토론은 미국 역사에 길이 남을 명토론으로 평가되고 있다. 더글러스는 해당 주의 거주민들이 투표 등을 통해 노예제의 존폐를 스스로 결정하게 하자고 주장했고, 링컨은 투표를 통하더라도 노예제를 허용하면 안 된다고 주장했다. 결과적으로 해당 토론과 더글러스와의 경쟁은 링컨의 대권길을 활짝 열어주는 기적을 불러일으켰다. 1860년 치러진 대통령 선거에서 링컨은 미국의 제16대 대통령으로 당선됐다. 당시 여당인 민주당이 북부 민주당과 남부 민주당으로 쪼개지면서 링컨이 어부지리를 얻은 측면도 있었다.

노예 해방 운동

상술했듯 링컨은 기본적으로 노예제를 혐오했고 '노예제 폐지'라는 굳은 신념을 갖고 있었다. 그가 가슴 깊이 간직하고 있었던 기독교적 가치관이 큰 영향을 미쳤다. 일각에서는 링컨이 노예제 폐지에는 별로 관심이 없었고 남부의 연방 탈퇴를 막는 데에만 관심을 뒀다는 주장도 있다. 하지만 링컨은 노예제 폐지와 연방 유지 모두에 주력했다. 다만 급진적인 폐지론자는 아니었고 점진적인 폐지를 추구했다. 때로는 "누군가가 노예제를 폐지할 수 있다면 연방이 분열돼도 상관없다고 한다면 나는 동의하지 않겠다"라며 노예제 폐지보다 연방 유지에 더 큰 비중을 두는 발언도 했다. 링컨 개인적으로는 노예제 폐지 및 자유, 평등을 적극 옹호했지만 많은 것을 감안해야 하는 공직자의 위치에선 무턱대고 이러한 가치들을 내세울 수 없었기 때문이다. 그럼에도 링컨은 "노예제가 잘못된 것이 아니라면 이 세상에서 잘못된 것은 아무것도 없다"라며 더디지만 꾸준하게 노예제 폐지의 길로 나아갔다.

링컨의 궁극적인 목표가 뭔지를 눈치챈 남부는 그가 대통령에 당선되자 '연방 탈퇴'를 선언했다. 사우스캐롤라이나, 루이지애나, 미시시피, 조지아 등 총 11개 주였다. (미주리, 켄터키, 델라웨어 등 연방에 남은 노예주들도 있었다.) 링컨이 가장 우려했던 일이 현실화된 것이다. 나아가 1861년 '남북전쟁'이 발발했다. 눈앞에 전쟁과 복잡한 정치 환경이 놓여있었지만 링컨은 결코 흔들리지 않았다. 그리고 노예제 폐지라는 대의를 포기하지 않았다. 북부군이 초반 어려움을 딛고 승기를 잡자 링컨은 마침내 결단을 내렸다. "1863년 1월 1일부터 연방 정부에 대항하는 남부 연합 내의 모든 노예들을 해방한다"라는 '노예 해방 선언문'을 발표했다. 매우 극적이고 과감한 조치였다. 개인적인 신념에 더해 정치적 판단도 이것에 영향을 미쳤다. 당시 남부는 영국과 프랑스에게 국가 승인과 지원을 얻으려 했다. 영국과 프랑스가 이를 수락하면 전쟁은 장기화되거나 실제로 분단이 될 수도 있었다. 이때 링컨은 노예 해방 선언이라는 히든카드를 꺼내 듦으로써 (이미 노예를 해방시킨) 영국과 프랑스가 남부를 지원할 수

암살의 역사

없게 만들었다. 남부를 외교적으로 고립시키는 전략이었던 셈이다. 전쟁의 명분도 연방의 보존에서 '인간의 자유'로 전환하면서 대내외적으로 큰 공감대를 형성했다.

그러나 노예 해방을 영구화하기 위해선 선언문만으로는 부족했다. 노예제의 상징적 폐지는 이뤄졌지만 이를 뒷받침하는 법적 토대는 미약한 상황이었다. 노예 해방 선언이 언제든 사법적 판단으로 뒤집힐 수 있었고 실제로 링컨은 이 점을 크게 우려했다. 법적 토대가 갖춰지지 않음으로써 노예 해방 선언에 별로 개의치 않는 노예주들도 많았다. 해답은 하나뿐이었다. 바로 '헌법 개정'. 1864년 재선에 성공한 링컨은 '수정헌법 제13조'를 추가하려 했다. 수정헌법의 주요 내용은 다음과 같다. 제1항− 어떠한 노예제나 강제 노역도, 해당자가 정식으로 기소돼 판결로써 확정된 형벌이 아닌 이상, 미국과 그 사법권이 관할하는 영역 내에서 존재할 수 없다. 제2항− 의회는 적절한 입법을 통해 본조(本條)를 강제할 권한을 갖는다. 그러나 현실은 녹록지 않았다. 헌법 개정안이 하원을 통과하기 위해선 의원들 3분의 2 이상의 찬성이 필요했다. 당시 링컨이 속해 있던 공화당 의원 수는 전체의 50%를 갓 넘는 수준에 불과했다. 반대편에 있는 민주당의 지지가 반드시 필요했다. 노예제 폐지에 미온적인 공화당 보수파도 사로잡아야 했다. 더욱이 적지 않은 의원들은 부담스러운 노예제 폐지보단 하루빨리 전쟁이 종결되기만을 바랐다. 논란이 되는 수정헌법을 통과시켜 남부를 자극할 필요는 없으며 남부와의 평화협상을 서둘러 진행해야 한다는 주장이 속출했다.

링컨은 현실에 굴복하지 않고 당초 계획을 강행하기로 했다. 이를 위해 반대하는 민주당 의원들을 끈질기게 설득하는 한편 아직 입장을 정하지 못하고 망설이는 의원들을 일일이 만나 토론하고 논쟁하며 설득했다. 때로는 요직을 약속하거나 돈으로 매수하기도 했고 교활한 거짓말도 서슴지 않았다. 공화당 보수파의 반발을 최소화하기 위해 노예 해방은 물론 흑인 투표권까지 주장한 공화당 급진파를 온건화시켰고 수정헌법 제13조의 목적을 '법적 평등'으로 조정했다. 또한 노예제 폐지에 불리하게 작용할 수 있는 평화협상을 지연시키기 위해 일부러 전쟁을 질질 끌기도 했다. 고결한 도덕적 이상을 실현하기 위해 자신의 손을 더럽히는 비도덕적 행위까지도 할 줄 알았던, 그야말로 마키아벨리적인 '현실 정치인'의 면모가 가감 없이 드러난 대목이다. 결국 더 큰 대의를 위해 물불을 가리지 않는 수단들을 동원한 노력은 빛을 봤다. 1865년 1월 31일, 단 2표 차이로 수정헌법 제13조는 가까스로 의회를 통과했다. 이로써 미국 내에서 노예제는 공식적으로 사라졌고 링컨이 사망한 후인 1865년 12월 6일 필요한 주에서 수정헌법이 비준됐다.

남북전쟁
앞서 잠깐 살펴본 대로 링컨이 대통령에 당선되자 남부의 여러 주들은 연방 탈퇴를 선언했다. 이미 의회 다수 의석을 북부 공화당에게 빼앗겼고 행정 권력까지 공화당에게 넘어가자 남부는 더 이상 참지 못했다. 이대로 가다간 자신들이 목매달고 있는 노예제가 폐지될 게 불을 보듯 뻔했기 때문에 남부는 결단을 내렸던 것이다. 1861년 2월 남부는 '제퍼슨 데이비스'를 임시 대통령으로 추대하고 앨라배마 주의 몽고메리를 수도로 하는 '아메리카 연합국'을 건국했다. (수도는 추후 버지니아 주의 리치먼드로 이전했다.) 남부는 북부와의 전쟁도 각오했다. 군사들을 모집했고 연방정부 조폐국에 있던 금을 훔쳐서 군자금을 확보했다. 또한 연방군 요새와 병기창 등을 무력 점령하기도 했다. 링컨은 이러한 남부의 움직임을 좌시하지 않았다. 그는 취임식 연설에서 남부의 움직임을 명백한 '반란' 행위로 규정했고 군사력을 동원하는 한이 있더라도 진압할 것이라고 경고했다. 이와 함께 남부의 노예제에 간섭하지 않겠다는 형식적인 회유도 병행했다.

하지만 이 같은 경고와 회유가 남부에게 통할 리 없었다. 이들은 링컨과 북부를 무력으로 굴복시키는 것만이 살 길이라고 판단했다. 이에 1861년 4월 12일, 남부군이 사우스캐롤라이나 주의 찰스턴 항 인근에 있는 북부 연방군 섬터 요새를 포격하면서 남북전쟁이 발발했다. 섬터 요새는 남부군의 강력한 공격을 받았지만 워낙 튼튼해 사상자는 발생하지 않았다. 다만 탄약이 모두 소진되자 요새 지휘관이었던 로버트 앤더슨은 요새를 포기하기로 결정했다. (요새를 포기하는 대가로 북부군 병력은 무난한 철수를 약속받았지만 뜻밖의 폭발 사고로 사망자가 나왔다.) 링컨은 전쟁이 일어난 직후 모든 주들에게 반란 진압을 위한 민병대 소집을 요구했다. 여기에 반발해 버지니아, 테네시, 아칸소 등이 추가로 남부에 가담했다. 당시 북부와 남부의 전력을 비교해 보면 북부가 여러 측면에서 우세했다. 인구가 4배가량 많았고 공업의 발달로 군수물자 생산도 유리했다. 철도망도 잘 갖춰져 있어 병력이나 물자 수송에서 우위를 점했다. 미국의 주요 항구가 북부 손에 있었던 만큼 제해권도 장악한 상태였다. 반면 남부는 공업화가 덜 이뤄져 군수물자 생산에서 뚜렷한 한계를 보였다. 철도망도 부실해 보급의 어려움도 있었다.

전쟁 초반 북부군 사령관이었던 윈필드 스콧은 가능한 한 적은 희생으로 전쟁에 승리하기 위해 '아나콘다 작전'을 제안했다. 이는 남부의 주요 항구를 봉쇄해 경제를 악화시키고 미시시피강을 포획해 남부를 쪼개려는 것이었다. 링컨은 작전 계획을 받아들여 남부의 모든 항구에 대한 봉쇄 명령을 내렸다. 1861년 말까지 전개된 이 작전으로 남부의 경제는 적지 않은 타격을 입었다. 다만 남부가 붕괴되지는 않았다. 오히려 남부는 예상을 뒤엎고 동부 전선에서 상당한 전과를 올렸다. 명장인 '로버트 리' 등의 지휘 하에 남부군은 제1,2차 불런 전투에서 북부군에게 잇따라 승리했다. 자신감이 한껏 오른 남부군은 최초로 북부 지역에 침입했다. 그러나 미국 역사상 가장 많은 하루 사상자를 낸 '안티에탐 전투'에서 남부군은 패배해 버지니아로 후퇴했다. 이후 남부군은 프레더릭스버그 전투와 챈슬러스빌 전투에서 북부군에게 큰 승리를 거뒀다. 북부군은 우세한 병력 규모에도 불구하고 비효율적인 공격만을 하며 졸전을 벌인 끝에 수많은 사상자를 내고 후퇴했다. 이때 북부 일각에서 남부와 적

암살의 역사

당히 타협하자는 주장이 나왔지만 링컨은 단호히 거부했다. 타협은 미국의 분단을 고착화시킨다고 판단했다. 한편 서부 전선에서는 북부군이 뚜렷한 우세를 보였다. 남부군은 피 리지 전투에서 패배한 후 미주리주로 쫓겨났다. 북부군은 내슈빌, 뉴마드리드, 테네시주, 뉴올리언스, 빅스버그 등을 잇따라 장악하며 미시시피 강 전체의 통제권을 확보했다. 남부군은 서부 전선에서 가장 많은 사상자를 낸 채터누가 전투에서만 승리했다.

  남북전쟁의 큰 전환점은 1863년 7월에 벌어진 '게티즈버그 전투'였다. 기실 남부군은 근본적으로 열세였기 때문에, 게티즈버그 전투와 같은 핵심 전투에서 반드시 승리를 해 협상 우위권을 확보해야만 했다. 그렇지 않으면 기본 전력 차이로 갈수록 어려워질 수밖에 없는 형편이었다. 남부군은 사활을 걸었다. 그들은 북부군 진영이 위치한 묘지 능선을 향해 돌격하는 이른바 '피켓 사단의 돌격'까지 감행했다. 하지만 북부군은 해당 공격을 결정적으로 무너뜨렸고 남부군은 2만 8000명의 사상자가 발생하며 퇴각했다. 이로써 로버트 리의 두 번째이자 마지막 북부 침입이 실패로 끝났다. 아울러 이 전투에서 승리한 후 워싱턴 DC를 위협하며 협상을 진행, 그 결실로 독립을 승인받고 전쟁을 끝내려 했던 남부의 전략도 실패했다. 이를 계기로 전황은 북부군에게 크게 유리해졌다. 1864년 초, 링컨은 '율리시스 그랜트'를 북부군 총사령관으로 임명했다. 그랜트는 주로 동부 전선에서 활약한 포토맥 군대를 본대로 하고 '윌리엄 셔먼'에게 서부 군대의 지휘권을 맡겼다. 그는 남부 연합의 군사력과 경제력을 완전히 파괴하고 전쟁을 종결시키기 위해, 다수의 장군들에게 여러 방면에서의 총공세를 명했다. 조지 미드는 리치먼드 근처에서, 프란츠 시겔은 셰넌도아 계곡에서 각각 남부군을 공격했다. 조지 크룩은 웨스트버지니아의 철도 보급선을, 뱅크스는 앨라배마주의 모빌을 공격했다.

특히 셔먼은 애틀랜타를 점령한 후, 목적지를 알리지 않은 채 행군하며 남부 조지아주 농장의 약 20%를 초토화시켰다. 이것이 그 유명한 '바다로의 행군'이다. 당시 셔먼은 남부인들에게 공포 그 자체였다. 남부의 어린아이가 울다가도 셔먼이 온다 하면 울음을 그쳤다는 소문이 돌 정도였다. 그는 사우스캐롤라이나와 노스캐롤라이나를 경유해 북으로 진군했고, 남쪽에서부터 서서히 리치먼드에 접근하며 로버트 리의 군대에게 압박을 가했다. 이미 리의 군대는 수많은 사상자와 탈영으로 기세가 꺾인 상태였다. 더 이상 리치먼드를 사수하는 게 불가능했다. 결국 리는 1865년 4월 9일 애퍼매턱스 코트 하우스 마을의 맥린 하우스에서 항복했다. 비로소 약 4년간 벌어진 남북전쟁은 완전히 종결됐다. 이 전쟁으로 인해 당시 인구의 3%인 103만 명의 사상자가 발생했다. 사상자 중 62만 명은 군인이었고 이 가운데 3분의 2는 질병으로 사망했다. 지금껏 미국이 참전한 모든 전쟁에서의 사상자 수와 맞먹는 규모였다. 동원된 총병력은 북부군 약 220만 명, 남부군 약 100만 명이었다.

게티즈버그 연설

　게티즈버그는 이곳에서 행해진 전투보다 그 이후에 있었던 세기의 연설로 더 유명해졌다. 바로 링컨의 '게티즈버그 연설'이다. 링컨은 게티즈버그 전투에서 숨진 병사들을 위한 국립묘지 봉헌식에서 해당 연설을 했다. 원래는 당대 최고의 웅변가였던 에드워드 에버렛의 1시간 연설이 주목을 받아야 하는 것이었다. 하지만 에버렛의 연설은 묻혔고 고작 2분에 불과한 링컨의 연설만이 두고두고 회자되고 있다. 미국의 건국 정신을 수호하기 위해 목숨을 바쳤던 병사들의 뜻을 이어받아, 살아남은 자들이 '민주주의'의 가치를 굳건하게 지켜나가야 한다는 요지의 연설이었다. 미국 역사상 가장 많이 인용된 연설이자 가장 위대한 연설로 손꼽히는 게티즈버그 연설의 내용은 다음과 같다.

　"87년 전에, 우리의 선조들은 자유가 실현되고 모든 인간은 평등하다는 원리가 충실히 지켜지는 새로운 국가를 이 대륙에 탄생시켰습니다. 우리는 지금 내전에 휩싸여 우리 선조들이 그토록 지켜지길 원했던 국가가 오랫동안 존립할 수 있을지를 시험받고 있습니다. 오늘 우리는 격렬한 전투가 벌어졌던 그 자리에 모였습니다. 우리는 조국을 구하려다 전사한 분들에게 마지막 안식처로서 이 전쟁터의 일부를 바치고자 합니다. 하지만 더 엄밀한 의미에서 보면, 이 땅을 봉헌하고 성지로 만드는 존재는 결코 우리가 아닙니다. 우리가 끼어들 여지도 없이 여기서 싸웠던 용감한 분들이 이미 이곳을 성스러운 공간으로 탈바꿈시켰습니다. 세상 사람들은 우리가 여기서 하는 말에 그다지 주목하지 않을 것이며 오래 기억하지도 않을 것입니다. 하지만 그분들이 여기서 이뤄낸 업적만큼은 결코 잊지 못할 것입니다.

이제 우리는 살아남은 자로서 이곳에서 싸웠던 분들이 그토록 애타게 이루고자 염원했던 미완의 과업을 달성하기 위해 헌신해야 합니다. 우리는 대의에 헌신할 수 있는 커다란 힘을 그분들로부터 얻고, 그분들의 죽음을 결코 헛되이 하지 않겠다고 굳게 다짐함으로써 위대한 과업 달성에 헌신할 수 있습니다. 이처럼 우리가 헌신적인 노력을 기울일 때, 우리나라는 하나님의 가호 속에서 새롭게 보장된 자유를 누릴 수 있을 것입니다. 그리고 '국민의, 국민에 의한, 국민을 위한 정부'가 이 지구상에서 결코 사라지지 않을 것입니다."

국가 통합

링컨은 전쟁을 감수하고서라도 미국의 분단을 막아냈다. 나아가 아픔을 치유하고 미국을 하나로 '통합'하기 위해 노력했다. 비록 남부가 반란을 일으켰지만 링컨과 북부 지도자들은 통합을 목적으로 이들에게 관대한 처분을 내렸다. 제퍼슨 데이비스와 로버트 리 등 주요 남부 인사들은 비교적 평안한 여생을 보낼 수 있었다. 또한 남부의 경제적 재건을 적극적으로 도움으로써 함께 발전해 나갈 수 있는 기반을 조성하려 했다. (다만 링컨의 갑작스러운 죽음으로 약간의 차질이 생겼다.) 링컨의 뜻은 후대에도 큰 영향을 미쳐 그의 후임자들은 지속적으로 국가 통합의 기조를 이어갔다.

오늘날 링컨은 한 국가로서의 '미합중국'을 완성한 사람으로 평가받는다. 링컨 이전의 미국은 어디까지나 각 주의 연합체 성격이 강했다. 한 국가라는 인식은 부족했다. 만약 주끼리의 이해관계가 맞지 않으면 언제든 해체될 수 있는 느슨한 연맹이었던 것이다. 그러나 링컨의 헌신적인 통합 노력으로 마침내 미국은 하나로 단결된 국가가 됐다. 단적인 예로 이전에는 'The United States are~'이라고 복수형으로 표현해 주들의 연합체를 나타냈다면, 링컨 이후에는 'The United States is~'라고 단수형으로 표현해 하나의 국가를 나타냈다. 링컨 기념관에 새겨진 헌사, "미합중국 국민들의 마음을 담아 미국을 구원한 링컨에 대한 기억들이 영원히 간직될 것"이라는 문구는 그의 국가통합 업적을 기리는 대표적인 대목이다. 이에 링컨은 언제나 미국인들이 가장 존경하는 대통령 1위에 올라있다.

암살자, 부스

링컨은 전후 국가의 재건 계획을 세우느라 정신이 없었다. 그는 과중한 업무에 시달렸기 때문에 항상 초췌한 모습이었다. 이런 링컨에게 잠시나마 휴식과 즐거움을 취할 수 있는 기회가 찾아왔다. 1865년 4월 14일, 워싱턴에 있는 '포드 극장'에서 공연되는 '우리 미국인 삼촌'이라는 연극을 관람하기로 한 것이다. 이 때문이었는지 당일 링컨은 여느 때와 달리 활기찬 모습이었다고 한다. 하지만 이것이 비극이 될 것이라곤 상상하지 못했다. 암살자, '존 윌크스 부스'가 링컨을 노리고 있었다.

남부 출신의 인기 배우였던 부스는 링컨과 북부를 저주했다. 자신이 그토록 사랑하는 남부가 링컨과 그 하수인들에게 철저히 유린되고 있다고 생각했다. 그래서 링컨을 공격할 계획을 세웠다. 당초 부스의 목표는 링컨을 납치해 남부군 포로와 맞교환하는 것이었다. 이때는 아직 남부군이 항복하기 전이었다. 부스는 링컨이 캠벨 미합중국 육군병원에서 연극 공연을 볼 것이란 정보를 입수한 뒤 납치를 계획했다. 그러나 링컨이 연극 공연을 보지 않고 다른 장소로 이동하는 바람에 수포로 돌아갔다. 이후 남부군이 항복했기 때문에 링컨 납치와 포로 맞교환 계획은 완전히 묻혔다.

부스는 포기하지 않고 더욱 대담한 계획을 세웠다. 대통령 링컨뿐만 아니라 부통령 존슨, 국무장관 윌리엄 수어드, 북부군 총사령관 그랜트를 한꺼번에 죽이려고 했다. 부스는 이 계획이 성공한다면 미합중국 정부는 혼란에 빠지고 남부가 다시 주도권을 잡을 수 있을 것이라 판단했다. 실제로 부스의 계획대로 됐다면, 미국 전체가 큰 혼란에 빠지고 역사는 예기치 못한 방향으로 흘러갔을 가능성이 높다. 운명의 4월 14일 저녁, 부스는 공범들을 모아놓고 임무를 할당했다. 루이스 파월에게 수어드를 저택에서 암살하라고 했고 조지 애체롯에게는 존슨을 저택에서 죽이라고 했다. 부스 본인은 포드 극장에서 링컨을 데링거 권총으로 암살하고 그랜트를 칼로 찔러 죽일 생각이었다. 다만 사전 정보와 달리 그랜트는 연극을 관람하지 않았다. 그랜트 부인이 영부인인 메리 토드를 싫어했기 때문에 연극 관람을 취소했다고 한다. 그랜트를 대신해 헨리 래스본 육

암살의 역사

군 소령이 자리를 채웠다.

포드 극장의 비극

링컨 부부는 예정 시간보다 늦게 공연장에 도착해 별도로 마련된 자리에 앉았다. 대통령 내외가 온 것을 확인한 공연 주최 측은 잠시 공연을 중단하고 대통령 공식 환영가를 연주했다. 객석에 있는 1700명의 청중들은 박수갈채를 보냈다. 그런데 이쯤에서 짚어야 할 몇 가지 이해할 수 없는 장면들이 있다. 링컨은 평소에 육군 기병대나 연방 보안관들의 밀착 호위를 받았다. 하지만 이날 링컨을 호위한 것은 워싱턴시에서 파견된 경찰관 1명이었다. 해당 경찰관도 막간을 이용해 근처 술집으로 가면서 자리를 비웠다. 즉 이날 대통령을 호위하는 공권력은 사실상 부재했던 것이다. 이에 기반해 일각에서 음모론이 나오기도 하지만 확실한 근거는 없다.

부스는 별다른 제지를 받지 않고 천천히 대통령석으로 갔다. 그는 작은 틈을 통해 링컨의 동정을 살폈다. 그러면서 무대와 객석에서 시끄러운 소리가 나오길 기다렸다. 장내가 시끄러운 소리로 뒤덮여야 사람들이 총소리를 제대로 인지하지 못할 것이기 때문이었다. (부스는 이미 공연 내용을 숙지하고 있었기에 언제 시끄러운 소리가 나올지를 알았다.) 마침내 한 배우가 큰 소리를 내면서 독백을 했고 모든 청중들이 폭소를 터뜨렸다. 부스는 이때를 놓치지 않았다. 문을 열고 대통령석으로 들어가 링컨의 뒷머리에 총탄을 발사했다. 치명상을 입은 링컨은 즉시 팔걸이의자에 맥없이 쓰러졌다. 옆에 있던 메리는 링컨을 부둥켜안고 비명을 질렀다. 래스본은 자리에서 벌떡 일어나 도망치려는 부스를 막았다. 부스는 칼을 꺼내 들고 래스본의 왼팔과 가슴을 세게 찔렀다. 그런 다음 대통령석 난간에서 무대 아래로 뛰어내렸는데, 이때 착지를 잘못해 부상을 입었다.

부스는 불편한 다리를 이끌고 무대를 가로질러 갔다. 피 묻은 칼을 머리 위로 꺼내 보이며 마치 연극인 양 라틴어로 다음과 같이 외쳤다. "폭군의 말로는 언제나 이렇게 될 것이다." 청중들은 뭔가 상황이 잘못됐음을 깨닫고 부스를 잡으려 했다. 그러나 부스는 극장 바깥에 대기시켜 놓은 말을 타고 도주했다. 추후에 그는 버지니아의 한 농장 담배창고에 숨어있다가 체포하러 온 연방군과 총격전을 벌였다. 나름 격렬히 저항했지만 목에 총상을 입고 사망했다. 결과적으로 부스의 링컨 암살 계획은 대성공이었다. 부통령과 국무장관에 대한 암살을 계획했던 공범들은 모두 실패했다.

링컨의 죽음

링컨의 몸상태는 매우 심각했다. 부스가 쏜 총탄은 링컨의 두개골을 심하게 골절시켰고 뇌의 왼쪽에서 파고들어 오른쪽 눈 부위에 박혔다. 찰스 릴과 앨버트 킹 등 수많은 의사들이 급히 호출돼 링컨을 진찰했다. 메리는 울음을 그치지 못했고 모든 정부 인사들이 침통한 표정으로 누워있는 링컨을 지켜봤다. 안타깝게도 링컨이 소생할 가능성은 제로였다. 결국 4월 15일 아침, 링컨은 56세의 나이로 숨을 거뒀다. 링컨이 소생하기를 간절히 바랐던 주변인들은 모두 무릎을 꿇고 흐느끼며 기도를 했다. 국방부 장관인 스탠턴은 성명을 통해 "이제 그분은 역사가 됐다"라고 말했다. 여담으로 링컨이 자신의 죽음을 예견했다는 이야기도 전해진다. 사건 발생 며칠 전 링컨은 꿈속에서 수많은 사람들이 관 주위에 모여 슬퍼하는 모습을 봤다. 그가 관을 지키던 한 군인에게 무슨 일이냐고 묻자 "대통령께서 암살당했다"라는 대답이 돌아왔다. 이 말을 듣고 놀란 링컨은 잠에서 깨어났고 측근에게 해당 이야기를 전했다고 한다.

링컨의 장례식에는 수많은 미국인들이 참석해 애도했다. 북부인들은 물론 남부인들도 있었고 해방된 흑인들의 모습도 눈에 띄었다. 미국의 대문호인 '제임스 러셀 로웰'이 쓴 글에는 당시의 분위기가 잘 나타나 있다. "4월의 그 놀라운 날 아침처럼, 그렇게나 많은 사람들이 한 번도 만나본 적이 없는 사람을 위해서 눈물 흘린 적은 없었을 것이다. 사람들은 친구나 형제처럼 가까운 사람이 자기들을 더 차갑고 어두운 곳에 버려두고 혼자 가버린 것 같은 상실감과 두려움에 눈물을 흘렸다. 그날 처음 만난 낯선 사람들끼리 침묵으로 나누던 공감의 눈빛은 그 어떤 장례식의 찬사보다 감동적이었다. 그들은 모두 한 형제였으며 그들이 사랑하던 형제를 함께 떠나보냈다." 러시아의 대문호인 '톨스토이'는 링컨에게 최고의 헌사를 바쳤다. "역사상 위대한 영웅들과 위인들이 많이 있었지만 진정한 거인은 링컨 한 사람밖에 없다. 왜냐하면 그는 자기를 미워하고 죽이려던 원수들까지도 용서하고 형제처럼 대하며 사랑의 손길을 내밀었기 때문이다. 링컨은 마치 예수 그리스도의 축소판이라고 할 수 있다. 그의 미소는 따사로운 햇살같이 빛났으며 그의 행동은 바위처럼 단단했고 그의 인품은 친절과 관용으로 넘쳤다. 우리 모두는 링컨을 인류 역사상 가장 위대한 성자로 영원히 기억할 것이다."

12

페르디난트 암살

제1차 세계대전 촉발시킨 기묘한 사건

사라예보 사건 전말

'사라예보 사건'. 암살자 가브릴로 프린치프가 페르디난트 황태자와 부인인 조피 여사를 암살하고 있다.

"일정이 변경된 것을 알지 못했던 운전사는 국립박물관 방향으로 차를 몰았다. 뒤늦게 길을 잘못 든 것을 확인한 보스니아 총독은 급히 차를 돌리라고 지시했다. 하지만 당시 차에는 후진 기어가 없었고 빠르게 차를 돌리는 게 불가능할 정도로 거리의 폭이 좁았다. 이에 운전사는 매우 천천히 핸들을 돌릴 수밖에 없었다. 사실상 거의 서있는 상태나 마찬가지였다. 하필, 암살자 프린치프가 그 주변 카페에 있었다."

'유럽'은 전통적으로 국가 간 전쟁이 자주 발발했다. 수많은 국가들이 밀집해 있고 저마다 이해관계를 갖고 있다 보니 크고 작은 전쟁이 지속됐다. 다른 지역에서도 전쟁이 있었지만 유럽에 비할 바는 아니었다. 역사적으로 유럽 자체가 이른바 '화약고'라고 할 수 있다. 20세기 초에 발발한 '제1차 세계대전'은 유럽에서 촉발된 전쟁의 결정판이었다. 그동안 유럽의 패권을 장악하고 있던 영국과 프랑스에 대항해 새롭게 독일이 부상하면서 전운이 고조됐다. 열강들의 후원을 받는 발칸반도 국가들 간 대립도 심상치 않았다. 당시 각국에서 유행한 '민족주의'는 불에 기름을 붓는 격이었다. 유럽은 물론 전 세계가 이전에는 볼 수 없었던 거대한 전쟁의 소용돌이에 휘말릴 수 있는 환경이 조성됐다. 전쟁은 예정된 것이나 다름없었다.

이런 가운데 예기치 못한 곳에서 전쟁의 불씨를 댕기는 사건이 발생했다. 바로 '사라예보 사건'. 오스트리아-헝가리 제국의 황태자인 '프란츠 페르디난트'가 자국이 합병한 보스니아의 사라예보를

암살의 역사

방문했을 때 적국인 세르비아 출신 청년에게 암살을 당했다. 이 사건은 정말 기묘했다. 충분히 암살을 피할 수 있었음에도 몇 가지 우연들이 완벽히 겹쳐져 비극적인 일이 발생했다. 페르디난트 부부는 마치 정해진 운명을 따라가는 것처럼 보였다. 지금까지도 수많은 사람들은 사라예보 사건을 씁쓸하나 호기심 어린 눈으로 살펴보고 있다. 이 사건 직후에 발발한 제1차 세계대전으로 인해 전 세계는 전쟁의 참화에 빠졌다. 조기 종전될 것이란 전망과 달리 전쟁은 '소모전' 양상으로 가면서 장기화됐다. 뚜렷한 전황의 변화 없이 사상자 수만 걷잡을 수 없이 폭증했다. 그 당시까지 인류가 경험해보지 못한 '지옥도'가 펼쳐진 셈이었다. 전쟁과 이것의 전후 상황을 살펴보면서, 인간이 얼마나 잔인하고 어리석을 수 있는지를 새삼 느꼈다. 전쟁은 그 어떠한 경우에도 발생하면 안 된다는 것도 절감했다. 강렬한 반면교사인 셈이다. '제1차 세계대전을 촉발시킨 기묘한 사건', 사라예보 사건과 전쟁 전말을 되돌아봤다.

대립하는 유럽 열강들

19세기 중후반부터 유럽의 세력 지형은 요동치고 있었다. 독일 연방에 속한 작은 국가인 '프로이센' 주도로 독일이 통일됐고, 프로이센은 오스트리아 프랑스 등과의 전쟁에서 잇따라 승리했다. 이후 유럽의 신흥 강국으로 '독일 제2제국'이 급부상했다. 이러한 역사의 중심에는 철혈재상인 '오토 폰 비스마르크'가 있었다. 그는 제국의회 총리 취임식에서 "우리 시대의 중요한 문제들은 연설과 다수의 결정에 의해서 해결되지 않고 오로지 '피와 철'로서만 해결된다"

라는 연설을 한 것으로 유명하다. (피는 전쟁, 철은 무기를 의미한다.) 프랑스와의 '보불 전쟁'에서 드러났듯 비스마르크는 탁월한 군사 전략가였다. 더욱이 '외교'의 천재이기도 했다. 국제 정세를 면밀히 파악해 항상 국가에 유익이 될 수 있는 방향으로 나아갔다. 독일 제2제국이 출범한 후 그가 지향한 외교 전략은 팽창이 아닌 주변국들과의 친선 및 현상 유지였다. 앞선 나폴레옹 등의 사례를 반면교사로 삼아 지나친 팽창은 되레 독일을 위험에 빠뜨릴 수 있다고 판단했다. 특히 러시아와의 동맹(오스트리아-헝가리 제국을 포함한 '삼제 동맹')을 추구함으로써 양면 전선의 위험성을 경감하려 했다. 아울러 독일 최대의 적국인 프랑스의 외교적 고립을 획책해 함부로 발호하지 못하게 만들려 했다. 당시 황제였던 '빌헬름 1세'는 비스마르크의 이 같은 노선을 절대적으로 신임하고 지지했다. 절묘한 외교술은 어느 정도 효과를 발휘해 유럽 대륙에는 세력 균형과 표면적인 평화가 정착하는 듯했다.

하지만 '빌헬름 2세'가 독일의 새 황제가 되면서 상황은 급변했다. 빌헬름 2세는 매우 호전적인 성품을 갖고 있었다. 그는 독일 게르만 민족이 다른 민족들보다 훨씬 우월하며 적극적인 팽창 정책을 통해 초강대국으로 거듭나야 한다고 강조했다. 이는 필연적으로 비스마르크의 노선과 충돌을 빚을 수밖에 없었다. 결국 계속된 갈등으로 비스마르크가 실각했고 빌헬름 2세가 독일을 전적으로 주도하게 됐다. 그는 우선 러시아와의 관계를 단절한 뒤 새로이 이탈리아를 끌어들여 '삼국 동맹'을 결성했다. 이렇게 되자 러시아도 가만

암살의 역사

히 있지 않았다. 러시아는 독일의 맞수인 프랑스와 손을 잡았다. 이로써 비스마르크가 그토록 회피하려 했던 양면 전선의 위험성이 증폭됐다. 자신감이 넘쳤던 빌헬름 2세는 이에 아랑곳하지 않았다. 오히려 한발 더 나아가 군사력의 핵심인 '해군력'을 대대적으로 증강하겠다고 선언했다. 다분히 영국을 의식한 모습이었다. 당시 세계 최강의 해군력을 보유한 국가는 영국이었다. 영국은 막강한 해군력을 바탕으로 해외에 수많은 식민지를 개척했다. 빌헬름 2세는 영국과 어깨를 나란히 하고 해외 식민지를 용이하게 개척하기 위해 독일 해군에 막대한 재정을 투입했다. 유명한 전함인 '카이저 빌헬름 2세 함' 등이 이때 만들어졌다. 런던 주재 독일대사인 메테르니히가 "해군력을 계속 증강할 경우 1915년 안에 영국과 전쟁이 벌어질 것"이라고 경고했지만 빌헬름 2세는 메테르니히를 해임한 뒤 해군력 증강에 박차를 가했다.

바다 건너에 있는 영국은 독일의 움직임을 심각한 도전으로 받아들였다. 이에 더 이상 좌시하지 않고 견제에 들어가기로 했다. 1904년 영국은 전통적 숙적인 프랑스와 '영불 협상'을 체결했다. 그러면서 'HMS 드레드노트' 등 주력함 건조에도 힘을 쏟았다. 다른 국가들도 덩달아 군사력을 증강했다. 영국은 러시아와도 손을 잡았다. 비록 '러일 전쟁'에서 일본을 지지하고 러시아를 탐탁지 않게 여겼지만, 독일이 가장 큰 적으로 부상한 이상 동맹을 맺지 않을 수 없었다. 마침내 독일, 이탈리아, 오스트리아-헝가리 제국의 '삼국 동맹'에 대항하는 영국, 프랑스, 러시아의 '삼국 협상'이 결성됐다. 별안간 유럽 열강들이 양 진영으로 나뉘어 대립하는 양상이 나타났다. 독일의 노골적인 도발은 이후에도 계속됐다. 프랑스가 아프리카 북부에 있는 모로코를 식민지화하려 할 때 독일이 개입해 방해 공작을 펼쳤다. 또한 독일은 베를린, 튀르키예의 비잔티움, 이라크의 바그다드를 연결하는 철도 노선 건설을 추진했다. 자신들의 영향력을 동유럽에서 중동까지 확대하려는 의도였다. 인근 지역에서 패권을 행사하고 있던 영국은 경악을 금치 못했다. 이에 삼국 협상을 더욱 강화하며 독일을 압박하는 전략을 취했다. 시간이 갈수록 유럽 열강들 간 대립이 격화하면서 유럽 대륙에서의 전운이 극도로 고조됐다.

화약고, 발칸 반도

열강들 간의 대립과 연계해 유럽에서 진정한 화약고 역할을 한 곳은 '발칸 반도'였다. 원래 이 지역은 오스만 제국이 15세기부터 지배했던 곳이다. 그런데 바로 위에 있던 러시아가 남하 정책을 추진하며 호시탐탐 발칸 반도를 노리기 시작했다. 이에 러시아와 오스만 제국 간에 여러 차례 전쟁이 발발했다. 결정적으로 1878년 제12차 '러시아-튀르크(오스만 제국) 전쟁'에서 오스만 제국이 대패함으로써 발칸 반도에서의 영향력이 급속도록 약화됐다. 이제 러시아가 발칸의 새로운 패권국으로 떠오를 것처럼 보였다. 이때 영국과 프랑스 등이 적극적으로 개입했다. 이들은 러시아 혼자서 발칸을 독점하게 놔둘 수 없었다. 그 결과 도출된 것이 '베를린 조약'이다. 러시아는 발칸의 일부 지역을 얻었다. 나머지 지역은 세르비아 공국,

루마니아 왕국, 불가리아 공국 등 수많은 국가들로 쪼개졌다. 문제의 '보스니아 헤르체고비나'는 형식상 오스만 제국의 영토로 남았다. (실질적으로는 오스트리아-헝가리 제국의 관할권 내에 있었다.) 신생 국가들 중 슬라브 민족이 주류인 세르비아가 주목을 받았다. 무엇보다 이곳에선 '민족주의'의 열기가 크게 달아올랐다. 세르비아는 보스니아와 헝가리 등에 자국민들이 폭넓게 분포돼 있는 만큼 자신들이 이 지역을 통치해야 한다고 주장했다. 같은 슬라브계 국가인 러시아가 세르비아를 지원하고 있었다.

그런데 1908년 청년튀르크당 혁명으로 오스만 제국이 혼란한 틈을 타 오스트리아-헝가리 제국이 보스니아를 신속히 합병했다. 게르만 민족이 주류인 오스트리아-헝가리 제국은 독일의 지원을 받고 있었다. 세르비아는 불쾌감을 감추지 못했다. 보스니아에 살고 있던 수많은 세르비아인들도 마찬가지였다. 여기에는 훗날 오스트리아-헝가리 제국의 황태자인 '프란츠 페르디난트'를 암살하는 '가브릴로 프린치프'도 있었다. 이후 세르비아는 1912~1913년 두 차례에 걸쳐 벌어진 '발칸 전쟁'을 통해 오스만 제국 및 불가리아를 굴복시켰고 마케도니아를 점령하는 등 영토를 확장했다. (세르비아가 포함된 발칸 동맹 국가들은 1차 발칸 전쟁에서 다시금 발칸에 영향력을 행사하려던 오스만 제국을 패퇴시켰다. 2차 발칸 전쟁에서는 발칸의 프로이센이라 불렸던 불가리아를 무릎 꿇렸다.) 다만 바다를 확보할 목적으로 알바니아까지 점령하려 할 때, 또다시 오스트리아-헝가리 제국이 개입해 이를 저지했다. 오스트리아-헝가리 제국을 향한 세르비아인들의 분노는 극에 달했다. 이 시기 보스니아 내 세르비아인 민족운동 단체인 '젊은 보스니아'의 활동이 두드러졌으며 두 국가 간 감정의 골은 깊어져 갔다.

이런 가운데 차기 오스트리아-헝가리 제국의 황제로 유력한 페르디난트는 획기적인 계획을 갖고 있었다. 제국 내의 복잡한 민족 문제를 해결할 방안으로 '대오스트리아 합중국론'을 제창했다. 일종의 연방제 형태로서, 제국 내 여러 민족들에게 광범위한 주권을 부여해 주류 민족들과 동등한 대우를 받게 하는 것이었다. 사실상 주류 민족들의 기득권을 포기하는 것인 만큼 독일계와 헝가리계의 반발을 불렀다. 그러나 소수 민족들인 슬라브계, 루마니아계 등은 대체로 공감과 지지를 보냈다. 페르디난트가 합중국론을 내세운 이유는 제국을 안정적으로 존속시키기 위해서였다. 제국 내에 소수 민족들이 절반 가까이 존재했기 때문에 이들을 끌어안고 가는 게 중요했다. 특히 호전적인 민족주의 성향이 강한 세르비아인들을 효과적으로 온건화시킬 수도 있었다. 조만간 고령인 프란츠 요제프 1세 황제의 뒤를 이어 페르디난트가 황제로 즉위해 해당 정책을 신속히 밀어붙일 것처럼 보였다. 극단적인 세르비아 민족주의자들은 이 상황을 결코 좌시할 수 없었다. 그들은 합중국론이 세르비아인들을 오스트리아-헝가리 제국에 동화시키려는 술책이라고 주장했다. 여기에 현혹되지 말고 세르비아가 보스니아 등을 무력으로 점령해야 한다고 강조했다. 나아가 기만책의 대가인 페르디난트를 제거해야 한다는 목소리도 터져 나왔다.

사라예보 사건

합중국론을 둘러싼 어수선한 분위기는 좀처럼 사그라들지 않았다. 이 와중에 역사의 운명을 바꾸는 중요한 일이 발생했다. 페르디난트가 부인인 '조피' 여사와 함께 보스니아 헤르체고비나의 수도인 '사라예보'를 방문하기로 한 것이다. 오스트리아-헝가리 제국군의 군사 훈련을 참관하기 위해서였다. 상술했듯 보스니아에는 세르비아인들이 많았고 이들 대부분은 페르디난트 및 오스트리아-헝가리 제국에 대한 원망이 높은 상태였다. 보스니아 내 세르비아 민족운동단체의 활동도 격해지고 있었다. 이런 상황에서 황태자 부부가 사라예보를 방문한다는 것은 결코 적절하지 못했다. 방문날인 1914년 6월 28일은 심각성을 더했다. 이날은 황태자 부부의 결혼기념일이기도 했지만 세르비아인들이 치욕으로 생각하는 날이었다. 1389년 세르비아 왕국이 코소보 전투에서 패배해 오스만 제국에게 정복당했었기 때문이다. 부정적인 것으로 여겨지는 날, 사실상 적국의 차기 황제가 온다는 소식에 세르비아인들, 특히 극단적인 민족주의자들은 분노를 감추지 못했다. 급기야 젊은 보스니아를 중심으로 페르디난트 암살 계획이 수립됐다. 세르비아 장교들이 만든 비밀결사 단체인 '검은 손'도 힘을 보태기로 했다. 기실 세르비아라는 국가가 배후에 있는 것이나 다름없었다.

그런데 황태자 암살 계획은 사전에 정보가 누설됐다. 오스트리아 빈에 주재하는 세르비아 공사가 오스트리아-헝가리 제국의 공동 재무장관을 만나 "황태자 부부가 문제의 그날에 보스니아를 방문하면 도발로 여겨질 것이고 세르비아인 청년이 실탄을 장착한 뒤 황태자의 목숨을 노릴 수 있다"라고 경고했다. 세르비아 공사는 암살 사건으로 인해 양국 간 전쟁이 발발할 것을 우려했다. 암살 정보를 접한 페르디난트는 매우 태연했다. 그는 일정 변경 없이 그대로 사라예보를 방문하기로 했다. 암살의 위협에도 굴하지 않는 대범한 황태자의 면모를 보여주고 싶었던 것이다. 황태자 부부는 6월 28일 오전 사라예보 역에 도착했다. 페르디난트가 부인과 동행한 특별한 이유가 있었다. 조피는 왕족 출신이 아니었기 때문에 그동안 오스트리아 황실 내에서 적지 않은 차별을 받았다. 공식적인 자리에서 황태자와 함께 할 수 없는 경우도 종종 있었다. 페르디난트는 조피를 진심으로 사랑했기에 이번 기회에 그녀의 정치적 위신을 높여주고 싶었다. (두 사람은 그 흔한 정략결혼이 아닌 연예결혼을 했다.) 이에 따라 구태여 조피를 옆에 둔 것이다.

황태자 부부는 사라예보에 도착하자마자 보스니아 총독과 함께 자동차에 탑승했다. 길을 따라 시청까지 갈 예정이었다. 주변에는 수많은 군중들이 존재했다. 여기서 짚고 넘어가야 할 치명적인 문제점들이 있었다. 암살 위협을 감지했으면 적절한 대처를 하는 게 상식이다. 하지만 기본적인 조치도 하지 않은 채 암살 위협에 그대로 노출됐다. 우선 황태자 부부가 탑승한 자동차는 훤히 개방된 오픈카였다. 황태자 부부는 누구나 알아볼 수 있는 모자와 옷을 입고 있었다. 또한 도로를 차단하거나 특수 경호대를 배치하지도 않았다. 평소 페르디난트는 복잡한 경호 절차를 싫어했다고 한다. 이런 비상식적인 상황 하에서 암살의 그림자가 짙게 드리워졌다. 황태자 부부 차량이 지나가는 곳마다 암살자들(총 7명)이 도사리고 있었다. 이들은 저마다 리볼버, 수류탄, 자살용 청산가리 등을 소지했고 황태자 부부 차량이 가까이 오기만을 기다렸다. 첫 번째 암살 시도는 추무리야 다리에 있는 무하메드 메흐메드바시치가 할 예정이었다. 그러나 수류탄을 못 던졌고 총은 아예 뽑지도 못했다. 추후 메흐메드바시치는 "부인인 조피를 보는 순간 차마 암살을 결행하지 못했다"라고 밝혔다. 일각에서는 극도의 긴장감 때문에 얼어붙었다는 이야기도 있다. 황태자 부부 차량은 그곳을 지나 두 번째 암살 시도 장소로 나아갔다. 해당 장소에 잠복해 있던 네델코 차브리노비치는 앞선 사람과 달리 기회가 왔을 때 수류탄을 투척했다. 노련했던 황태자 부부 차량 운전사가 일찌감치 수류탄인 것을 알아채고 앞으로 급가속했다. 이로 인해 수류탄은 빗나갔고 뒤따르던 차량 아래에서 폭발했다. (수류탄이 차량을 맞고 튕겨 나갔다거나 황태자가 수류탄을 도로 던졌다는 설도 있다.) 황태자 부부 수행원들이 중경상을 입었지만 황태자 부부는 무사할 수 있었다. 암살 실패를 확인한 차브리노비치는 자살하기 위해 청산가리를 먹고 옆에 있는 강에 뛰어들었다. 황당하게도 청산가리는 이미 유통기한이 지나 효력이 없었고 강은 깊이가 너무 얕아 자살에 실패했다.

이때까지만 해도 황태자 부부에겐 천운이 따라줬다. 나머지 암살자들은 황태자 부부 차량이 너무 빨리 지나가 암살을 시도할 엄두도 내지 못했다. 우여곡절 끝에 시청에 도착한 페르디난트는 사라예보 시장에게 "이 도시는 황태자를 폭탄으로 반기나"라며 화를 냈다. 그의 다음 방문 지역은 국립박물관이었다. 이때 황태자 부부와 동승했던 보스니아 총독은 이 지역은 너무 위험하니 서둘러 군사 훈련 지역으로 가자고 제안했다. 페르디난트도 처음에는 군사 훈련 지역으로 곧장 가려고 했다. 그런데 갑자기 다른 제안을 했다. 폭탄 테러로 중경상을 입은 수행원들을 위문하기 위해 병원으로 가자는 것이었다. 보스니아 총독을 포함한 측근들이 또다시 테러가 발생할 수 있다며 적극 만류했다. 그럼에도 페르디난트는 "이것은 계획에 없는 일정이니 암살자들도 모를 것"이라며 병원 방문을 강행했다. 병원 방향은 국립박물관 방향과는 정반대였다. 만약 병원으로 갔으면 암살이 발생하지 않았을 가능성이 높다. 그러나 차량 운전사에게 병원으로 간다는 이야기를 하지 않은 게 화근이었다. 일정이 변경된 것을 알지 못했던 운전사는 국립박물관 방향으로 차를 몰았다. 뒤늦게 길을 잘못 든 것을 확인한 보스니아 총독은 급히 차를 돌리라고 지시했다. 하지만 당시 차에는 후진 기어가 없었고 빠르게 차를 돌리는 게 불가능할 정도로 거리의 폭이 좁았다. 이에 운전사는 매우 천천히 핸들을 돌릴 수밖에 없었다. 사실상 거의 서있는 상태나 마찬가지였다.

하필, 암살자 프린치프가 그 주변 카페에 있었다. 그는 이번 암살 시도가 완전히 실패했다고 판단해 모든 것을 포기한 상태였다. 그런데 자신의 눈앞에 표적인 황태자 부부 차량이 보였다. 프린치프는 자동반사적으로 권총을 빼든 후 황태자 부부 앞으로 뛰쳐나

210   암살의 역사

갔다. 곧이어 두 발의 총탄을 발사했다. 페르디난트는 효용성이 좋은 실크 방탄조끼를 입고 있었지만 총탄은 그의 목을 관통, 경동맥을 끊어버렸다. 부인인 조피는 복부에 관통상을 입었다. (원래 프린치프가 황태자 외에 노렸던 사람은 황후가 아닌 보스니아 총독이었다.) 황태자 부부는 신속히 시청으로 후송됐다. 운전사의 증언에 따르면 페르디난트는 부인을 향해 "죽으면 아니 되오. 아이들을 위해 반드시 살아주시오"라며 고통스럽게 중얼거렸다고 한다. 황태자 부부는 시청으로 후송된 뒤 얼마 지나지 않아 나란히 숨을 거뒀다. 그야말로 극적이고 몇 가지 우연들이 완벽하게 겹쳐져 발생한 '기묘한' 암살 사건이었다. 몇 가지 우연들 중 하나라도 불발됐다면 황태자 부부는 죽지 않았을 것이다. 마치 정해진 운명을 따라가듯 황태자 부부는 죽음으로 나아갔다. 암살 사건 이후 사라예보에선 세르비아인들을 겨냥한 폭력 사태가 잇따라 발생했다. 오스트리아 정부는 세르비아 민족운동단체가 암살을 주도하고 그 배후에 세르비아 정부가 있다고 확신했기 때문에 적극적으로 폭력을 부추겼다. 폭력 사태는 걷잡을 수 없이 확대돼 오스트리아−헝가리 제국의 주요 대도시들에서도 발생했다. 다만 이것은 거대한 비극의 예고편에 불과했다. 머지않아 유럽은 물론 전 세계가 참화의 구렁텅이에 빠지게 된다.

세계대전 발발

오스트리아−헝가리 제국은 당장이라도 세르비아로 쳐들어가 황태자 부부 암살에 대한 복수를 하길 원했다. 그러나 세르비아 뒤에 러시아가 있는 것을 의식해 섣불리 군사 행동을 감행하지 못했다.

바로 이때 독일의 빌헬름 2세가 나섰다. 팽창 정책을 추진했던 그는 이참에 대규모 전쟁이 발발해 영토를 크게 확장하길 원했다. 우수한 독일군은 전쟁에서 능히 승리할 수 있을 것이라는 자신감도 있었다. 이에 오스트리아-헝가리 제국에 대한 무조건적인 지원을 약속하며 세르비아 침공을 조장했다. 강력한 뒷배였던 독일의 지원에 힘입은 오스트리아-헝가리 제국은 세르비아에게 10가지 요구사항이 담긴 '최후통첩'을 보냈다. 해당 사항들은 세르비아가 받아들이기 힘든 것들이었다. 결국 오스트리아-헝가리 제국은 1914년 7월 28일 세르비아에게 선전포고했다. 러시아가 가만히 있을 리 없었다. 러시아는 같은 민족 국가인 세르비아를 보호하고 발칸 반도에서 오스트리아-헝가리 제국의 영향력이 확대되는 것을 막기 위해 동원령을 발동했다. 기다렸다는 듯 독일 역시 동원령을 발동하면서 "러시아가 12시간 내에 동원령을 해제하지 않으면 전쟁 상태에 돌입할 것"이라고 경고했다. 동원령 해제가 이뤄지지 않으면서 독일과 러시아 간 전쟁이 발발하게 됐다. 매우 짧은 시간에 전쟁의 불길이 급속도록 확산됐다. 이번에는 러시아의 동맹국이자 자국 영토에 대한 침공을 우려한 프랑스가 독일에 선전포고를 했다. 독일도 맞대응하며 보불 전쟁 이후 43년 만에 양국 간 전쟁이 다시 발발했다. 뒤이어 영국도 독일에 선전포고하며 전쟁에 뛰어듦에 따라 제1차 세계대전의 서막이 올랐다. 당시 진영은 크게 두 개로 나눠졌다. 연합국은 영국, 프랑스, 러시아, 벨기에, 세르비아 등이었고 동맹국은 독일, 오스트리아-헝가리, 오스만, 불가리아 등이었다.

암살의 역사

전쟁의 소용돌이에 빠진 유럽 각국은 매우 들떠 있었다. 마치 오랫동안 전쟁을 손꼽아 기다렸다는 듯 기뻐했다. 청년들은 국가를 부르며 자발적으로 입대를 했고 부모들은 웃으면서 자식들을 전쟁터로 보냈다. 유럽 전역에 애국심과 민족주의의 열기가 달아오르던 때였고 장기간 평화가 유지돼 전쟁의 참상을 제대로 알지 못했다. 아울러 전쟁이 금방 끝날 것이라는 낙관주의와 아름다운 전쟁 서사가 만들어질 수 있다는 이상한 낭만주의도 팽배했다. 한마디로 이때 유럽은 제정신이 아니었다. 전쟁의 중심에 있었던 것은 단연 독일이다. 사실상 독일이 세계대전을 일으킨 것이었고 서부 및 동부 전선 등에서 전쟁을 치러야 했다. 초기에 독일이 내세운 전략은 '슐리펜 계획'이었다. 독일의 참모총장인 슐리펜 장군이 양면 전쟁을 대비해 고안해 냈다. 즉 러시아의 경우 국토가 넓고 병력 수송이 재빠르지 않을 것이니, 먼저 벨기에를 거쳐 프랑스 파리를 신속하게 점령한 뒤 모든 병력을 동부 전선으로 보내 러시아를 격파한다는 전략이었다. (앞선 보불 전쟁에서 파리를 점령했던 경험이 독일에게 커다란 자신감을 갖게 했다.) 독일군은 6주 안에 결판을 내겠다는 생각 하에 프랑스로 향하는 관문인 벨기에를 침공했다. 그러나 독일군의 계획은 초반부터 꼬여버렸다. 의외로 벨기에의 저항이 만만치 않았던 것이다. 여기서 독일군은 시간을 적지 않게 뺏겼다. 더욱이 러시아군이 예상보다 빨리 병력을 수송함에 따라 독일군은 서부 전선에 있는 병력 일부를 동부 전선으로 보내야만 했다. 계획한 대로 서부 전선 공략에만 온전히 집중할 수 없는 상황, 이른바 양면 전선이 형성됐다.

우여곡절 끝에 독일군은 벨기에를 통과해 프랑스 영토 안으로 진입하는 데 성공했다. 이때 독일군은 최신식 병기로 개발된 '기관총' 등으로 프랑스군을 곤경에 빠뜨리면서 파리를 50여 km 앞둔 위치까지 진격했다. 또한 독일군은 프랑스의 철도망에 무지막지한 포격을 가해 대거 파괴시켰다. 프랑스군이 열차를 통해 신속히 충원되는 것을 막기 위해서였다. 그런데 프랑스군은 수백 대의 택시를 동원해 병력을 실어 나르는 기지를 발휘했다. 이는 상당한 효과를 거둬 독일군의 계획에 큰 차질을 줬다. 조만간 영국 원정군도 프랑스군에 합류하면서 독일군이 난관에 처했다. 영프 연합군은 '마른 전투'에서 독일군의 공격을 성공적으로 방어함은 물론 격퇴시키는 전과를 올렸다. 이로써 독일군이 야심 차게 수립했던 슐리펜 계획은 완전히 무산됐다. 그나마 독일군은 '타넨베르크 전투'에서 러시아군을 격파하는 등 동부 전선에서만큼은 결정적 우위를 확보했다.

마른 전투 이후 서부 전선은 교착 상태에 빠졌다. 이 시기 독일군과 영프 연합군은 무작정 진격했다간 심각한 병력 손실만 입는다는 것을 알았다. 과학기술의 발달로 무기들도 급성장한 상황에서 과거 전술인 '돌격'만을 고집할 수 없었다. 양 진영은 '참호'를 파기 시작했다. 공격이 여의치 않으니 참호를 통해 방어라도 용이하게 하면서 기회를 엿본다는 전략이었다. 기실 참호전은 그 누구도 예상하지 못한 상황이었다. 당연히 참호를 효과적으로 돌파할 수 있는 전략도 부재했다. 그러면서 참호선이 북해에서 스위스 국경까지 늘어났고 쓸데없는 '소모전' 양상이 다시 나타났다. 양 진영은 상대방

암살의 역사

에게 대량의 포격을 가한 후 병력을 돌격시키는 구태의연한 전략을 취했다. 돌격병들은 참호에 도착하기도 전에 무자비한 기관총 세례와 포격, 철조망 등으로 전멸하는 경우가 허다했다. 기적적으로 하나의 참호를 점령했다 해도 그 뒤에 또 다른 참호들이 버티고 있었다. 더욱이 병사들의 참호 생활은 '지옥' 그 자체였다. 비가 많이 내려 참호 안은 항상 물이 가득했고 시체가 쌓이면서 쥐떼들이 득실거렸다. 자연스레 질병들도 만연했다. 악명 높은 참호전이 지속되면서, 뚜렷한 전황의 변화 없이 병사들의 희생만 커져갔다.

한편 독일은 영국의 해상봉쇄에 대응해 '무제한 잠수함 작전'을 전개했다. 독일 잠수함인 'U-보트'는 적국은 물론 중립국의 상선도 무차별적으로 격침시켰다. 이 와중에 문제가 발생했다. 영국 여객선인 '루시타니아 호'가 격침됐는데, 이 안에 128명에 이르는 미국인들이 타고 있었던 것이다. 이를 계기로 미국 내에서 반독일 및 참전 여론이 나타나기 시작했다. 다만 독일이 즉각적으로 사과한 뒤 잠수함 작전을 취소하기로 하면서 미국의 분노를 일시적으로 잠재웠다. 동부전선에서는 독일군이 승승장구했다. 러시아 제국령 폴란드의 중심 도시인 바르샤바를 점령한 데 이어 브레스트-리토프스크, 코브노, 빌나, 핀스크 등 러시아 서부의 주요 도시들을 차례로 점령했다. 그러나 러시아의 수도인 '페트로그라드'까지 점령하기에는 아직 갈길이 멀었다. 주요 국가들 이외의 동향을 살펴보면 오스만 제국이 독일 편에 서서 참전했고 원래 독일과 친했던 이탈리아가 연합국에 붙어 참전했다. 불가리아가 동맹국으로 참전해 발칸 전황이 동맹국에게 유리해졌으며 포르투갈이 연합국의 일원이 되기도 했다. 아시아에서는 일본이 '영일동맹'을 내세우며 참전, 독일 영향력 하에 있던 중국 칭다오를 점령했다.

'키맨' 미국의 참전, 전쟁 종결

서부 전선의 상황은 갈수록 악화됐다. 특히 1916년 초에 제1차 세계대전 가운데 최악의 전투로 평가를 받는 '베르됭 전투'와 '솜 전투'가 벌어졌다. 베르됭은 오랜 기간 프랑스의 핵심 요새였다. 보불 전쟁 때도 함락되지 않아 프랑스의 자존심으로 여겨지던 곳이다. 다만 제1차 세계대전 때는 주요 전투 장소가 아니었기에 병력과 무기가 빠져나가 방어가 허술했다. 독일군은 이 점을 노리고 베르됭을 공격해 점령했고 프랑스군은 이를 탈환하기 위해 적극 나섰다. 이때 독일군과 프랑스군은 서로를 완전히 전멸시킬 때까지 싸운다는 '사형터 작전'을 전개했다. 어느 한쪽이 모조리 죽어야 전투가 끝나는 것이었다. 10개월 동안 극단적인 살육과 소모전이 지속됐다. 프랑스군 사상자는 37만 명, 독일군 사상자는 33만 명이 발생했다. 프랑스군은 베르됭 전투를 '고기 분쇄기'라고 일컬으며 몸서리를 칠 정도였다. 솜 전투는 더욱 심각했다. 1초당 8명의 사상자가 나왔고 하루 사상자 기준으로는 최고 기록을 경신했다. 약 4개월 동안 지속된 전투에서 무려 100만 명에 달하는 사상자가 발생했다.

해당 전투들에선 무수한 신병기가 동원되기도 했다. 영국군은 '마크 1'이라는 탱크를 투입했다. 당초 50대의 탱크를 투입하려 했지만

암살의 역사

기술적인 문제 등으로 24대의 탱크가 실전에 나갔다. 이는 기관총으로부터 아군을 지키고 참호의 철조망을 무너트리는 역할을 수행했다. 탱크를 처음 본 독일군은 "악마가 왔다"라고 외치며 도망쳤다고 한다. 전투기들도 등장했다. 정찰 목적에서 벗어나 기관총을 장착한 후 빠르게 날아가 적국의 비행기를 격추시켰다. 직접 손으로 폭탄을 떨어뜨리는 폭격기도 상공을 날아다녔다. 심지어 '독가스'도 살포됐다. 영국군의 '포스겐 가스', 독일군의 '겨자 가스' 등이 대량으로 살포돼 반인륜적인 피해를 입혔다. 이로 인해 무려 140만 명에 달하는 사상자가 발생했다. 이후 1925년 '제네바 협약'을 통해 화학 무기 사용이 금지됐다. 잔혹한 전투와 희생에도 불구하고 여전히 서부 전선에선 큰 변화가 일어나지 않았다. 앞으로도 오랜 기간 소모전이 지속될 것처럼 보였다.

그런데 1917년 실마리가 마련됐다. 키를 쥔 것은 중립국인 '미국'이었다. 독일이 무제한 잠수함 작전을 재개하면서 미국의 여론이 다시 들끓기 시작했다. 결정적으로 '치머만 전보 사건'이 터짐에 따라 미국이 참전을 결심했다. 이 사건은 영국이 독일의 비밀작전 전보를 입수하면서 불거졌다. 실제 전보 해독문은 다음과 같다. "독일이 미국과 중립 관계를 유지하는 것이 불가능하다면 멕시코와 동맹을 맺고 미국을 공격해야 한다. 그 대가로 멕시코에는 미국에 빼앗겼던 텍사스, 뉴멕시코, 애리조나를 돌려주겠다." 전보 내용이 대대적으로 미국 언론에 보도되면서 반독일 여론이 확산됐고, '우드로 윌슨' 미국 대통령은 4월 6일 독일에 선전포고했다. 독일은 망연

자실할 수밖에 없었다. 영프 연합군도 버거운데 그들보다 더 강력한 군대와도 맞서야 했기 때문이다. 다만 미군은 훈련, 거리 등의 이유로 본격적으로 유럽 전선에 뛰어들기까진 적지 않은 시간이 걸렸다. 독일은 미군이 연합군에 완전 합류하기 전에 유리한 고지를 선점해야 한다고 생각했다. 마침 러시아에선 '2월 혁명'과 '10월 혁명'으로 로마노프 왕조 및 임시정부가 전복됐고 종전을 주장해 온 레닌과 볼셰비키당이 집권했다. 이들은 독일과 강화 조약을 체결, 마침내 동부 전선에서 포성이 멎었다. 독일군은 동부 전선에 있는 군대를 즉시 서부 전선으로 돌렸다. 그런 다음 온 힘을 기울여 '루덴도르프 공세'를 감행했다. 하지만 독일군의 뜻대로 되지 않았고 오히려 수많은 사상자가 발생했다. 영프 연합군은 조만간 미군이 합류한다는 희망을 갖고 사력을 다해 독일군의 공세를 막아냈다.

독일군의 공세가 벽에 부딪힌 사이 미군이 속속 서부 전선으로 들어왔다. 독일군이 예상한 대로 미군의 전력은 매우 막강했다. 영프 연합군은 구세주를 얻은 셈이었다. 미군을 중심으로 총공세 준비를 완료한 연합군은 독일군을 겨냥해 '백일 대공세'를 감행했다. 이전과 달리 독일군은 속절없이 밀렸다. 이미 독일군 대다수는 미군의 참전으로 전세가 불리해졌다고 판단, 사기가 크게 꺾인 상태였다. 결국 독일군의 핵심 방어선인 힌덴부르크 선마저 붕괴됐다. 다른 여러 전선에서도 연합군의 대대적인 공세가 전개돼 동맹국들이 차례로 무너졌다. 이쯤 되자 독일 내부에선 '패배', '항복'이란 말이 나오기 시작했다. 엎친 데 덮친 격으로 독일의 경제가 한계에 다

암살의 역사

다랐고 '킬 군항의 반란' 등 반정부 운동이 동시다발적으로 발생했다. 마침내 빌헬름 2세는 더 이상 전쟁을 지속할 수 없다고 판단했다. 그는 네덜란드로 망명했다. 독일은 공화국을 선포한 뒤 1918년 11월 11일 콩피에뉴에서 연합국과 휴전협정을 체결, 무조건 항복했다. 이로써 4년 넘게 전 세계를 끔찍한 전쟁의 참화로 몰아넣은 제1차 세계대전이 종결됐다. 총사망자는 약 940만 명, 부상자는 약 2300만 명에 달했다. 다음 해 6월 '베르사유 조약'이 체결돼 독일은 일부 영토를 할양하고 해외 식민지들을 토해내야 했다. 더욱이 천문학적인 액수의 전쟁 배상금도 물어줘야 했다. 독일은 유럽의 신흥 강국에서 일순간 처참한 패전국으로 전락했다.

13

라스푸틴 암살

비선실세 괴승의 최후

국정농단과 극적 죽음 전말

그리고리 예피모비치 라스푸틴. 변방 난봉꾼에서 비선 실세로 거듭난 그는 국정농단과 문란한 성생활을 서슴지 않았다.

"잠시 뒤 청산가리가 든 케이크와 와인도 건네졌다. 라스푸틴은 이 것을 한입에 먹고 마셨다. 유수포프 등은 회심의 미소를 지으며 라 스푸틴이 곧 죽기만을 기다렸다. 그런데 이상한 일이 벌어졌다. 먹 고 나자마자 피를 토하며 죽어야 할 라스푸틴이 멀쩡했다. 오히려 노래를 부르며 흥겨워했다. 이러한 상황이 2시간이나 지속됐다. 유 수포프와 황족들은 크게 당황할 수밖에 없었다. 공포감마저 밀려왔 다. 마침내 유수포프가 권총을 빼들었다. 그는 라스푸틴의 가슴을 향해 총탄을 발사했고 저격당한 라스푸틴은 쓰러졌다."

　근현대 사회로 접어들면서 국정 운영은 공식 라인에서 투명하게 이뤄지는 게 당연한 것으로 여겨진다. 만약 비선 라인이 개입해 국 정을 좌지우지한다면 국민들의 거센 비난이 뒤따르고 정권의 존립 자체도 위태로워질 수 있다. 몇 년 전 대한민국에서 비선 실세의 국 정농단 사건이 큰 문제를 일으킨 바 있다. 당시 전 국민적인 반발이 일어났고 급기야 사상 초유의 대통령 탄핵까지 이뤄졌다. 그만큼 비선이 개입된 국정은 위험하며 마땅히 거부돼야 할 정치적 악으로 규정된다.

　20세기 초 러시아 제국에서는 이 같은 문제가 극단으로 치달았던 사례가 있었다. 중심에 있었던 인물이 바로 '그리고리 예피모비치 라스푸틴'이다. 변방 난봉꾼에 불과했던 라스푸틴은 기묘한 치유 능력에 힘입어 러시아 황가의 절대적 신임을 얻었다. 비선 실세로 거듭난 그는 국정에 적극 개입했다. 주요 정책 결정에 영향력을 행사했으며 인사권도 마음대로 휘둘렀다. 문란한 성생활도 서슴지 않았다. 라스푸틴의 국정 농단이 심해질수록 가뜩이나 병들어있던 러시아 제국은 더욱 망가져 갔다. 괴승은 러시아 제국과 '로마노프 왕조'의 몰락을 크게 앞당기고 있었다. 이를 보다 못한 황족들이 나서서 암살을 시도했는데, 이 과정에서 믿기 힘들 정도의 극적인 장면도 펼쳐졌다. 청산가리와 권총 등을 동원한 암살 시도에도 불구하고 라스푸틴의 생명줄은 좀처럼 끊어지지 않았다. 모든 이들이 경악을 금치 못했다.

끝내 라스푸틴이 암살당해 국정농단은 중단됐지만 이미 러시아 제국은 돌이킬 수 없는 지경에 이르렀다. 계속되는 전쟁과 민생 악화에 분노한 민중들이 대대적인 '2월 혁명'을 일으켰다. 그 결과 로마노프 왕조는 몰락했고 황제였던 '니콜라이 2세'는 폐위됐다. 이후에 발생한 '볼셰비키 혁명'(10월 혁명)은 황가의 멸문지화마저 초래했다. 새롭게 집권한 '블라디미르 레닌'의 볼셰비키당은 황가가 반 혁명 세력의 구심점이 될 것을 우려해 잔인하게 처단했다. 결과적으로 기괴한 비선 실세의 국정 농단 등은 로마노프 왕조 전체를 비참한 최후로 이끄는데 큰 몫을 했다. 라스푸틴의 사례는 국정운영 세력이 언제나 반면교사로 삼아야 할 역사적 교훈이다. '희대의 괴승', 라스푸틴의 국정농단과 암살 그리고 로마노프 왕조 몰락 전말을 되돌아봤다.

흔들리는 러시아 제국

러시아의 '로마노프 왕조'는 1613년부터 1900년대 초까지 무려 300년 넘게 존속했다. 이 왕조는 표트르 대제와 예카테리나 2세 때 영토를 크게 확장하는 등 최전성기를 구가했다. 하지만 1800년대 후반부터 서서히 암운이 드리우기 시작했다. 1894년 알렉산드르 3세가 갑자기 사망한 후 '니콜라이 2세'가 왕위에 올랐다. 26세의 젊은 황제였던 니콜라이 2세는 황태손, 황태자 정석 코스를 밟았다. 정통성 측면에선 완벽했다. 그러나 황제가 될 준비가 전혀 되어있지 않았다. 그는 사석에서 "나는 황제가 되기 싫다. 통치술을 전혀 모르기 때문이다. 앞으로 어떻게 해야 하나?"라고 토로했다. 일단 무능한 황제의 존재가 왕조의 위기를 단적으로 보여줬다. 더욱이 당시 왕조에 중대한 도전이 밀려오고 있었다. 프랑스 대혁명 이후 대두한 자유주의, 민주주의 사상과 사회주의, 공산주의 사상 등이 러시아에 큰 영향을 미쳤다. 부당한 대우를 받고 있던 노동자들 사이에서 사회주의, 공산주의 사상에 기반한 투쟁 의식이 싹텄고 관련 운동가들 및 조직이 우후죽순 생겨났다. 자유주의 사상에 경도된 자들도 많았는데, 이들은 니콜라이 2세가 할아버지인 알렉산드르 2세를 닮아 대대적인 개혁을 단행하길 희망했다. 특히 군주가 절대 권력을 갖는 '전제군주제'를 축소하고 진보적 사상을 수용하길 원했다. (일각에서 새로운 황제가 획기적인 개혁파라는 소문이 나돌아 기대감이 커지기도 했다.) 추후 자유주의자들은 군주의 권력이 헌법에 의해 일정한 제약을 받는 '입헌군주제' 및 개혁정치 시행 등을 담은 청원서까지 올렸다.

니콜라이 2세는 전제군주제와 입헌군주제 사이에서 선택을 강요받은 셈이었다. 그는 예상보다 강경하게 나왔다. 자유주의자들의 바람과는 달리 전제군주제의 절대 수호를 외친 것이다. 니콜라이 2세는 "국가의 통치에 젬스트보(지방자치기관) 자유주의자들을 참여시켜 달라는 '허황된 꿈'이 논의된 것으로 알고 있다. 나는 부황께서 그랬던 것처럼 전제군주제의 기초를 확고히 하고 흔들림 없이 수호할 것임을 선언한다"라고 밝혔다. 그가 이러한 결정을 내렸던 데에는 할아버지와 아버지의 영향이 컸다. 상술했듯 할아버지 알렉산드르 2세는 시대의 흐름을 받아들여 러시아의 개혁을 주도했다. 하지만 일부 급진파들은 황제의 개혁이 느리다며 불만을 품었고 급기야 폭탄 테러를 일으켰다. 이의 여파로 알렉산드르 2세는 온몸이 찢기며 참혹하게 사망했다. 다음 황제가 된 알렉산드르 3세는 아버지를 죽인 세력을 철저히 탄압했다. 이를 지켜본 어린 니콜라이 2세는 급진적인 혁명가, 자유주의자들에게 큰 적개심을 가졌고 이들에게 끌려다니지 않겠다고 다짐했다. 로마노프 왕조를 지지하는 강경 보수파는 이러한 기조를 환영했다.

러시아 내 자유주의자들과 사회주의자들은 니콜라이 2세와 로마노프 왕조의 최대 적이 됐다. 이들은 사회 곳곳에서 반 전제정 및 혁명 운동을 주도했다. 이 가운데에는 추후 '볼셰비키 혁명'을 이끌고 '소비에트 사회주의 연방공화국'을 건국하는 '블라디미르 레닌'도 있었다. 레닌은 소수의 자본가들만이 아닌 다수의 노동자들에게도 부를 평등하게 나눠줘야 하며, 사적 소유의 철폐와 생산 수단의 공유화 등을 통해 노동자들의 자가해방을 실현해야 한다는 공산주의 이념으로 무장했다. 온건한 방식이 아닌 무자비한 폭력을 동원해 공산주의 혁명을 완수해야 한다고도 주장했다. 이 같은 급진파들이 주도하는 혁명의 불길은 날이 갈수록 거세졌다.

러시아 제국은 대외적으로도 곤경에 처했다. 당시 러시아는 유럽과 아시아, 양면 전선에서 대외 관계를 정리해야 했다. 유럽에서는 독일 제국의 팽창을 저지하고 현상을 유지하기 위해 프랑스, 영국과의 동맹을 강화했다. 아울러 발칸 반도에서 슬라브족 국가인 세르비아 왕국을 지원했다. 아시아에서는 팽창주의를 추구하며 남하 정책을 시행했다. 그러면서 신흥 강국으로 부상하던 일본과 충돌하게 됐다. 결국 조선 등에 대한 지배권을 놓고 1904년 '러일 전쟁'이 발발했다. 러시아는 세계 최대의 육군국이었으며 거대한 전함들도 많이 보유하고 있었다. 전 세계는 당연히 러시아가 일본을 손쉽게 제압할 것이라고 전망했다. 그러나 반전이 일어났다. 러시아군은 복잡한 국내 사정과 군사적 실책 등으로 좀처럼 힘을 쓰지 못했다. 영국과 미국의 은밀한 지원까지 받은 일본군은 여순에서 러시아 태평양 함대를 격파한데 이어 봉천 회전에서 승리했다. 가장 결정적으로 유럽에서부터 지구의 반을 돌아온 러시아 발틱 함대를 전멸시켰다. 러시아는 더 이상 전쟁을 지속하지 못했다. 미국의 중재하에 일본과 '포츠머스 조약'을 체결하면서 한반도와 남만주에서 손을 떼게 됐다. 전통적 강호인 러시아가 일개 작은 아시아 국가에게 당한 굴욕적인 패배였다. 그만큼 당시 러시아는 정상적인 상태가 아니었다.

　러일 전쟁 중인 1905년 1월 22일 수도인 '상트페테르부르크'에선 엄청난 비극이 초래됐다. 생활고와 비인간적인 노동 환경을 참지 못한 노동자들이 황제와 황비의 초상화를 들고 황궁으로 행진했다. 노동 환경 개선과 공정한 임금, 노동자 참정권 등을 요구하기 위해서였다. (당시 노동자, 농민들을 포함한 대다수 러시아 국민들의 삶은 참담한 수준이었다. 서유럽 국가들과의 격차는 눈에 띄게 벌어졌다.) 기실 이 행진은 평화로운 분위기에서 진행됐다. 급진파들은 너무 온건하다는 이유로 행진에 불참한 상태였다. 그럼에도 황궁 앞을 지키고 있던 수비대는 심상치 않은 모습을 보였다. 시위대가 황궁 가까이 다가오자, 갑자기 수비대가 소총을 정조준한 후 무차별 발포를 하기 시작했다. 여기저기서 비명 소리가 터져 나왔고 수많은 사람들이 피를 흘리며 쓰러졌다. 길거리에는 시체가 쌓였다. 정부는 약 200명이 사망했다고 발표했지만 실제로는 훨씬 많은 사망자가 나왔을 것으로 추정된다. 이것이 바로 '피의 일요일 사건'이다. 이로 인해 전 세계에서 니콜라이 2세와 로마노프 왕조를 비난하는 목소리가 쏟아졌다. 일말의 희망을 갖고 있던 러시아 국민들은 완전히 등을 돌렸다. 급진파들이 연이어 생겨났고 여러 지역에서 무장봉기가 잇따랐다.

　민심이 걷잡을 수 없이 악화되자 니콜라이 2세도 당황했다. 내무부 장관이었던 알렉산드르 불리긴은 뭔가 대책이 필요하다고 판단했다. 그는 황제 앞에 나아가 입헌군주제 시행 등과 같은 획기적인

암살의 역사

조치가 나와야 한다고 주장했다. 그렇지 않으면 왕조의 앞날을 장담할 수 없다고 경고했다. 니콜라이 2세도 어느 정도 공감해 '두마'(의회)를 설치했고, 형식적으로나마 국민들의 자유와 권리를 보장하는 헌법을 제정했다. '10월 선언'이었다. 입헌군주제라는 새로운 체제 하에서 비교적 장기간 총리를 맡은 '표트르 스톨리핀'은 토지제도를 근대적으로 개혁했고 국가 재정도 다소 안정시켰다. 또한 동시다발적으로 발생하는 혁명 운동을 가혹하게 탄압했다. 이때 수많은 혁명가들이 총살되거나 시베리아로 유배를 떠났다. 스톨리핀의 활약으로 러시아 제국은 안정화되는 듯했다. 그러나 잠시 뿐이었다. 한 기괴한 인물의 등장으로 러시아는 다시 나락의 길로 빠져들었다.

변방 난봉꾼에서 비선 실세로

라스푸틴은 1869년 시베리아의 한 작은 마을에서 태어났다. 그는 어릴 때 학교는 다녔지만 학업에 뜻이 없어 글도 깨치지 못한 문맹이었다. 품성도 온전하지 못했다. 생활 형편이 여의치 않아 낮에는 농사일을 했고 밤만 되면 술과 여자에 빠져 방탕한 생활을 했다. 술에 취해 주변 남자들과 주먹질을 하는 경우도 허다했다. 마을 소녀들을 서슴없이 성추행 하기도 했으며 남의 물건을 훔치다 적발되기도 했다. 결혼을 했음에도 악행들은 그칠 줄 몰랐다. 그러던 어느 날, 라스푸틴의 삶에 큰 변화가 찾아왔다. 그는 값비싼 말을 훔치다 적발돼 마을에서 쫓겨나게 됐다. 이후 시베리아를 벗어나 15년 간 국내외를 떠돌았다. 일종의 '순례길'에 오르면서 이전과는 다른 삶을 살게 되는 계기가 마련됐다. 이때 라스푸틴은 영적 스승들을 만나 영적 깨달음을 얻었고 과거 삶의 방식을 완전히 청산했다고 한다. 그러면서 자칭 '성자'의 삶을 살기로 결심했다. 라스푸틴에게 영향을 끼쳤던 종파는 '흘리스트'였다. 이는 정식 종파는 아니었다. 17세기말부터 20세기 초까지 존재했던 지하 이단 종파였다. 가장 비밀스럽고 악질적인 종파로 소문이 나 있었다. (일부러 죄를 짓게 하고 그 죄를 사함으로써 천국에 도달할 수 있다는 이상한 교리를 갖고 있었다.)

시간이 갈수록 라스푸틴은 스스로를 신과 교감하는 특별한 존재로 여겼다. 일반인들은 꿈도 꾸지 못할 신비한 능력을 얻었다고 확신했다. 이를 기반으로 라스푸틴이 본격적으로 명성을 떨치게 된 것은 카잔에 있는 러시아 정교회 수도승이 된 이후부터다. 그는 치유와 예지 능력 등을 잇따라 선보이며 각 지역 귀부인들과 평민들에게 큰 관심을 받았던 것으로 전해진다. 관심을 보인 사람들 중에는 추후 라스푸틴을 '알렉산드라' 황후에게 소개하는 황족들도 있었다. 그런데 라스푸틴이 정말로 치유와 예지 능력을 보유하고 있었는지는 명확하지 않다. 일각에서는 앞에 있는 대상을 직관적으로 잘 판단, 듣고 싶은 말을 들려주고 위로를 하는 능력이 탁월했던 게 효과를 봤다는 주장도 있다. 여하튼 라스푸틴의 높아진 명성으로 인해 더 넓은 세계로 나아갈 수 있는 길이 열렸다. 카잔 대주교가 라스푸틴을 수도인 상트페테르부르크로 보내기 위해 추천서까지 작성했다. 대주교는 라스푸틴을 "의심할 여지가 없는 통찰력과 영적 지혜를 가진 영적 스승"이라고 추켜세웠다. 라스푸틴이 수도로 오자 수많은 귀부인들이 주변으로 몰려들었다. 이때도 그는 한 병든 귀부인을 치유하는 기적을 선보였다고 한다.

라스푸틴의 명성은 황후의 귀에까지 들어갔다. 이 시기에 니콜라이 2세와 알렉산드라 황후는 근심이 가득했다. 어렵게 낳은 아들인 알렉세이 황태자가 '혈우병'에 걸렸기 때문이다. 혈우병은 혈액 응고 인자가 없어서 몸 내외부에서 계속 출혈이 발생하는 병이었다. 알렉세이가 유일한 후계자였던 만큼 하루빨리 병을 낫게 해야만 했다. 하지만 그 어떤 의사가 와도 병을 고칠 수 없었고 되레 악화될 뿐이었다. 의사들이 할 수 있는 처방이라곤 오직 진통제 투여밖에 없었다. 이런 상황에서 라스푸틴이 구원투수로 전격 기용됐다. 당초 황제 부부는 크게 기대를 하지 않았던 것으로 보인다. 그런데 믿기 힘든 일이 발생했다. 라스푸틴이 황태자의 병을 호전시킨 것이다. 아직까지도 그의 치유법이 정확히 무엇이었는지 밝혀지지 않았다. 진통제의 일종인 '아스피린' 투여를 중단시키고 시종일관 마음의 안정을 준 점이 예상치 못한 효과를 발휘했다는 주장이 설득력 있게 제기된다. (아스피린은 진통 효과는 있지만 혈액 응고를 저해하는 측면이 있다.) 황태자 혈우병 치유를 계기로 라스푸틴의 인생은 엄청난 상승 곡선을 타게 된다.

심화하는 국정 농단
황제 부부는 말 그대로 라스푸틴 신봉자가 됐다. 특히 황후가 극성이었다. 그동안 그녀는 내성적인 성격 탓에 사교계에 녹아들지 못했었고 하나뿐인 아들마저 심각한 병을 얻어 우울증이 심한 상태였다. 그런데 '구세주'가 혜성처럼 등장했으니 뛸 듯이 기뻤을 법하다. 황제 부부와 더불어 공주들도 라스푸틴을 신처럼 떠받들었다. 이후 라스푸틴은 수시로 황실을 드나들며 '비선 실세'로 거듭났다. 수도승에서 벗어나 유력한 권력자가 된 것이다. 그는 러시아 제국의 내정과 외교 등에 노골적으로 관여하기 시작했다. 니콜라이 2세가 주요 정책 결정을 할 때 반드시 라스푸틴의 입김이 작용했다. 니콜라이 2세 자체가 라스푸틴을 신뢰한 측면도 있었지만, 무엇보다 황후가 황제에게 끊임없이 라스푸틴을 신뢰하고 자문을 구하라고 강요했다. 황후는 황제에게 다음과 같은 편지를 보내기도 했다. "우리의 벗(라스푸틴)을 믿고 그분의 말씀에 귀를 기울이세요. 그분의 마음속에는 언제나 러시아가 들어있어요. 그분께 모든 걸 맡기고 그분의 인도를 받으세요. 그분의 말씀을 따르지 않으면 황실과 러시아가 위험에 처할 거예요."

라스푸틴은 주요 직책에 사람들을 임명하고 파면하는 권한도 아무렇지 않게 행사했다. 임면의 기준은 매우 간단했다. 자신의 말을 잘 듣는 사람만 고위직에 올렸고 그렇지 않은 사람은 내쫓았다. 심지어 총리도 예외가 될 수 없었다. 라스푸틴 주변으로 권력에 줄을 서보려는 아첨꾼들이 모여들었다. 덩달아 수많은 뇌물들이 그의 집에 쌓여갔다. 라스푸틴의 국정 농단은 1914년 '제1차 세계대전'이 발발한 후 더욱 극심해졌다. 니콜라이 2세는 불리한 전황을 만회하기 위해 직접 동부전선으로 갔다. 이때도 라스푸틴의 입김이 작용한 것으로 보인다. 하지만 결코 좋은 모습이 아니었다. 국내 상황이 심상치 않은 가운데 황제가 갑자기 수도를 비운다는 것은 상황을 더욱 악화시킬 가능성이 높았다. 그리고 러시아의 내정이 사실상 황후, 곧 그녀의 배후에 있는 라스푸틴의 손아귀에 완전히 떨어진다는 것을 의미했다. 실제로 이 시기에 라스푸틴이 국정운영을 한 것이나 다름없었다. 말이 안 되는 상황이었지만 황후는 그를 맹목적으로 추종했다. 이러한 상황에 큰 문제의식을 가졌던 일부 대신들은 라스푸틴에 의해 속절없이 쫓겨났다.

극도로 기고만장해진 라스푸틴은 문란한 성생활도 서슴지 않았다. 화려한 언변과 권력, 신비주의 등으로 중무장한 그에게 넘어가지 않는 여성은 거의 없었다. (라스푸틴의 특정 신체 부위에 매력을 느낀 여성들도 많았다고 한다.) 주로 귀부인들이 성적 대상이었다. 라스푸틴은 이들을 '꼬마 아가씨들'이라고 불렀다. 나아가 황후와 공주들까지 라스푸틴의 성적 대상이 됐다는 추문도 잇따랐다. 이를 촉발시킨 것은 황후가 라스푸틴에게 보낸 다음과 같은 편지 내용이다. "내가 바라는 것은 단 하나, 당신의 어깨에 기대어 잠드는 거예요. 나는 당신을 사랑하고 믿어요. 당신을 곧 만날 수 있는 기쁨을 허락해 주세요. 당신에게 따뜻한 키스를 보내요. 나는 당신 앞에서 한갓 어린 아이에 불과하답니다." 악화되는 민생과 소모적인 전쟁 등으로 이미 지칠 대로 지친 러시아 국민들은 라스푸틴의 국정농단과 성추문에 크게 분노했다. 라스푸틴을 '사악한 괴승', 독일 출신 황후를 '독일에서 보낸 스파이'라고 일컬었으며, 하루빨리 저들을 잡아 죽여야 한다는 목소리가 봇물처럼 터져 나왔다. 러시아 언론들도 일제히 비판 기사를 쏟아냈다. 로마노프 왕조의 비정상적인 상황을 풍자하는 그림들도 넘쳐났다. 민심은 그 어느 때보다 악화됐고 이틈을 타 혁명가들의 활동은 더욱 거세졌다. 그럼에도 라스푸틴과 황후는 이에 아랑곳하지 않았으며 니콜라이 2세 역시 상황 개선은커녕 수수방관할 뿐이었다.

극적인 죽음

황족들 사이에서 위기감이 고조됐다. 이대로 가다간 로마노프 왕조와 자신들의 운명을 장담할 수 없다고 느꼈다. (황족들은 여러 번 황제 부부를 찾아가 라스푸틴 축출을 건의했지만 전혀 먹혀들지 않았다.) 이 가운데 가장 큰 위기감을 가졌던 사람은 '펠릭스 유수포프' 공작이었다. 그는 모든 문제의 근원이 라스푸틴에게 있으며 이를 반드시 제거해야 왕조가 존속할 수 있다고 판단했다. 그런데 일각에선 다른 동기도 있었던 것으로 전해진다. 라스푸틴이 유수포프의 아내인 이리나 공주에게 접근한 것에 유수포프가 분노했다는 것이다. 이리나는 매력적인 외모의 소유자였다. 또한 라스푸틴이 잘생긴 유수포프에게 "당신은 게이 아닌가?"라며 여러 번 조롱한 것에 원한을 품었다는 이야기도 있다. 다양한 동기들이 중첩돼 유수포프를 행동하게 만들었다. 그는 자신과 뜻을 같이하는 황족 및 귀족들을 모아 라스푸틴 암살을 획책했다. 우선 일종의 명분 쌓기 차원에서 라스푸틴이 참석하지 않은 궐석재판을 열어 일방적으로 사형을 선고했다. 죄목은 러시아 제국에 셀 수 없는 해악을 끼쳤다는 것이었다.

암살의 역사

그런 다음 유수포프 등은 라스푸틴에게 초대장을 보냈다. 큰 파티를 열 예정인데 여기서 함께 즐기자고 했다. 라스푸틴이 이를 마다할 리가 없었다. 유수포프 등은 바로 이 자리에서 그를 암살하기 위해 사전 준비를 했다. 맹독성인 청산가리가 담긴 케이크와 와인을 마련했다. 만약을 대비해 권총도 장착했다. 1916년 12월 30일, 라스푸틴은 별다른 의심 없이 초대된 장소로 갔다. 그가 오자 유수포프와 황족들은 열렬히 환영하며 음식과 술을 권했다. 라스푸틴은 진심인 줄 알고 매우 흡족해했다. 잠시 뒤 청산가리가 든 케이크와 와인도 건네졌다. 라스푸틴은 이것을 한입에 먹고 마셨다. 유수포프 등은 회심의 미소를 지으며 라스푸틴이 곧 죽기만을 기다렸다. 그런데 이상한 일이 벌어졌다. 먹고 나자마자 피를 토하며 죽어야 할 라스푸틴이 멀쩡했다. 오히려 노래를 부르며 흥겨워했다. 이러한 상황이 2시간이나 지속됐다. 유수포프와 황족들은 크게 당황할 수밖에 없었다. 공포감마저 밀려왔다. 마침내 유수포프가 권총을 빼들었다. 그는 라스푸틴의 가슴을 향해 총탄을 발사했고 저격당한 라스푸틴은 쓰러졌다. 유수포프 등은 라스푸틴이 죽었다고 확신하며 자리를 벗어났다. 다른 장소로 이동하던 도중 유수포프는 외투를 파티장에 놔두고 온 것을 깨닫고 다시 돌아갔다.

또다시 믿기 힘든 상황이 벌어졌다. 죽은 줄 알았던 라스푸틴이 살아있었다. 그는 유수포프를 보자 비명을 지르며 달려들었고 목을 조르려 했다. 마침 파티장에 들어온 다른 황족이 라스푸틴에게 총탄을 발사했다. 기묘한 일의 연속이었다. 추가적인 저격을 당했음에도 불구하고 라스푸틴은 죽지 않았다. 그는 파티장 밖으로 필사의 도주를 감행했다. 도주하면서 "황후에게 너희들의 만행을 다 일러바칠 것이다"라고 소리쳤다. 유수포프 등은 재빨리 뒤쫓아 라스푸틴을 사로잡았고 곤봉과 쇠사슬 등으로 무자비하게 구타했다. 라스푸틴의 생명력은 정말 끈질겼다. 구타 후에도 숨통이 끊어지지 않았다. 유수포프 등은 최후의 방법으로 라스푸틴의 이마 한가운데에 총탄을 발사했다. 그제야 라스푸틴이 잠잠해졌다. 유수포프 등은 여전히 안심할 수 없었다. 이에 라스푸틴의 손과 발을 꽁꽁 묶어 차디찬 네바 강 아래로 던져버렸다. 시대의 괴승 라스푸틴은 이렇게 비참한 최후를 맞았다. 추후 라스푸틴의 얼어붙은 시체가 강물 위로 떠올랐고 신체의 특정 부위는 사라져 있었다. 네바 강 얼음 밑에 라스푸틴의 손톱자국이 남아있었다는 이야기도 전해진다.

한편 라스푸틴이 청산가리가 담긴 음식들을 먹었음에도 죽지 않은 것과 관련, 여러 가지 추정들이 나온다. 한편에서는 라스푸틴이 변질된 청산가리를 섭취한 것으로 추정한다. 완전히 밀봉하지 않은 채 장기간 보관한 청산가리는 변질돼 독성이 떨어진다고 한다. 또한 유수포프 등이 치사량에 해당할 정도의 청산가리를 담지 않았다는 추정도 있다. 과거 비슷한 경험을 해본 적이 없는 만큼 치사량을 정확히 몰랐을 수도 있다는 것이다. 라스푸틴이 청산가리가 담겨있지 않은 부분만을 골라 먹었다는 추정도 제기된다. 결과적으로 유수포프 등이 허술했거나 라스푸틴에게 잠시 천운이 따랐던 것으로 보인다. (당시 부검 기록 등에 따르면 라스푸틴의 위 속에 독으로 여겨지는 물질은 없었다고 한다.) 초기 권총을 통한 암살의 실패는 유수포프 등의 사격 실력이 워낙 형편없었기 때문이라는 추정이 있다.

로마노프 왕조의 몰락

라스푸틴이 죽은 후 황제 부부는 큰 슬픔에 빠졌다. 황후는 한동안 바깥에 나오지 않았고 사람도 만나지 않은 것으로 전해진다. 이 와중에 국정은 끝없이 표류했고 소모적인 전쟁은 계속됐으며 민생은 걷잡을 수 없이 악화됐다. 잠복해 있던 핵폭탄이 터질 일만 남았다. 결국 거대한 '혁명'의 불길이 일었다. 1917년 2월 23일, 페트로그라드(구 상트페테르부르크) 시민들과 노동자들이 대거 거리로 쏟아져 나와 '니콜라이 2세 퇴진 및 전쟁 종결'을 요구했다. '2월 혁명'이었다. 로마노프 왕조를 상징하는 기념비와 교회의 종 등이 파괴되는 사건도 발생했다. 이전에 볼 수 없었던 극심한 혼란으로 수도는 아수라장이 됐다. 니콜라이 2세는 군중들에게 발포하라고 명했다. 그러나 군인들은 해당 명령을 거부하며 공중에 총을 쐈다. 심지어 발포하라며 채찍을 휘두르는 장교를 사살하고 시위에 합류하기도 했다. 상황이 급격히 불리하게 돌아가자 로마노프 왕조 편에 있었던 관료들도 속속 돌아섰다.

대세가 기운 것을 확인한 두마 임시위원회는 니콜라이 2세 앞에 나아가 더 이상 전제정을 유지하기 어려우며 황제는 퇴진해야 한다고 주장했다. 니콜라이 2세는 처음에는 거부했다. 하지만 러시아의 내분이 극심해져 국가 자체가 무너질 수 있다는 경고를 받은 뒤 퇴진하기로 결심했다. (니콜라이 2세는 퇴진은 하되 막냇동생에게 제위를 넘겨 제정을 연장하려 했다. 그 모든 시도는 좌절됐다.) 이후 '알렉산드르 케렌스키' 등이 중심이 된 '러시아 연방 임시정부'가 수립됐고 로마노프 왕조는 역사의 뒤안길로 사라졌다. 임시정부는 국민들의 의사와는 무관하게 황가를 보호하기로 약속했다. 그러면서 우랄 산맥 근처에 있는 토볼스크에 거처를 마련해 줬다. 또한 황가를 영국으로 망명시키는 방안도 검토했다. 영국 정부도 긍정적이었다. 그러나 일부 남작들이 나서서 "부정적인 평가를 받는 러시아 황가를 데려오면 영국에서 군주제 폐지 운동이 일어날 수 있다"라고 경고했다. 니콜라이 2세 역시 망명 생각이 없었기에 해당 방안은 폐기됐다.

시간이 갈수록 임시정부에 대한 국민들의 원성은 높아졌다. 우선 지은 죄가 많은 황가를 지나치게 보호한다는 비판이 잇따랐다. 민생을 제대로 챙기지도 못했으며 독일과의 전쟁에서도 크게 실패했다. 이쯤 되자 레닌이 이끄는 '볼셰비키'당이 대안으로 급부상했다. 사회적 부를 평등하게 분배해야 한다는 기조와 조속한 전쟁 종결 주장 등이 민심을 사로잡았다. 이들은 기회를 놓치지 않았다. 임시정부가 약화된 틈을 타 적위대를 동원해 임시정부를 공격했다. 당시 군부도 임시정부에 등을 돌렸기 때문에 적위대에 맞설 수 있는 임시정부 측 병력은 거의 없었다. 결국 10월 25일 레닌과 볼셰비키는 무혈혁명으로 임시정부를 전복시키고 권력을 장악했다. '10월 혁명'이었다. 볼셰비키의 집권은 황가에겐 돌이킬 수 없는 비극이었다. 임시정부와 달리 볼셰비키는 황가를 보호는커녕 처단할 것

암살의 역사

이 분명했다. 이들은 황가에 대한 지원금과 주변에서 모시는 사람들을 대폭 줄였다. 한때 거대한 제국의 황제였던 사람은 직접 논밭에 나가 생계를 꾸려야만 했다. 이 당시 발생한 '러시아 내전'은 황가를 더욱 곤경에 빠뜨렸다. 볼셰비키의 적군과 이에 반대하는 반혁명군(백군) 및 영국, 미국 등 외국군이 러시아 전역에서 치열한 전투를 벌였다. 볼셰비키는 황가가 반혁명군에게 구출될 것을 우려해 여기저기 이동시켰다. 이런 가운데 볼셰비키 내부에서는 황가가 구출돼 반혁명 세력의 구심점이 되는 것을 차단하기 위해서라도 황가를 몰살시켜야 한다는 주장이 대두했다. (원래는 국가가 안정된 후 황가를 법정에 세워 사형에 처할 계획이었다.)

1918년 7월 16일 새벽, 황가에게 비극적인 최후가 닥쳤다. 볼셰비키 산하 보안 조직인 체카의 요원들이 자고 있는 황가를 깨웠다. 이들은 니콜라이 2세 등을 지하실로 끌고 간 뒤 구석에 몰아세웠다. 니콜라이 2세와 황후, 황태자, 공주들은 영문도 모른 채 겁에 질렸다. 체카 요원들은 무심하게 다음과 같이 말했다. "반혁명 세력이 당신들을 구출하려다 실패했다. 우랄 노동자 소비에트는 당신들에게 사형을 선고했다." 이 말이 끝나자마자 체카 요원들은 황가에게 무차별 사격을 가했다. 니콜라이 2세는 체카 요원의 말을 제대로 인지하지도 못한 채 머리에 총탄을 맞고 즉사했다. 황후, 황태자, 공주들도 온몸에 총상을 입고 처참하게 사망했다. (한 공주는 몸에 두른 장신구가 총탄을 튕겨내 잠시 살아있었다. 체카 요원들이 개머리판과 삽자루 등으로 공주 머리를 마구잡이로 구타해 죽였다.) 볼셰비키 정부는 황제가 반혁명 세력과 내통한 죄목으로 처형됐다고 밝혔다. 다만 황가가 몰살된 사실은 밝히지 않았다. 최종적으로 황가 몰살을 명령한 인물이 누구인지는 역사가들 사이에서 의견이 엇갈린다. 개인적으로는 레닌일 가능성이 높다고 판단된다. 황가가 몰살됨으로써 로마노프 왕조의 명맥은 완전히 끊겼다. 뒤이어 러시아에는 인류 최초의 사회주의 국가인 소비에트 사회주의 연방공화국이 수립됐다.

여담으로 라스푸틴은 다음과 같은 편지를 통해 자신과 로마노프 왕조의 운명을 예언했다고 한다. "나는 내년 1월 1일까지 살기 어려울 것 같습니다. 만약 내가 내 형제와도 같은 러시아 국민들의 손에 죽게 된다면 러시아 황제는 아무것도 두려워할 것이 없습니다. 왕조는 앞으로도 수백 년을 더 지속할 것입니다. 그러나 만약 내가 특권층, 황족이나 귀족들의 손에 죽어 그들이 내 피를 솟구치게 만든다면 그들의 손은 앞으로 25년 간 피에 젖은 상태로 유지될 것입니다. 그들은 러시아를 떠날 것이며 25년 간 형제들은 서로 죽이고 미워하게 될 것입니다. 끝내 러시아에 황족이나 귀족이 한 사람도 남지 않게 될 것입니다. 러시아의 황제여, 만약 당신의 일족 중 누구라도 내 죽음에 연루된다면 2년 내로 당신의 가족은 모두 살아남지 못할 것입니다. 그들은 모두 러시아 민중들에게 죽임을 당할 것입니다."

암살의 역사

14

트로츠키 암살

스탈린에게 패배한 비운의 혁명가

반 스탈린 투쟁과 비극적 최후 전말

트로츠키의 명저 '배반당한 혁명'. 그는 스탈린 치하 소련의 관료제와 개인숭배를
신랄하게 비판했다. 그러다가 스탈린이 보낸 암살자에게 죽임을 당했다.

"암살 당일, 트로츠키와 메르카데르는 여느 때처럼 친근하게 이야기를 나눴다. 이야기를 마친 후 트로츠키는 책상에 앉아 신문 기사를 읽었다. 그런데 메르카데르는 밖으로 나가지 않고 트로츠키 뒤로 몰래 다가갔다. 그의 한 손에는 뾰족한 '등산용 피켈'이 있었다. 암살의 그림자가 짙게 드리워졌음에도 트로츠키는 아무것도 인지하지 못한 채 자신의 일에만 열중했다."

'소련'을 대표하는 정치인으로 누가 떠오르는지 물어보면 대부분의 사람들은 '이오시프 스탈린'이라고 답한다. 그가 소련의 공업화를 추진했고 무수한 사람들을 숙청했으며 제2차 세계대전에서 승리한 뒤 냉전 시대와 6.25 전쟁의 서막을 열었다는 사실을 알 만한 사람들은 다 안다. 그만큼 스탈린은 각종 매체들을 통해 잘 알려져 있다. 하지만 스탈린의 최대 정적이었던 사람, 어쩌면 소련의 건국자인 '블라디미르 레닌'의 공식 후계자로서 스탈린 대신 소련을 통치할 수도 있었던 사람은 제대로 알지 못한다. 바로 '레온 트로츠키'다. 트로츠키는 '볼셰비키 혁명' 과정에서 두드러진 활약을 펼치며 일약 거물로 급부상했다. 명석한 두뇌와 화려한 언변, 카리스마 등으로 조직과 선동, 이론 분야 등에서 탁월한 성과를 거뒀다. 심지어 문외한일 줄 알았던 군사 전략 분야에서도 눈부신 활약을 선보였다. 기실 볼셰비키가 권력을 장악하고 소련을 건국하는 데 있어 트로츠키의 공로가 지대했다. 이에 수많은 소련 국민들은 트로츠키를 레닌의 뒤를 이을 지도자로 여겼다. 일각에선 그를 레닌과 동등한 반열에 올리며 추앙하는 사람들도 나타났다. 애당초 스탈린은 트로츠키의 상대가 되지 못할 것처럼 보였다.

　그러나 최후의 승자는 스탈린이었다. 트로츠키는 다방면으로 뛰어났지만 상대방이 불쾌감을 가질 만큼 교만한 게 문제였다. 다가가기 어려웠기에 주변에서 뒷받침을 해줄 만한 탄탄한 세력이 형성되지 못했다. 반면 스탈린은 내면의 잔인함과 폭력성을 철저히 감춘 채 겸손함과 성실함 등으로 측근 세력을 형성해 나갔다. 그는 레닌이 죽은 후 본격적으로 발톱을 드러내며 권력의 중심으로 나아갔다. 지지 기반이 취약했던 트로츠키는 중요한 국면마다 스탈린에게 밀리면서 빠르게 무너졌다. 결국 권력 투쟁에서 패배한 트로츠키는 소련에서 추방돼 해외를 떠돌아다니는 신세가 됐다. 다만 정치적으로 완전히 사망한 것은 아니었다. 집필과 강연 등을 통해 '반스탈린 투쟁'을 지속적으로 전개하며 건재를 과시했다. 비판의 핵심은 스탈린 치하의 소련이 정통 마르크스주의에서 벗어나 관료제, 개인숭배, 공포정치 국가로 변질됐다는 것이다. 즉 "혁명이 배반당했다"라고 주장했다. 이는 스탈린에게 커다란 위협이었다. 트로츠키를 중심으로 국제적인 반 스탈린 연대가 결성될 가능성도 배제할 수 없었다.

　스탈린이 끊임없이 트로츠키 암살을 획책한 것은 당연한 수순이었다. 트로츠키는 암살 시도가 있을 때마다 가까스로 살아남았지만, 끝까지 피하지는 못했다. 스탈린의 지령을 받은 암살자는 트로츠키가 조금도 의심하지 않을 정도로 친밀하게 접근했다. 그런 다음 때가 왔을 때 매우 잔인하고 무심하게 암살을 결행했다. 트로츠키 암살은 대숙청의 완결판이자 반 스탈린 세력의 종말을 의미하는 것이었다. 아울러 기형적인 스탈린 독재 체제를 더욱 공고화시켰다. 역사에 가정이란 존재하지 않지만, 만약 스탈린이 아닌 트로츠키가 소련의 권력을 장악했다면 어땠을까. 트로츠키가 실천적인 부분 등에 있어 스탈린과 유사했다는 평가도 있지만 개인적으론 스탈린 시대와는 적지 않게 달랐을 것으로 추정된다. 개인숭배 등 기형적 요소가 배제되고 마르크스적 사회주의 전통에 충실한 국가가 만들어졌을 가능성이 높다고 생각한다. '스탈린에게 패배한 비운의 혁명가', 트로츠키의 반 스탈린 투쟁과 암살 전말을 되돌아봤다.

고조되는 혁명의 열기

러시아의 자본주의는 19세기 중반 이후부터 발달했다. 대규모 공장제 공업과 중공업 분야 등에서 이전 대비 눈에 띄는 발달상을 보였다. 그러면서 도시 노동자들의 숫자도 크게 증가해 수백만 명에 달했다. 하지만 노동자들의 삶은 비참했다. 매우 적은 임금을 받으며 극한의 노동에 시달렸다. 복지 혜택은 조금도 누릴 수 없었고 작은 실수로도 무거운 징벌을 받았다. 약자인 노동자들은 최소한의 존엄과 권리를 지켜야 할 필요성을 절감했다. 이에 노동자들끼리 연대해 오늘날의 노동조합과 같은 단체를 만들었다. 척박한 노동 환경에 맞서는 만큼 노동자들의 투쟁은 날이 갈수록 격화될 수밖에 없었다. 대표적인 투쟁은 '파업'이다. 특히 1885년 러시아 주에보에서 일어난 섬유노동자 파업은 수만 명이 참가해 충격을 줬다. 러시아 정부는 처음엔 탄압을 했지만, 노동자들의 투쟁이 수그러들지 않자 이들을 보호하는 법안을 만드는 등 타협점을 찾으려 했다. 그러나 정부의 노력에는 한계가 있었고 자본가들(부르주아)은 전혀 달라지지 않았다. 온갖 부정부패와 편법을 일삼으며 노동자들을 힘들게 만들었다. 자연히 노동자들은 자본가들을 증오했다. 나아가 계층구조에서 가장 상층부에 존재하는 로마노프 왕조에 대한 불만도 하늘을 찔렀다. 이런 가운데 러시아 노동자들에게 실낱같은 희망을 선사하는 이념이 등장했다. 바로 '공산주의'다. 이는 사적 소유의 철폐와 생산 수단의 공유화 등을 통해 노동자들의 자가해방을 실현, 마침내 국가와 더불어 지배와 피지배를 나누는 사회적 계급이 소멸된 사회를 추구했다. (공산주의 이론의 창시자인 '카를 마르크스'가 체계화가 될 된 공상적 사회주의와 구별되는 과학적 사회주의를 주창하며 내세운 게 공산주의다. 사회주의의 큰 틀 안에 공산주의도 한 분파로써 존재한다. 레닌은 혁명 이후 노동자들이 자본가와 구 지배세력을 축출하는 '프롤레타리아 독재'를 사회주의 시기라고 불렀다. 이 과도기를 넘어 최종적 단계인 공산주의가 도래한다고 주장했다.) 당초 러시아 지식인들이 적극적으로 수용했고 노동자들에게까지 빠르게 확산됐다. 일순간 충실한 공산주의자로 변모하는 사람들이 많아졌다. 그만큼 획기적이고 매력적인 사상으로 받아들여졌기 때문이다. '카를 마르크스'와 '프리드리히 엥겔스'의 저서들이 번역된 후 널리 보급됐으며 국내외에서 각종 공산주의 관련 조직이 생겨났다. '노동자 해방단', '토치키스 그룹' 등이 대표적이다.

　러시아에서 혁명의 기운이 싹틀 무렵, '니콜라이 2세'가 새로운 황제로 즉위했다. 자유주의자들과 대다수 국민들은 니콜라이 2세가 과감한 개혁 정치를 시행하고 '입헌군주제'를 채택하길 소망했다. 하지만 그러한 바람이 무색하게 새 황제는 아버지인 '알렉산드르 3세'처럼 전제군주제를 강화했다. 사회 곳곳에서 분출하고 있는 개혁 요구와 투쟁 열기를 철저히 외면하고 탄압했다. 이에 수많은 국민들이 들고일어났다. 이때 공산주의자들도 가만히 있지 않았다. 이들은 1895년 '노동자계급 해방투쟁동맹'을 결성해 대대적으로 투쟁했다. '블라디미르 레닌', '율리 마르토프' 등이 주요 구성원으로 참가했다. 또한 1898년 민스크에서 러시아 '사회민주노동당'을 창당하기도 했다. 비록 무력에 의한 강제해산과 레닌 등 주요 구성원들의 투옥이 뒤따랐지만 노동자들의 투쟁 의식과 공산주의의 영향력을 더욱 강성하게 만들었다. 레닌과 마르토프 등은 출소한 뒤 영국 런던으로 망명해 공산주의 신문인 '이스크라'를 창간했다. 이 시기 시베리아 감옥에서 탈출해 망명해 있던 트로츠키도 이스크라의 편집진으로 참여했다. 그는 뛰어난 필력으로 레닌의 신임을 얻었다. 그런데 해산됐다가 다시 결집한 사회민주노동당 당대회에서 혁명노선을 둘러싸고 레닌과 마르토프 간 극심한 대립이 발생했다. 레닌은 오로지 노동자와 농민, 소수 직업혁명가에 의해 혁명이 추진돼야 하며 무장봉기와 프롤레타리아 독재가 반드시 수반돼야 한다고 주장했다. 반면 마르토프는 무장봉기는 절대로 불가하며 노동자, 농민만이 아닌 소 부르주아 등도 포함된 대중적이고 개방적인 모습을 지녀야 한다고 주장했다. 아울러 레닌은 자본주의의 발전 정도와 상관없이 러시아가 사회주의로 이행될 수 있다고 주장했지만, 마르토프는 마르크스주의 이론에 따라 자본주의가 발달한 후에 사회주의 체제가 가능하다고 주장했다. 여기서 레닌을 지지하는 파벌은 '볼셰비키'(다수파), 마르토프를 지지하는 파벌은 '멘셰비키'(소수파)로 나눠졌다. (트로츠키는 중립적 입장에서 '캐스팅보트' 역할을 수행했다. 이를 통해 독자적인 명성을 쌓을 수 있었다.) 두 파벌은 한동안 사회민주노동당 내에서 불편한 동거를 했다. 그러다가 레닌은 1912년 멘셰비키와 완전히 결별하고 볼셰비키당을 만들었다.

한편 러시아에선 연일 노동자들의 파업과 민중 시위가 격화됐다. 상트페테르부르크, 키예프, 하르코프 등 수많은 도시들에서 '전제정 타도'를 외치는 대규모 시위가 발생했다. 남러시아 노동자 총파업에는 무려 20만 명에 달하는 노동자들이 참여했다. 이 시기에 발발한 '러일 전쟁'에 따른 민생 악화는 투쟁의 불에 기름을 얹었다. 그러나 러시아 정부는 유화책은커녕 탄압의 고삐를 강하게 죌 뿐이었다. 이로 인해 '피의 일요일 사건'과 같은 비극이 발생하기도 했다. 국민들은 로마노프 왕조를 아예 부정하고 황제 퇴위를 요구하기 시작했다. 악순환의 연속이었다. 니콜라이 2세는 상황 개선의 필요성을 절감했다. 유화책을 주장하는 측근들의 권유를 받아들여 '10월 선언'을 발표했다. 두마(국회) 설립, 헌법 제정, 각종 자유 및 인권 보장 등이 담겼다. 뒤이어 러시아는 전제군주가 두마와 국가평의회의 협조를 얻어 입법권을 행사하는 입헌군주제를 채택했다. (다만 황제가 두마 해산권 등 여전히 막강한 권력을 보유했다.) 한동안 '표트르 스톨리핀'이라는 유능한 총리가 전면에 나서서 국정을 안정시키는 듯했다. 하지만 얼마 안 가 암살당했다. 이후 괴승인 '라스푸틴'이 등장해 국정농단을 일삼았고 '제1차 세계대전'까지 발발하면서 러시아는 다시 대혼돈의 늪에 빠졌다. 라스푸틴의 국정농단은 갈수록 심각해져 황실에 대한 국민들의 신뢰는 바닥에 떨어졌다. 러시아군은 전쟁에서 독일군에 연전연패했다. 더욱이 전쟁이 장기간 지속되면서 물가 상승 등 민생 파탄이 초래됐다.

사회 곳곳에서 파업과 시위가 들불처럼 일어났다. 이전보다 훨씬 큰 규모로 진행됐는데 노동자 100만 명 이상이 참가한 경우도 있었다. 이를 진압해야 할 군대는 매우 소극적인 태도를 보였다. 1917년 초, 러시아 제국의 수도인 페트로그라드(구 상트페테르부르크)는 사실상 '무정부' 상태에 빠졌다. 결정적으로 2월 23일 '세계 여성의 날'을 맞아 비보르크의 방직공업 여성 노동자들이 파업을 일으킨 것을 기점으로, 페트로그라드 전역에서 총파업이 발생했다. 진압을 명령받은 병사들은 모두 돌아서 버렸다. 이른바 '2월 혁명'으로 인해 로마노프 왕조는 완전히 힘을 잃었다. 이후 공장과 군대 등에서 선출된 대표들이 모여 '페트로그라드 노동자 병사 대표 소비에트'를 결성했다. 러시아 전역에 '노동자 병사 소비에트'도 만들어졌다. (소비에트는 노동자, 농민, 병사의 대표자로 구성된 평의회를 의미한다.) 해당 소비에트는 비교적 온건한 성향의 사회혁명당과 멘셰비키가 다수를 차지했으며 8시간 노동제, 행정조직 구성 등을 시행했다. 대세가 기운 것을 확인한 두마 임시위원회는 마침내 결단을 내렸다. 니콜라이 2세에게 재위를 양위한 후 물러날 것을 요구한 것이다. 니콜라이 2세는 혈우병을 앓고 있는 아들이 아닌 친동생에게 양위하려 했지만 친동생이 이를 거부했다. 결국 니콜라이 2세는 양위를 하지 못한 채 폐위됐고 300년 넘게 존속한 로마노프 왕조는 역사의 뒤안길로 사라졌다.

볼셰비키 혁명

두마 임시위원회와 소비에트의 협정으로 '임시정부'가 수립됐다. 임시정부는 온건 좌파와 자본가, 지주 등 보수파들이 함께 한 일종의 연립정부였다. 러시아 국민들은 전제정이 무너지고 새로운 정부가 들어서면서 삶이 나아질 것이라 기대했다. 그러나 시간이 지나도 삶은 좀처럼 나아지지 않았다. 여전히 민생은 안 좋았으며 소모적인 전쟁도 지속됐다. 특히 임시정부는 전후 세계질서 재편 등을 고려해 전쟁을 끝까지 하려 했다. 임시정부는 국민들의 마음을 제대로 헤아리지 못했고 민생 문제들을 해결할 역량도 부족했다. 국민들은 서서히 임시정부에 등을 돌렸다. 노동자들도 임시정부와는 별개로 자신들만의 정치 기구를 만들어 활동했다. 이런 시기에 두각을 나타낸 것이 레닌과 볼셰비키였다. 이들은 국민들이 바라는 것이 무엇인지 정확히 간파한 후 본격적인 혁명 활동을 전개했다. 특히 레닌은 볼셰비키 집회에서 그 유명한 '4월 테제'를 발표했다. 주요 내용은 제국주의 전쟁 종결과 평화조약 체결, 임시정부 반대, 프롤레타리아와 빈농의 권력 장악, (볼셰비키가 다수인) 소비에트의 권력 확대 및 소비에트 공화국 수립, 지주의 토지 국유화, 생산과 분배 통제 등이었다. 4월 테제는 커다란 파장을 불러일으켰다. 임시정부와 부르주아, 사회혁명당, 멘셰비키 등은 격렬한 비난을 퍼부었고 볼셰비키 일각에서도 우려하는 목소리가 나왔다. 그럼에도 레닌은 꿋꿋이 밀고 나가 볼셰비키 협의회가 4월 테제를 공식입장으로 채택하도록 했다. 아울러 러시아 국민들의 공감과 지지도 얻으면서 세를 불려 나갔다.

7월이 되자 임시정부는 독일군을 겨냥해 대대적인 하계공세를 감행했다. 야심 차게 추진한 하계공세는 참담한 실패로 끝났다. 레닌과 볼셰비키는 이를 강하게 규탄했고 민심 이반은 더욱 극심해졌다. 급기야 페트로그라드 제1기관총 연대의 무장봉기가 발생했다. 이 연대는 볼셰비키와 뜻을 같이 한다고 외치며 다른 부대와 노동자들에게도 무장봉기를 선동했다. 다만 볼셰비키는 현실적으로 권력 획득을 위한 무장봉기가 이르다고 판단, 자제를 촉구했다. 하지만 연대가 계속 무장봉기를 고집하자 볼셰비키는 마지못해 타브리다 궁으로 나아간 뒤 요구 사항들을 전달하자고 했다. 예상대로 임시정부는 이들의 전쟁 중단 요구를 들어주지 않은 것은 물론 무장시위를 하지 말라고 경고했다. 그러면서 다른 부대에 연대의 시위를 진압하라고 명했다. 인기 없는 임시정부를 위해 나서는 부대는 많지 않았다. 오히려 시위대에 합류하는 인원이 점점 늘어나 수십만 명에 육박했다. 유리한 상황이 조성됐지만 볼셰비키는 과감하게 나서지 못했다. 아직 민심이 확고하게 자신들의 편이 아니라고 판단한 볼셰비키는 훗날을 도모하자며 시위대를 설득, 해산시켰다. 이튿날 타 임시정부는 볼셰비키를 탄압했다. 레닌과 그리고리 지노

암살의 역사

비예프, 그리고 볼셰비키 내에서 입지를 넓혀가던 트로츠키 등 주요 인사들이 체포되거나 피신했고 당 기관지 '프라우다' 발행은 금지됐다. 볼셰비키 지도부는 이번 일을 반면교사로 삼아 기회가 왔을 때 적극 행동할 것을 다짐했다. 탄압에도 불구하고 볼셰비키의 인기는 갈수록 높아졌다. 이를 증명하듯 당원들이 기하급수적으로 증가하는 현상이 발생했다.

7월 시위 이후 '알렉산드르 케렌스키'가 임시정부의 새로운 수상이 됐다. 각료들은 서유럽 문화를 동경하며 모방했고 권위에 대한 복종을 내세우며 국민들을 계속 통제했다. 볼셰비키는 무장봉기를 준비했다. 당장은 아니지만 때가 되면 실기하지 않고 과감하게 나설 계획이었다. 이런 와중에 '코르닐로프의 반란'이 일어나 임시정부는 또 한 번 민심을 잃었다. 러시아 장군이었던 코르닐로프는 임시정부를 전복한 뒤 러시아를 과거로 회귀시키려 했다. 독자적으로 반란을 진압할 역량을 갖추지 못한 케렌스키는 볼셰비키에게도 도움을 요청할 정도였다. 이 반란은 천운이 따라줘 의외로 쉽게 진압됐지만 국민들은 임시정부의 무능과 위태로움을 다시 한번 확인했다. 더욱이 민생이 악화될 대로 악화돼 국민들의 마음은 임시정부를 완전히 떠났다. 상황이 불리하게 돌아가자 그간 임시정부에 협조적이었던 사회혁명당과 멘셰비키도 내부 분열에 시달렸다. 전장에서의 '케렌스키 공세'가 실패함에 따라 임시정부의 군부 지배력도 급속히 약화됐다. 볼셰비키가 노리는 무장봉기, 폭력혁명의 때가 목전에 다가오고 있었다. 마침내 레닌은 임시정부가 부르주아들이 대거 참여하는 '공화국 임시의회'를 출범시킬 즈음에 폭력혁명을 일으키기로 결심했다. 그는 "우리가 지금 권력을 잡지 않으면 역사가 우리를 용서하지 않을 것"이라고 외쳤다. 이때 레닌 이외에 적위대를 동원한 폭력혁명을 강하게 주장하고 주도한 사람이 트로츠키였다. 지노비예프와 카메네프는 반대했고 스탈린은 처음엔 반대했다가 레닌의 의중을 파악한 뒤 급히 돌아섰다. 볼셰비키 중앙위원회는 폭력혁명을 통한 권력 장악과 소비에트 정권 수립을 천명했다.

10월 24일, 레닌과 트로츠키의 공격 명령이 하달되자 모든 적위대가 행동을 개시했다. 우선 페트로그라드 중심부를 사방에서 포위했다. 그런 다음 중앙전신국, 전화국, 역 등 주요 기관들을 차례로 점령했다. 아울러 트로츠키의 주도 하에 조직된 군사혁명위원회의 요청으로 발트해 함대가 네바강 하구를 점령했다. 하루도 채 안돼 임시정부의 심장부인 겨울궁전을 제외한 모든 반혁명 세력 거점이 무너졌다. 몇 시간 뒤 겨울궁전마저도 적위대의 손에 떨어지면서 볼셰비키의 '10월 혁명'은 성공적으로 완수됐다. 볼셰비키가 생각보다 쉽게 승리할 수 있었던 이유는 당시 임시정부를 방어하는 병력이 별로 없었기 때문이다. 기껏해야 500명도 안 되는 여군 대대가 전부였다. 이마저도 적위대가 돌격하자 바로 항복했다. 이미 민심을 크게 잃고 붕괴 조짐이 보였던 임시정부에 충성할 병력은 극히 드물었다. 혁명 사령부라 할 수 있는 '스몰니 학원'에서 개최된 전 러시아 소비에트 대회에서 임시정부가 타도되고 모든 권력을 소비에트가 장악했음을 선포했다. 전쟁 종결을 위한 강화조약 체결과 토지의 무상몰수 무상분배도 약속됐다. 뒤이어 세계 최초의 사회주의 정부라 할 수 있는 '인민위원회'가 창설됐다. 레닌이 인민위원장, 트로츠키는 외무인민위원, 스탈린은 민족인민위원을 각각 맡았다. 인민위원회는 사회혁명당, 멘셰비키 등 다른 좌파정당은 모두 배제한 채 오로지 볼셰비키만으로 구성됐다. 이들은 사회혁명당이 제1당으로 존재했던 두마를 해산시켰고 '브레스트-리토프스크 조약'을 통해 독일과의 전쟁을 종결지었다. 인민위원회 산하에 '최고인민경제회의'를 만들어 공산주의적 경제 개조에 착수했으며 지주의 토지 몰수, 신분 호칭의 완전 폐지, 8시간 노동제 확립, 노동조건 개선, 교육 및 의료서비스 무료 제공 등을 시행했다.

권력 투쟁

트로츠키의 명성은 볼셰비키 혁명을 거치며 더욱 드높아졌다. 상술했듯 레닌과 더불어 무장봉기를 주도해 성공시켰기 때문이다. 혁명 이후에도 트로츠키는 한동안 승승장구했다. 특히 볼셰비키에 반대하는 세력들이 대거 들고일어난 '러시아 내전' 때 그의 활약이 빛났다. 군사혁명위원회 위원장이자 국방장관까지 겸임한 트로츠키는 위기의식을 갖고 징병제를 도입함과 더불어 적위대를 체계를 갖춘 '붉은 군대'로 개편했다. 뒤이어 러시아 제국군 장교들에게 '군사전문가'라는 타이틀을 붙인 후 붉은 군대 지휘관으로 대거 편입시켰다. 불온한 생각을 갖고 있다고 의심되는 장교들을 감시하기 위해 '정치장교' 제도를 도입하는 치밀함도 잊지 않았다. 일련의 과정들을 통해 붉은 군대의 전력은 크게 향상됐다. 트로츠키는 전술적 측면에서도 뛰어났다. 가령 철도 장악을 기반으로 한 효과적인 보급 등으로 불리했던 전세를 일순간 역전시켰다. 이에 볼셰비키는 외국군까지 참전한 러시아 내전에서 최종 승리를 거둘 수 있었다. 다만 트로츠키는 군대를 운용하는 수단으로써 '공포'와 '폭력'을 적극 도입해 비판을 받았다. 탈주병이나 의심스러운 장교 등을 적절한 재판 없이 즉결처형하는 경우가 다반사였다. 붉은 군대의 잔혹한 전통은 스탈린이 아닌 트로츠키 때부터 시작된 것이었다. 트로츠키는 사회 곳곳에서 발생하는 반란을 성공적으로 진압하기도 했다. 볼셰비키 정부가 전시공산주의 체제의 일환으로써 농촌 수확물들을 대거 공출해 가자 농촌에서 반란이 일어났다. 또한 크론슈타트 기지에서 해군 수병들이 반란을 일으켰다. 이때 트로츠키가 전면에 나서서 신속하게 반란을 진압했다.

트로츠키는 정치적으로도 독보적 입지를 가졌다. 세력이 큰 건 아니었지만 독자적인 소규모 파벌을 거느렸고 '트로츠키주의'라는 말도 공공연하게 거론됐다. 일각에선 그를 혁명의 최고 지도자인 레닌과 동급 내지는 그 이상으로 보는 시각도 있었다. 그만큼 트로츠키의 명석함과 천재성이 인정을 받았다는 의미였다. 하지만 잘나가던 트로츠키가 내리막길을 걷게 된 계기는 1922년 레닌이 쓰러지면서부터다. 당시 소규모 사업 및 자유 소매업을 허가하고 외국의 선진 기업들을 초청해 투자를 장려하는 '신경제정책'(NEP)을 의욕적으로 추진하고 있던 레닌은 과거 사회혁명당원의 암살 미수 후유증과 누적된 피로로 인한 뇌일혈로 쓰러졌다. 당연히 권력의 중심에서 내려올 수밖에 없었다. 갑자기 레닌의 뒤를 이을 후계자 논의가 화두로 떠올랐다. 세간에서 후계자로 거론되는 인물은 대표적으로 두 명이 있었다. 한 명은 당내 최고의 엘리트였던 트로츠키, 또 다른 한 명은 소련 공산당 중앙위원회 초대 서기장인 스탈린이었다. (1922년 '소비에트 사회주의 연방공화국'이 건국된 상태였다.) 표면적으로는 트로츠키가 스탈린을 압도할 듯 보였다. 앞서 살펴본 것처럼 다방면에서 두드러진 모습을 나타냈기 때문이다.

그러나 트로츠키는 내적인 문제로 발목이 잡혔다. 교만한 성품이 부각되면서 당 내에서 폭넓은 지지를 받지 못했던 것이다. 그는 자신의 천재적인 능력을 과신했고 이를 기반으로 수많은 당 내 인사들을 무시하거나 모욕했다. 대표적인 피해자가 소련의 외무장관이 되는 '몰로토프'였다. 그는 트로츠키에게 심한 모욕을 당한 후 "동지, 모든 사람이 당신처럼 천재가 될 순 없다"라고 항변했다. 대부분의 당원들은 교만하고 독선적인 트로츠키가 권력을 잡으면 나폴레옹과 같은 '군사독재자'가 될 것이라고 우려했다. 트로츠키가 남들보다 늦게 볼셰비키에 가담한 점, 레닌의 세력과 별개로 독자적인 세력을 갖추고 있는 점도 문제시됐다. 이에 트로츠키는 자신의 세력을 좀처럼 확장하지 못했고 오히려 축소되는 모습을 보였다. 반면 스탈린은 트로츠키만큼 화려하지는 않았지만 조용하고 겸손하며 묵묵히 자기 할 일에 매진하는 전형적인 관료로 비쳤다. 자연스럽게 당원들의 마음은 트로츠키보단 스탈린에게 기울었다. 여기서 잠시 스탈린의 전력을 살펴볼 필요가 있다. 그는 예전부터 비밀지하 활동과 불법적인 선전 활동 등을 활발히 수행하며 몇 번의 체포와 유형, 탈출을 반복했다. 또한 열정적으로 글을 쓰고 논쟁하고 조직하는 일에도 뛰어들며 주목받기 시작했다. 1912년 스탈린은 당 중앙위원회 위원이 됐으며 레닌의 요청으로 페트로그라드로 옮겨가 '프라우다'를 창간하고 편집인까지 맡았다. 볼셰비키 핵심 지도부에 편입된 것이었다. 이때부터 그는 '스탈린'이란 가명을 사용했다. '강철'을 뜻하는 러시아 이름이었다. (본명은 이오시프 비사리오노비치 주가시빌리.) 러시아 내전 시기에는 '차리친 전투'를 성공적으로 이끌며 레닌의 신임을 확보, 당의 사무총장과 같은 서기장에 취임했다. 이후 스탈린은 주변 사람들을 빠르게 자기편으로 만들고 당 내에서 입지를 강화해 나가면서 현재에 이르렀다.

트로츠키는 정치적 입지가 좁아지는 데에 위기감을 느끼고 반격에 나섰다. 그는 당 중앙위원회에 보낸 공개편지와 연석회의에서 "스탈린이 지노비예프, 카메네프 등과 연합해 자신을 몰아내고 국가를 망치려 한다"라고 주장했다. 스탈린도 맞대응했다. 그는 "트로츠키가 현실을 모르고 정책에 트집을 잡는 분파주의자이며 레닌의 뜻을 거스르는 이단아"라고 주장했다. 대부분의 당 중앙위원회 위원들은 스탈린의 주장이 옳다고 생각했으며 투표를 통해 트로츠키를 분파주의자로 규정했다. 열세에 직면한 트로츠키는 언론 및 저작 출판 활동을 통한 공개 논쟁과 당 중앙위원회 반대 운동 등을 펼치며 만회하려 했다. 그러나 상황은 계속 악화될 뿐이었다. 1924년 중앙위원회 전체회의는 레닌의 뜻을 따라 당의 완전한 단결을 강조하면서 트로츠키를 재차 분파주의자로 지목했다. 그런데 후계자 정국에서 가장 중요한 것은 레닌의 의중이었다. 뇌일혈로 쓰러진 그는 자신의 운명을 직감하고 미리 유언장을 써놓았다. 거기에는 후계자로 거론되는 인물들에 대한 평가가 담겨있었다. 레닌이 수많은 당원들과 달리 스탈린을 크게 경계했다는 것이 특이점이다. 그는 과거 스탈린이 소수민족을 탄압할 때 보여준 폭력성과 권력을 향한 동물적인 야심을 똑똑히 지켜봤다. 이에 유언장에 "스탈린 동지는 너무 성격이 급하고 잔인하다. 나는 그가 자신에게 주어진 권력을 제대로 사용할 수 있을지 의심된다"라고 적었다. 나아가 "스탈린을 서기장직에서 해임하라"라고 지시했다. 스탈린에겐 매우 불리한 내용이었다. 트로츠키에 대해선 "그의 능력은 당 내에서 최고다. 다만 교만하고 독단적인 측면이 강하므로 주변에서 이를 바로잡아줘야 한다"라고 적었다. (이 밖에 부하린, 지노비예프, 카메네프에 대해서도 평가했다.) 사실상 레닌은 후계자로서 트로츠키의 손을 들어준 셈이었다. 스탈린에게는 시종일관 비난만을 하며 쫓아낼 대상으로 규정했지만, 트로츠키는 일부 모난 성품이 있어도 당 내에서 가장 훌륭하며 주변에서 적절히 조력해 주면 괜찮다고 본 것이다. 레닌은 궁극적으로 트로츠키를 중심으로 한 '집단지도체제'를 주문한 것으로 보인다.

만약 레닌이 몇 년만 더 살았다면 스탈린은 당에서 축출됐을 것이 분명하다. 하지만 레닌이 후계자를 '명확히' 지목하지 않은 채 1924년 1월 사망함으로써 스탈린은 간신히 살아남을 수 있었다. 다만 레닌의 유언장이 공개되는 것은 막아야 했다. 정치국원들은 스탈린의 바람대로 유언장을 대중에게 공개하지 않기로 했다. 이런 결정이 나온 데에는 몇 가지 이유가 있었다. 우선 정치국원들은 레닌이 자신들도 비난한 것을 부담스러워했다. 더 중요한 이유는 유언장 공개로 스탈린이 사임할 경우 트로츠키가 권력을 잡게 되는 것을 두려워했다. 이런 상황에서 트로츠키의 행동이 매우 중요했는데 그는 여전히 감을 잡지 못하고 있었다. 레닌 유언장 비공개에 대해서도 별다른 이의를 제기하지 않았고, 스탈린을 포함한 다른 정적들을 여전히 과소평가하며 소극적으로 나왔다. 반면 영악한 스탈린은 레닌의 죽음을 이용해 트로츠키를 또 한 번 난관에 빠뜨렸다. 레닌이 사망할 즈음 트로츠키는 지방 순회 중이었는데 스탈린은 일부러 그에게 장례식 일자를 잘못 알려줬다. 트로츠키의 장례식 불참을 유도한 것이었고 이를 통해 그를 '반레닌주의자'로 몰아가려 했다. 실제로 트로츠키가 레닌 장례식에 불참했을 때, 많은 소련 국민들은 레닌과 트로츠키 사이를 의심하게 됐다. 자연스럽게 트로츠키는 레닌의 후계자와는 거리가 멀다는 인식도 생겼다. 이후 5월에 열린 제13차 당대회에서 트로츠키는 분파주의자, 해당분자라는 비난을 받았고 스탈린은 지노비예프, 카메네프와 연합해 그를 반레닌주의자로 규정했다. 트로츠키가 설 자리는 계속 사라져 갔다. 그는 다음 해인 1925년 1월 당 중앙위원회 전체회의 즈음에 군권도 내려놓게 됐다. 뒤이은 정치국 회의에서는 트로츠키에 대한 '제명' 주장까지 나왔다. 그런데 무슨 이유에서인지 스탈린이 제명을 반대해 무산됐다.

한편 트로츠키와 스탈린의 정치적 이론 대결에서도 트로츠키는 완패했다. 당시 트로츠키는 '영구혁명론'을 주장했다. 후진국은 프롤레타리아가 권력을 장악해 혁명을 완수하고 사회주의로 이행할 수 있지만, 자본주의로 돌아갈 위험성도 존재하므로 세계 사회주의 혁명, 특히 선진국 사회주의 혁명의 지원을 받아야 한다는 것이었다. 러시아 혁명이 유럽 혁명으로 이어져야 한다는 관점은 사회주의의 국제주의적 성격에서 필연적으로 도출되는 결론이다. 이와 달리 스탈린은 '일국 사회주의론'을 주장했다. 소련은 다른 나라의 혁명에 관여할 것이 아니라 자국의 발전에 중점을 둬야 한다는 것이었다. 소련의 생산력을 증대시킨다면 선진국 사회주의 혁명의 지원을 받지 않고도 공산주의로 무난하게 넘어갈 수 있다고 생각했다. 당시 소련 국민들은 트로츠키의 영구 혁명론을 부담스러워했다. 당장 자국의 상황이 녹록지 않은데 어떻게 다른 나라 혁명까지 신경 쓸 수 있느냐는 것이었다. 우선적으로 자국의 발전을 도모해 먹고사는 문제가 해결되기를 간절히 바랐다.

최대 정적이었던 트로츠키를 거의 밀어낸 스탈린은 본격적으로 '1인 독재체제'를 굳히는 길로 나아갔다. 다음 상대는 정치적 동지였던 지노비예프와 카메네프였다. 트로츠키라는 공동의 적이 강성할 땐 연합했지만 이제 그것이 힘을 잃자 정적으로 돌아섰다. 지노비예프와 카메네프는 스탈린의 권력 장악을 우려하며 '당내 민주주의'를 주장했다. 또한 통합반대파를 구성하고 스탈린을 신랄하게 비판하는 13인 선언까지 발표했다. 그러나 이미 당과 정치국 등을 장악한 스탈린에게 상대가 되지 못했다. 지노비예프와 카메네프는 분파주의자로 몰려 정치국에서 축출됐다. 이 직후에 잠잠했던 트로츠키가 다시 등장해 스탈린에게 대항하는 모습이 나타났다. 이미 대세는 완전히 기울었지만 그는 작심한 듯 최후의 공격을 전개했다. 트로츠키는 15차 당 협의회에서 스탈린을 겨냥해 "공산당의 무덤을 파는 인간"이라고 비난했다. 정치국에서 제명당했지만, 굴하지 않고 당 중앙위원회-중앙통제위원회 연석회의에 나가 스탈린을 "레닌에게 불충하고 무례했던 분파주의자"로 규정했다. 곧바로 반격이 들어왔다. 스탈린은 물론 부하린, 카가노비치, 지방 당서기들까지 나서서 트로츠키를 '반레닌 분파주의자', '반혁명분자'로 몰아세웠다. 결국 트로츠키는 지노비예프 등과 함께 당에서 완전히 제명됐다. 여기서 끝이 아니었다. 그는 이후에도 스탈린에 대한 비난을 멈추지 않다가 시베리아 유배형을 받았고 추후에는 아예 소련에서 추방됐다. 반면 스탈린은 한때 친밀한 사이였던 부하린마저 제거한 뒤 소련에서 더 이상 대적할 자가 없는 명실상부한 '독재자'가 됐다.

해외 망명, 反스탈린 투쟁

국외로 추방된 트로츠키가 맨 먼저 머무른 곳은 튀르키예였다. 한때는 레닌의 유력한 후계자로 여겨졌지만 이제는 스탈린과의 권력 투쟁에서 패배해 해외를 떠도는 궁색한 처지가 됐다. 그는 좌절하고 있지만은 않았다. 지속적으로 스탈린에게 대항할 수 있는 방법을 찾았다. 그것은 바로 '글쓰기'였다. 트로츠키는 필력과 이론의 대가였던 만큼 매번 훌륭한 글을 선보였다. 어느덧 '반대파 통신'이라는 잡지를 만들어 스탈린 비판글을 게재하기 시작했다. 이 같은 글들은 해외는 물론 소련 내에도 배포돼 적지 않은 반향을 불러일으켰다. 스탈린도 트로츠키의 글들을 면밀히 살펴봤고, 이를 배포하거나 그와 교류하는 사람들을 발본색원해 처단하라고 지시했다. 해외 망명을 했음에도 여전히 트로츠키의 영향력을 무시할 수 없었던 셈이다. 트로츠키는 1935년 노르웨이로 망명해 '배반당한 혁명'을 집필하기도 했다. 이는 당시 스탈린주의 관료집단이 지배하고 있던 소련의 실상을 혁명적 마르크스주의 이론에 기초해 다각도로 분석하고 있다. 해당 체제의 시초가 된 볼셰비키 혁명 직후의 상황들도 자세히 기술했다. 즉 스탈린 치하의 소련 상황과 문제점들을 마르크스주의에서 벗어난 '반동'으로 규정하며 신랄하게 분석, 비판하는 책이다. (마르크스주의에 따르면 소련은 노동자들이 중심이 된 평등한 국가여야 했지만 기형적인 스탈린주의로 인해 관료제, 개인숭배, 폭력 국가로 변질됐다고 봤다.) '배반당한 혁명'은 현대의 정통 '트로츠키주의'를 정립했다고도 볼 수 있다.

트로츠키는 1937년 멕시코로 거처를 옮겼다. 원래는 미국으로 가려했으나 거물급 공산주의자가 오는 것에 부담을 느낀 미국 정부가 입국을 허락하지 않았다. 트로츠키는 멕시코에서 공산주의 국제연합인 '코민테른'(제3인터내셔널)에 대항하는 기구를 만들었다. 국제 트로츠키주의자 연합인 제4인터내셔널이었다. 국제 공산주의 운동의 신으로까지 추앙받고 있던 스탈린을 정면으로 들이받은 것이었다.

아울러 트로츠키는 끊임없는 강연과 칼럼을 통해 스탈린의 무자비한 폭력성과 편협성, 우상화를 비판했다. 스탈린의 모습이 정통 마르크스주의 정신에도 위배되는 만큼 그를 축출해야 한다고까지 주장했다.

암살

스탈린은 트로츠키의 활동에 심각한 위협을 느꼈다. 국내외 트로츠키주의자들이 한데 뭉쳐 언젠가 자신의 권력을 직접적으로 노릴 수 있다고 생각했다. 이에 스탈린은 트로츠키와 더불어 소련 내에서 그와 관련된 사람들을 모조리 제거하겠다고 결심했다. 마침 이 시기에는 악명 높은 스탈린의 '대숙청'이 진행되고 있었다. 트로츠키 사상을 추종하거나 그와 교류한다고 의심되는 사람들이 우선적으로 체포, 숙청됐다. 한때 트로츠키 파에 속했지만 자아비판 후 스탈린 편에 선 사람들도 대거 체포돼 숙청됐다. 과거 트로츠키와 조금이라도 관련돼 있었기에 여전히 의심스럽다는 게 이유였다. 심지어 트로츠키와 전혀 관련돼 있지 않은 사람들도 난데없이 트로츠키주의 테러분자로 몰려 죽임을 당했다. 스탈린과 함께 트로츠키 축출에 나섰던 지노비예프 등도 이 같은 혐의를 받고 형장의 이슬로 사라졌다. 지노비예프는 죽기 직전 스탈린의 편을 들어 트로츠키를 축출한 것을 심히 후회했다고 한다. 결국 스탈린은 '인민의 적' 개념과 함께 트로츠키를 대숙청의 명분으로 이용한 것이었다. 소련에 있던 트로츠키의 친족들도 몰살됐다. 트로츠키의 첫 번째 아내와 여동생, 그리고 두 번째 아내에게서 낳은 자식들이 수용소로 끌려가 처형됐다.

스탈린의 최종 표적은 단연 트로츠키였다. 그는 모스크바에서 (트로츠키가 참석하지 않은) 궐석재판을 열고 트로츠키에게 국가전복 기도와 나치 독일 스파이 혐의를 씌워 사형을 선고했다. 그런 다음 지속적으로 트로츠키 암살을 시도했다. 트로츠키는 암살 시도가 있을 때마다 가까스로 몸을 피해 살아남았다. 그러나 소련의 비밀경찰인 'NKVD'(내무인민위원회)에 포섭된 스페인 출신의 암살자, '라몬 메르카데르'의 암살 시도는 끝내 피하지 못했다. 메르카데르는 1940년 신분을 속인 채 트로츠키 신봉자이자 여비서인 실비아 엥겔로프에게 접근했다. 두 사람은 금세 연인 사이로 발전했고 메르카데르는 자연스럽게 트로츠키와도 친한 사이가 됐다. 이때만 해도 트로츠키는 그가 암살자일 것이라고는 상상도 하지 못했다.

암살 당일, 트로츠키와 메르카데르는 여느 때처럼 친근하게 이야기를 나눴다. 이야기를 마친 후 트로츠키는 책상에 앉아 신문 기사를 읽었다. 그런데 메르카데르는 밖으로 나가지 않고 트로츠키 뒤로 몰래 다가갔다. 그의 한 손에는 뾰족한 '등산용 피켈'이 있었다. 암살의 그림자가 짙게 드리워졌음에도 트로츠키는 아무것도 인지하지 못한 채 자신의 일에만 열중했다. 메르카데르는 눈을 질끈 감고, 있는 힘껏 피켈을 들어 트로츠키의 머리에 내리찍었다. 트로츠키의 두개골 일부가 으스러졌고 피가 대량으로 솟구쳤다. 트로츠키는 비명을 질렀으며 안간힘을 다해 암살자의 손과 팔을 잡아 추가적인 가격을 막으려 했다. 메르카데르는 저항을 뿌리친 뒤 피켈을 재차 내리찍어 확인사살을 하려 했다. 심상치 않은 소리를 들은 비서들이 급히 달려와 메르카데르를 마구 때려 체포하면서 상황은 일단락됐다. 이때만 해도 의식이 있던 트로츠키는 "죽여서는 안 된다. 자백을 받아야만 한다"라고 절규하듯 외쳤다. 하지만 트로츠키는 이미 두개골과 뇌 부위에 치명상을 입은 상태였다. (사망 이후 트로츠키의 시신에서 뇌를 추출했는데 가격을 당한 뇌 부위가 움푹 들어가 있었다.) 그는 머지않아 혼수상태에 빠졌고 이튿날에 세상을 떠났다. 천재 혁명가의 비극적 최후였다. 이로써 스탈린은 오랜 기간 소망했던 트로츠키 제거의 꿈을 이뤘고 이제 그의 정적들은 더 이상 존재하지 않게 됐다. 사실상 트로츠키 암살이 대숙청의 '완결판'이라고도 볼 수 있다. 물론 스탈린은 트로츠키 암살을 모르쇠로 일관했다. 다만 메르카데르의 어머니에게 훈장을 수여함으로써 암살을 간접적으로 시인했다. 트로츠키가 사망함에 따라 트로츠키주의는 크게 꺾였고 스탈린 1인 독재와 개인숭배는 더욱 강화됐다.

15

히틀러 암살 미수

나치 독일 마지막 양심들의 거사

발키리 작전 전말

히틀러 암살 미수 현장을 둘러보고 있는 헤르만 괴링 공군제국원수와 친위대 장교들.

"마침내 작업을 끝낸 슈타우펜베르크는 회의실로 들어갔다. 그는 회의실을 쭉 살펴본 뒤 히틀러 바로 옆으로 슬며시 다가갔다. 그런 다음 폭탄이 든 가방을 자연스럽게 놔뒀다. 이를 의심하는 사람은 아무도 없었다. 슈타우펜베르크는 잠시 회의장에 머물렀다가 전화 핑계를 대고 바깥으로 나갔다. 그가 나간 뒤 얼마간 육군대장의 동부전선 관련 브리핑이 있었다. 히틀러는 팔꿈치를 책상에 대고 턱을 괸 채로 브리핑을 들었다. 바로 그 순간, 엄청난 굉음과 함께 폭탄이 터졌다."

20세기 가장 역동적이고 강대한 세력을 꼽으라면 주저 없이 '아돌프 히틀러'의 '나치 독일'이라고 말하겠다. 이 세력은 제1차 세계대전 패배 이후 좌절과 증오의 늪에 빠져있는 독일 국민들의 부정적인 감정을 머금고 급성장했다. 특히 세력의 맨 꼭대기에 있었던 히틀러는 신기에 가까울 정도의 연설과 선동 능력을 발휘하며 독일 국민들을 사로잡았다. 패배주의를 극복하고 강력한 지도자가 나와서 영도해 주길 바랐던 독일 국민들은 히틀러와 나치당에 열광했다. 나치 독일은 편협하고 극단적인 민족주의 사상인 '국수주의'를 비롯해 권위주의와 반공주의 등 이른바 '파시즘'을 표방했고, 개인의 이익보다 집단의 이익을 우선시하는 '전체주의'를 내세웠다. 이러한 이념 하에서 히틀러와 나치당, 독일 국민들은 한데 뭉쳤으며 다른 국가와 민족들에 대한 노골적인 호전성을 드러냈다. 그 결과 인류 역사상 최악의 비극이라는 '제2차 세계대전'이 발발했다. 당대 최고의 에이스 명장들과 '전격전'이라는 놀라운 전술 개념으로 무장한 독일군은 한때 '무적'으로 여겨졌다. 세계 최강의 육군국인 프랑스를 단 6주 만에 굴복시켰고 '해가 지지 않는 나라'로 군림했던 영국을 가혹하게 짓밟았다. 소련도 독일군과 충돌하는 것을 극히 꺼렸다. 한마디로 '공포'의 대상이었으며 미래의 물결을 대변하는 것처럼 보일 정도였다. 하지만 영원한 것은 없었다. 독일군은 '독소전쟁'에 발목이 잡혔고 미국이 연합군으로 참전하면서 몰락의 길을 걸었다.

이쯤에서 주목해야 할 점은 히틀러와 나치 독일의 노선에 반대하는 세력의 존재였다. '슈타우펜베르크' 대령 등으로 구성된 반 히틀러 세력은 전쟁 이전부터 히틀러와 나치당의 야욕과 전쟁 위험성을 알았다. 이에 히틀러를 암살하려는 계획을 여러 차례 수립했다. 전세가 독일군에게 명백히 불리하게 돌아갈 때엔 암살 계획을 실행에 옮겼다. 승산이 없는 전쟁을 집요하게 고집하는 히틀러를 죽이고 연합군과 종전 협상을 타결해야, 독일 국민들의 희생을 조금이나마 덜어낼 수 있을 것이라 판단했다. 독일인 대다수가 히틀러와 나치당의 전쟁 범죄에 가담할 때, 이의 잘못을 지적하고 바로잡으려 했던 '마지막 양심'들이었다. 그러나 히틀러 암살 계획인 '발키리 작전'은 실패로 돌아갔다. 히틀러는 천운이 따라줘 극적으로 생존할 수 있었다. 만약 이때 히틀러 암살이 성공했다면 독일은 추가적인 전쟁 희생을 막고 조기 종전을 하는 등 연착륙이 가능했을 수 있다.

역사적 대결 구도를 살펴보면 대개 '선과 악'이 존재했다. 전자가 역사의 진보 또는 문명의 수호를 가능케 하는 긍정적인 가치들을 추구했다면 후자는 역사의 퇴보를 초래하는 부정적인 가치들을 추구했다. 다만 미세한 예외들도 있었다. '악'으로 보이는 세력 내부에서도 가끔씩 부분적인 '선'이 존재했다. 본편에서 다루는 주인공들이 이에 해당한다. 그나마 이런 용감한 세력으로 말미암아 암울한 역사의 한 단면에서도 실낱같은 희망과 감동을 엿볼 수 있는 것이다. 나치 독일군이 주도한 '제2차 세계대전'과 '히틀러 암살 미수' 전말을 되돌아봤다.

노도와 같은 독일군의 공세

히틀러는 '장검의 밤' 등 일련의 숙청 과정을 거친 후 1934년 8월 절대권력자의 반열에 올라섰다. 80세 고령의 힌덴부르크 대통령이 사망하자 그는 독일 대통령과 총리를 겸하는 절대권력자, 진정한 '퓌러'(총통)에 취임했다. 이와 관련해 국민투표를 실시해 88.1%의 절대적 찬성을 얻기도 했다. (사실상 이때 바이마르 공화국이 종말을 고했다.) 독일 내에서 히틀러의 권력과 권위에 대항할 수 있는 존재는 아무도 없었다. 독일 내부를 완전히 장악한 히틀러는 오랜 기간 구상해왔던 계획을 공격적으로 실행에 옮겼다. 우선 제1차 세계대전 패전의 여파로 독일의 숨통을 옥죄고 있던 '베르사유 조약'을 파기했다. 전쟁 배상금을 한 푼도 물어주지 않을 것이며, 비무장 지대였던 '라인란트'에 군대를 주둔시키겠다고 일방적으로 선포했다. 뒤이어 중공업과 군수 산업 육성에 매진했다. 이는 독일군의 전력을 크게 향상한 것은 물론 독일의 경제를 회복시키는 데에도 기여했다. 독일 국민들은 히틀러와 나치당에 열렬히 환호했다. 그런데 문제는 히틀러의 독일이 급속도록 '군국주의와 전쟁'의 길로 나아갔다는 것이다. 베르사유 조약 파기를 계기로 재무장에 성공한 독일은 자국 민족의 우수성과 향후 살아갈 영토 확보를 부르짖으며 주변 국가들에 대한 군사적 위협의 강도를 높여갔다. 제1차 세계대전의 악몽을 지우지 못했던 영국, 프랑스 등 서구 열강들은 독일에 소극적으로 대처하며 문제를 키웠다.

  자신감을 얻은 히틀러는 급기야 주변 국가들에게 마수를 뻗쳤다. 그는 먼저 자신의 고향인 오스트리아를 합병했다. 이어서 체코슬로바키아의 일부 지역을 독일의 지배 하에 놓으려 했다. 독일과의 전쟁을 한사코 피하려 한 영국, 프랑스는 1938년 9월 '뮌헨 협정'이라는 치명적인 실수를 범했다. 이탈리아 무솔리니의 중재 하에 독일 뮌헨에서 만난 영국, 프랑스, 독일 정상들은 주권국인 체코슬로바키아의 의견은 완전히 무시한 채, 독일에게 체코슬로바키아의 주데텐란트를 양도하기로 합의했다. 체코슬로바키아는 하루아침에 전체 영토의 30%, 500만 명의 인구를 잃었다. 대신 독일은 앞으로 더 이상의 영토 합병은 하지 않기로 약속했다. 하지만 히틀러는 이 협정을 계속 준수할 의향이 조금도 없었다. 그는 고작 6개월 만에 협정을 파기한 후 체코슬로바키아의 모든 지역을 합병했다. 뮌헨 협정 당시, 체임벌린 영국 수상이 외친 '뮌헨의 평화'는 순식간에 깨졌고 유럽은 전쟁의 소용돌이에 성큼 다가서고 있었다.

히틀러의 다음 목표는 '폴란드'였다. 그는 베르사유 조약에 의해 자유 무역항이 된 단치히를 독일에 반환할 것을 폴란드 정부에 요구했다. 단치히에 있는 수많은 독일계 주민들의 해방을 이루겠다는 명분도 내세웠다. 폴란드는 해당 요구를 단호히 거부한 후 전군 동원령을 발동해 결사항전 태세를 갖췄다. 영국과 프랑스는 폴란드의 주권을 옹호한다고 밝혔다. 이에 히틀러는 군사력을 더욱 증강함과 동시에 무솔리니와 군사 동맹을, 에스토니아 라트비아 덴마크와는 불가침 조약을 체결하며 폴란드 침공 준비를 착실히 해나갔다. 하이라이트는 최대 장애물인 소련과의 '불가침 조약' 체결이었다. 이념적으로 철천지 원수일 수밖에 없는 두 국가가 폴란드 점령이라는 공통의 목표 하에 손을 맞잡은 것이나 다름없었다. 아울러 독일은 제1차 세계대전에서 경험한 적이 있는 '양면 전선'의 위험성을 덜어냈다. 영국과 프랑스는 물론 전 세계가 경악했다. 모든 준비를 끝마친 히틀러는 (선전포고 없이) 독일군에게 침공 명령을 하달했다. 1939년 9월 1일, 독일군이 전격적으로 폴란드 국경선을 돌파함에 따라 인류 역사상 최악의 비극인 '제2차 세계대전'이 발발했다. 영국은 독일에게 즉시 군대를 철수하라는 최후통첩을 보냈다. 독일이 호응하지 않자 영국과 프랑스는 각각 독일에 선전포고했다. 그러나 영국과 프랑스는 말로만 큰소리쳤을 뿐 실제로는 독일에 대항해 별다른 군사행동을 취하지 않았다. 여전히 전쟁하는 것을 두려워하고 있었다.

그 사이 독일군은 폴란드를 철저히 유린했다. 이때 독일군은 '전격전'이라는 새로운 전술 개념을 선보였다. 우선 포병과 공군을 동원해 특정 지점에 화력을 쏟아부어 침투로를 만들었다. 그런 다음 기갑 부대가 후방까지 빠르게 침투해 들어가 적군의 보급로를 단절하고 포위 섬멸했다. 폴란드군은 처음 보는 전술에 당황하며 속절없이 밀렸다. 약 3주 만에 폴란드의 수도인 바르샤바가 함락됐다. 비슷한 시점에 소련군도 독소 불가침 조약에 의거해 폴란드 동부 지역을 침공, 점령했다. 폴란드는 순식간에 독일과 소련에 의해 분할 점령됐다. 직후에 히틀러는 영국과 프랑스에게 위장 평화 공세를 펼치는 등 기만책도 구사했다. 계획대로 폴란드를 가볍게 제압한 독일군은 이제 서부전선으로 눈을 돌렸다. 최대의 숙적인 프랑스로 진격할 예정이었다. 다만 준비에 시간이 걸려 프랑스 침공은 계속 지연됐다. 포성이 없는 약 7개월의 기간을 '가짜 전쟁'으로 일컫는다. 기실 프랑스는 독일군의 침공을 막기 위한 만반의 준비를 해놨다. 핵심은 '마지노선'이었다. 무려 10년에 걸친 공사 끝에 프랑스와 독일의 국경선에 750km에 달하는 막강한 방어 진지들을 구축했다. (마지노선은 프랑스의 육군장군인 '앙드레 마지노'의 이름에서 유래했다.) 이런 상황에서 히틀러와 독일 장군들은 고심을 거듭할 수밖에 없었다. 육군참모총장인 '프란츠 할더'는 '황색 작전'을 제시했다. 이는 마지노선을 회피해 네덜란드와 벨기에 북부 쪽에 주력군을 배치한 뒤 빠르게 프랑스 파리로 쳐들어가는 전술이었다. 어찌 보면 독일군이 제1차 세계대전에서 구사했던 전술과 비슷한 것이었다. 영프 연합군이 이를 내다보고 침공 예상 지점에 대규모 군대를 배치했기에 성공 가능성은 크게 떨어졌다.

이때 눈에 띄는 전술을 제시한 인물이 바로 당대 최고의 명장인 '만슈타인'이다. 그는 황색 작전에 대해 "적군이 예상하는 지점으로 아군을 몰아넣는 최악의 작전"이라고 맹비난한 뒤 새롭게 '낫질 작전'을 제시했다. 적군이 예상하지 못하는 지점, 즉 벨기에 남동부에 위치한 '아르덴'을 돌파하자는 것이었다. 얼핏 보기에 이곳은 삼림이 울창해 기갑부대가 돌파하는 것이 지극히 어려워 보였다. 하지만 돌파만 한다면 연합군의 허를 찌르는 것이 가능했다. 아르덴을 돌파한 후 매우 신속하게 프랑스 북부 지역으로 진격, 연합군을 포위 섬멸할 계획이었다. 이러한 진격 경로가 낫 모양과 비슷하다 해서 '낫질' 작전으로 명명했다. 모험이 필요하다고 판단한 히틀러는 만슈타인의 낫질 작전을 채택했다. 이런 가운데 프랑스가 낫질 작전을 완전히 간과한 것은 아니었다. 2군 사령관이었던 '프레틀라'는 독일군이 아르덴을 돌파하는 것이 실제로 가능한지 여부를 확인할 목적으로 전쟁 시뮬레이션인 '워 게임'을 실시했다. 그 결과 독일군이 60시간 내에 아르덴을 돌파해 뫼즈강에 도달하는 것이 가능하다는 결론을 얻었다. 그러나 프랑스군 총사령관이었던 '모리스 가믈랭'은 독일군의 아르덴 돌파 가능성을 낮게 봤으며 충분한 대비를 하지 않았다. 설령 독일군이 뫼즈강에 도달한다 해도 프랑스군 예비대를 투입해 막을 수 있을 것이라는 안일한 판단도 했다.

1940년 5월 10일, 독일군은 마침내 프랑스 침공 작전을 개시했다. 독일군 136개 사단이 3개 집단군으로 나뉘어 진격했다. 우선 네덜란드와 벨기에 쪽으로 1개 집단군이 공격해 들어갔다. 영악한 독일군은 이것이 '주력'이라고 믿게 만들었다. 연합군의 모든 신경이 이 곳에 집중됐다. (연합군이 미끼에 걸려들었다고 판단한 히틀러는 "기쁨에 겨워 울 것 같다"라고 외쳤다.) 또 다른 1개 집단군, 실제적인 주력은 아르덴 으로 밀고 들어갔다. 나머지 1개 집단군은 마지노선 인근으로 진격 했다. 독일군의 아르덴 돌파 속도는 예상보다 빨랐다. 간혹 정체 현 상이 발생하기도 했지만 연합군은 전혀 인지하지 못했고 반격도 없 었다. 연합군은 처음부터 끝까지 네덜란드와 벨기에 쪽이 주력이라 고 판단했다. 얼마 안 가 '재앙'이 찾아왔다. 독일군 주력부대는 아 르덴 숲을 완전히 돌파하는 데 성공했고 이후 속도전을 펼치며 북 쪽으로 거침없이 내달렸다. 히틀러가 측면 방어에도 신경 쓰라고 조언했지만 '에르빈 롬멜' 등은 일단 목적지를 향해 빠르게 이동하 는 것이 중요하다고 판단해 경쟁적으로 진격을 거듭했다. 벨기에 북부 등에 있던 연합군은 진실을 깨닫고 공황 상태에 빠졌다. 독일 군은 프랑스 북부 지역에 동서로 진격, 점령함으로써 연합군을 반 토막 냈다. 이 과정에서 수많은 연합군 병사들이 전사했다. 나아가 약 34만 명에 달하는 연합군 병사들이 프랑스 북쪽 해안도시인 '덩 케르크'에 포위돼 전멸당할 위기에 처했다. 당초 양과 질적으로 우 세해 보였던 연합군은 만슈타인의 기가 막힌 전술 한방에 여지없이 무너졌다. 다만 히틀러는 덩케르크에 포위된 연합군에 대한 공격을 석연치 않은 이유로 지연시켰다. 그 사이 연합군은 영국으로 필사 의 철수 작전(다이나모 작전)을 감행해 가까스로 전멸을 모면했다.

큰 걸림돌이 사라진 독일군은 이제 프랑스의 수도 파리로 총 진격했다. 남은 프랑스군은 독일군의 파리 진격을 저지하기 위해 용감히 맞섰다. 하지만 공군의 지원을 제대로 받지 못했고 독일 공군의 무차별적인 폭격에 수많은 사상자를 내고 항복했다. 프랑스의 레이노 정부는 강력한 '항전파'였던 드골을 국방차관으로 임명해 파리 북부에 최후의 방어선을 구축했다. 그러나 독일 기계화 사단의 맹렬한 공격으로 단 하루 만에 북부 방어선이 무너져 버렸다. 엎친 데 덮친 격으로, 이때 무솔리니의 이탈리아가 프랑스에 선전포고를 한 후 프랑스 남부지역 일부를 점령했다. 프랑스 정부는 더 이상 수도 방위가 불가능함을 깨달았다. 이에 방위를 포기하고 파리를 '개방 도시'로 선언했다. 어차피 승산이 없었던 측면도 있었고 독일군의 포격으로 아름다운 파리가 쑥대밭이 될 것을 예방하기 위한 조치였다. 이 와중에 난공불락의 요새로 불렸던 마지노선도 독일군의 수중에 떨어졌다. 드골은 급히 영국으로 몸을 피했다. 그는 런던에 오자마자 처칠과 협의를 한 뒤, 추후 프랑스령 북아프리카에 새로운 전선을 구축하기로 결정했다. 1940년 6월 17일, 레이노 정부의 부총리였던 '필립 페탱'이 독일에 휴전을 제의했다. 페탱은 제1차 세계대전 베르됭 전투의 영웅이었지만 이 당시에는 항전파에 배치되는 '휴전파'의 우두머리였다. 그는 라디오 연설을 통해 "프랑스군은 독일군과의 전투를 중지하라"라고 명했다. 사실상 백기투항이었다. 이에 대응해 드골은 영국 BBC 방송을 통해 "휴전 제의에 반대하며 끝까지 항전해야 한다"라고 외쳤다. 망명정부인 '자유프랑스'를 세울 것이라고도 했다. 그러나 이때 드골의 외침은 공허한 것이었다. 이미 모든 프랑스군은 전의를 상실했고 프랑스 대부분의 국토가 독일군의 군홧발 아래에 있었다. 마침내 6월 22일, 히틀러의 독일과 페탱의 프랑스 정부 간 휴전협정이 조인됐다. 세계 최강의 육군국이었던 프랑스는 개전 6주 만에 독일에 참패했다. 히틀러와 독일은 이때까지만 해도 믿을 수 없는 군사적 승리의 물결 위에 높이 올라타 있었다.

영국의 필사적 항전

이제 유럽에서 독일에 맞설 수 있는 국가는 '영국'밖에 없었다. 히틀러는 영국에게 평화 제의를 하며 자발적으로 굴복하게 만들려 했다. 영국 내에서는 상당한 혼란이 있었다. 독일에 끝까지 맞서자는 측과 희생이 우려되는 만큼 독일과 강화조약을 맺자는 측이 충돌했다. 지금껏 겪어본 적 없는 위기 상황에 처했기에 온 나라에 패배주의와 두려움이 엄습했다. 새로이 영국 수상이 된 '윈스턴 처칠'은 이 시기를 "가장 어두운 시간"(The Darkest Hour)이라고 말했다. 하지만 담대한 그는 절망에 빠진 영국을 어떻게든 일으켜 세우기로 결심했다. 그리고 '항전'을 선택했다. 막강한 독일군에 맞서는 게 두렵기도 했지만 싸워보지도 않고 굴복하는 것은 영원히 죽는 길이라고 확신했다. 처칠은 강화를 주장하는 정치인들을 설득하고 모든 국민들이 항전 의지를 갖게 하기 위해 부단히 노력했다. 처칠의 가장 유명한 연설도 이때 나왔다. "우리는 항복하거나 패배하지 않을 것입니다. 우리는 끝까지 싸울 것입니다. 우리는 프랑스에서 싸울 것입니다. 우리는 바다와 대양에서 싸울 것입니다. 우리는 넘치는 자신감과 힘을 길러 하늘에서 싸울 것입니다. 어떠한 대가를 치르더라도 우리의 땅을 지켜낼 것입니다. 우리는 해변에서 싸울 것입니다. 우리는 상륙지점에서 싸울 것입니다. 우리는 들판과 거리에서 싸울 것입니다. 우리는 언덕에서 싸울 것입니다. 우리는 절대로 항복하지 않을 것입니다."

영국인들은 처칠의 지도력 하에 총 단결했다. 영국인들의 마음 속에 있는 자부심, 즉 한때 '해가 지지 않는 나라'로 불리며 세계 최강 대국으로 군림한 '대영제국'의 자부심도 항전 의지에 불을 지폈다. 히틀러는 영국이 자발적으로 굴복할 뜻이 없음을 확인한 뒤 영국 침공을 결심했다. 영국은 섬나라였기 때문에 독일군이 도버 해협을 거쳐야만 했다. 그런데 영국 해군은 세계 최강이었던 만큼 해군을 통한 침공은 승산이 없었다. 이때 독일의 공군총사령관인 '헤르만 괴링'이 나섰다. 괴링은 공군으로 영국을 침공하는 것이 가장 유리한 전술이라고 강조했다. 당시 독일의 공군 전력은 양적으로나 질적으로 세계 최고 수준이었다. 히틀러는 괴링의 주장을 받아들여 영국과의 '공중전'을 선택했다. 영국은 독일이 해전이 아닌 공중전으로 나올 것이라 예상했고 이와 관련한 대비를 해나갔다. (독일군이 프랑스를 함락시킨 후 적지 않은 기간을 흘려보내 영국은 어느 정도 대비할 시간이 있었다.) 독일 공군에 다소 뒤처졌던 영국 공군은 나름대로 믿는 구석이 있었다. 우선 '체인 홈'이라고 불리는 레이더였다. 전자파를 이용해 프랑스 해안가부터 100마일 떨어진 내륙까지 적군의 움직임을 사전에 포착할 수 있었다. 독일군의 암호 체계도 해독했다. 타자기처럼 생긴 암호해독기계 '에니그마'를 활용해 독일 공군의 작전을 미리 파악했다. 독일군은 전쟁이 끝날 때까지 자신들의 암호가 해독되는 것을 전혀 몰랐다고 한다.

　1940년 7월 10일, 독일 공군이 도버 해협에서 대규모 공세를 감행했다. 영국 공군은 총사령관인 '휴 다우딩'의 지휘 하에 적극적으로 맞대응했다. 전력의 차이에도 불구하고 영국 공군은 레이더와 암호 해독 등에 힘입어 독일 공군에게 상당한 피해를 입히며 일정 기간 진격을 저지했다. 그러나 뚜렷한 한계가 있었다. 영국 공군은 전투기 손실이 커짐에 따라 해협에서 물러나 본토항공전을 치를 수밖에 없었다. 히틀러는 독일 공군이 도버 해협을 장악한 데 이어 영국 본토로 진입해 철저히 유린할 수 있게 됐다며 기뻐했다. 독일 공군은 여세를 몰아 영국의 공군기지와 비행장, 공장지대 등을 정밀 타격했다. 주요 시설들을 노린 '선별적 공격'이었다. 그러나 영국군은 쉽사리 물러서지 않았다. 사력을 다해 파괴된 시설들과 전투기들을 복구시켰고 독일 공군에 강한 반격을 가했다. 특히 영국 공군은 전투기보다 지상으로 폭탄을 투하하는 폭격기들을 집중적으로 공격해 큰 타격을 줬다. 독기가 잔뜩 오른 독일 공군은 영국 본토에 있는 주요 시설들을 더욱 맹렬하게 공격했다. 아울러 70만 명에 달하는 육군을 영국 본토에 상륙시키는 '바다사자 작전'을 준비했다. 지금껏 극히 불리한 전세 속에서도 나름 선방했던 영국은 시간이 갈수록 막다른 길에 내몰렸다. 전쟁을 수행하는 데 있어 필수적인 주요 시설들에 대한 독일 공군의 집요한 공격, 그리고 다른 국가들의 적절한 도움 없이 홀로 싸우는 것은 너무나 버거운 일이었다.

그런데 극적인 '반전'이 일어났다. 어느 날 영국 공장지대를 노린 독일 폭격기가 실수로 수도인 런던 시내에 폭탄을 투하했다. 조종사가 주변이 너무 어두워서 목표 지역을 제대로 분간하지 못했던 것이다. 영국은 보복으로써 수십대의 폭격기를 동원해 독일의 수도인 베를린을 공습했다. 비록 공습 강도는 미미했지만 심리적 타격효과는 매우 좋았다. 독일군이 승승장구하고 있고 국내는 안전하다고 생각했던 독일 국민들은 커다란 충격에 휩싸였다. 대로한 히틀러는 주요 시설들을 정밀 타격하지 말고 오로지 런던만을 공격하라고 명했다. '런던 대공습'의 서막이었다. 대규모로 편성된 독일 공군은 런던을 완전히 파괴하기 위해 날아올랐다. 공포감에 사로잡힌 런던 시민들은 지하철 등으로 대피했다. 런던에 도달한 독일 공군은 무차별적으로 폭탄을 투하했다. 런던 전 지역이 불길에 휩싸였고 수많은 시민들이 목숨을 잃었다. 워낙 강력한 공습이었기 때문에 영국 공군은 이를 퇴치할 엄두를 내지 못했다. 히틀러와 괴링 등은 조만간 영국이 항복할 것이라 예상했다. 그러나 영국은 런던 대공습을 오히려 기회로 활용했다. 독일 공군의 모든 전력이 런던 공습에 집중돼 있는 동안, 다른 지역에 있는 주요 시설들을 빠르게 복구하거나 군수물자 생산량을 늘려 전력을 보강했다. 독일 공군이 재차 런던을 공습하기 위해 몰려왔을 때 영국 전투기들이 대거 등장해 반격을 가했다. 또한 영국군은 견고한 방어 태세도 갖춰 나갔다. 다 이겼다고 생각했던 독일 공군은 극도로 당황하며 와해되는 모습을 보였다. 이런 상황에서 독일 공군은 신속하게 전략을 변경해야 했지만, 괴링의 오판으로 실효성 없는 런던 공습에만 목을 매는 상황이 발생했다. 공군이 중심이 된 독일의 영국 공략은 점점 어려워졌다. 히틀러는 '소모전'이 돼 가는 상황을 직시했고, 마침내 생각을 바꿔 영국 점령을 일시적으로 단념했다. 영국의 필사적 항전은 기적적으로 대성공을 거뒀다. 다만 큰 타격을 입었기에 다른 국가의 도움이 절실했다. 처칠은 중립국인 미국의 '프랭클린 루스벨트' 대통령에게 장문의 편지를 끊임없이 보냈다. 무기를 무상으로 지원해 주고 다 함께 독일에 대항하자는 것이 골자였다. 독일의 위험성과 영국 지원 필요성을 절감하고 있던 루스벨트는 '무기 대여법'을 제정해 영국을 도와주기 시작했다. 아울러 미국을 사실상 준전시 체제로 만들며 전쟁에 대비했다.

최대 최악의 전쟁, '독소전'

히틀러가 영국 다음으로 눈독을 들인 것은 '소련'이었다. 그는 영국이 소련의 참전을 믿고 끝까지 항전하는 것이라 생각했다. 더욱이 독일 게르만 민족이 번영하기 위해선 광대한 소련 영토에서 슬라브 민족들을 몰아내고 그곳을 확실히 장악해야 한다고 믿었다. 그러나 일부 측근들은 영국을 완전히 제압하지 못한 상태에서 양면 전쟁의 위험성을 무릅쓰면 안 된다고 주장했다. 전쟁 전에 체결했던 '독소 불가침 조약'도 아직 유효한 상황이었다. 히틀러는 일부 측근들의 소련 침공 반대론을 단호히 물리쳤다. 독일인들의 생존권역을 동쪽으로 넓히고 열등한 소련인들을 '절멸'시키는 것만이 능사라고 단언했다. 무적의 독일군은 단기간에 소련군을 궤멸시킬 것이며, 영국의 힘은 이미 꺾였기 때문에 양면 전쟁의 위험성도 거의 없다고 주장했다. 결국 히틀러의 명령 하에 독일군의 소련 침공 준비는 은밀하고 신속하게 진행됐다. 독일군이 계획한 침공일은 1941년 6월 즈음이었다. 그런데 스탈린의 소련이 독일군의 침공을 아예 눈치채지 못했던 것은 아니었다. 침공일이 다가올수록 스탈린에게 독일군의 침공과 관련한 각종 첩보가 날아들었다. '리하르트 조르게' 등 전 세계에 퍼져있던 소련 정보원들은 확신에 찬 상태로 독일군의 침공이 머지않아 이뤄질 것이라고 보고했다.

스탈린은 이러한 정보들을 믿지 않았다. 독일군이 양면 전쟁의 위험을 무릅쓰지 않을 것이며, 조만간 다가올 겨울을 감안하면 (소련 정보원들이 전망한) 6월에 침공하는 것은 불가능하다고 봤다. 독일의 기만책도 스탈린의 오판에 영향을 미쳤다. 히틀러는 독일군이 동쪽으로 이동하는 것과 관련, 단지 그리스와 유고슬라비아를 완전히 장악하기 위해서라고 둘러댔다. 선전장관인 '요제프 괴벨스'는 독일군이 조만간 영국을 공격할 것이라는 거짓 정보를 흘리기도 했다. 상황이 심상치 않다고 판단한 스탈린의 측근들이 최소한 전군에 경계령만이라도 발동하자고 건의했지만, 스탈린은 침공이 없을 것이니 쓸데없이 독일군을 자극하지 말라고 했다. 심지어 침공 5일 전소련의 비밀경찰인 'NKVD'(내무인민위원회)에서 올라온 보고와 침공 하루 전에 국경선을 넘어 소련으로 건너온 독일군 병사의 이야기마저도 기만책이라며 묵살했다. 스탈린은 정말로 전쟁이 일어나지 않을 것이라고 전망했을 수도 있지만, 달리 보면 히틀러와 독일군을 너무 두려워한 나머지 침공 가능성 자체를 억지로 부정하고 싶어했던 것일 수도 있다. 추후 소련의 서기장이 되는 '니키타 흐루시초프'는 절대권력자 스탈린이 히틀러 이야기만 나오면 한없이 작아지는 모습을 보였다고 회고했다. (기실 스탈린도 독일과의 전쟁 생각이 아예 없었던 것은 아니다. 독일이 서구 열강들과 전쟁을 지속해 힘이 빠졌을 때를 노렸다.) 독소전 직전에 이르렀을 때, 스탈린은 주변 사람들의 거듭된 침공 경고와 자신의 판단 사이에서 심각한 혼란을 일으키며 힘들어한 것으로 전해진다.

이런 가운데 국경선 저편에서 사상 최대의 침공 부대가 제자리로 이동하고 있었다. 2000대가 넘는 항공기와 3350대의 탱크의 지원을 받는 (146개 육군 사단으로 편성된) 300만 명 이상의 독일군 병력이 전투 위치로 들어섰다. 14개 사단이 넘는 루마니아군 및 핀란드군도 동행했다. 제일선 부대 뒤에서 히틀러의 NKVD라고 할 수 있는 특수경비 여단이 4개 특수 출격대로 편성됐다. 이 부대가 받은 명령은 "독일에게 적대적인 정치 인자들을 무자비하게 발본색원해 버리라"는 것이었다. 6월 22일 새벽 3시 30분에 총공격을 개시하라는 신호와 함께 '도르트문트'라는 음어가 내려왔다. 소련 국경 수비대는 위치로 이동하는 독일 기갑부대의 소음을 들을 수 있었다. 스탈린은 일을 끝내고 새벽 3시에 잠자리에 들었다. 그의 눈은 너무나도 명백한 파국의 증거를 보지 못하고 여전히 감겨 있었다. 30분 후 인류 역사상 최대 최악의 전쟁인 '독소전'이 시작됐다.

독일군의 전면적인 공격, '바르바로사 작전'이 개시된 직후 소련의 외무장관인 몰로토프는 독일 대사를 만나 무슨 일인지를 물었다. 독일 대사가 "지금 독일과 소련은 전쟁 상태에 돌입했다"라고 말하자 몰로토프는 울먹이며 "우리가 이런 일을 당할 만한 짓을 한 적이 있습니까?"라고 따졌다. 독일군의 침공을 보고받은 스탈린은 한동안 말이 없었다고 한다. 충격이 어마어마했던 것이다. (스탈린은 전쟁 초반에 "레닌이 만들어놓은 나라를 우리가 다 망쳐놨다"라고 말하며 거의 잠적을 하다시피 한 적도 있었다. 측근들의 강력한 권유로 다시 정신을 차린 후 전쟁을 지휘했다.) 독일군은 3개 집단군으로 나뉘어 진격을 하고 있었다. 북부 집단군은 '레닌그라드'(구 페트로그라드), 중부 집단군은 '모스크바', 남부 집단군은 우크라이나를 거쳐 '코카서스'로 각각 쳐들어갔다. 레닌그라드는 볼셰비키 혁명의 발상지였고 모스크바는 소련의 수도였다. 코카서스는 풍부한 지하자원이 매장된 곳이었다. 해당 지역들은 소련의 심장부나 다름없었다. 우선 중부 집단군은 스탈린의 잘못된 지시에 의해 거의 무방비 상태로 노출돼 있던 소련군을 잇따라 격파했다. 순식간에 민스크가 함락됐다. 뒤이어 모스크바에서 불과 400km 떨어진 스몰렌스크까지 파죽지세로 진격했다. 앞선 전쟁에서 무서운 효력을 발휘한 '전격전'이 또다시 빛을 발했다. 이때 소련군은 제대로 된 전략 없이 맨몸으로 무리한 돌격만을 감행하며 희생을 키웠다. 스탈린의 '대숙청' 여파로 유능한 현장 지휘관들이 부족했던 것도 악영향을 미쳤다. 거의 '학살'당한 소련군의 시체가 산처럼 쌓였고 수많은 소련 전투기들 및 탱크들이 가동되기도 전에 파괴됐다.

중부 집단군은 승승장구했지만 남부 집단군의 상황은 녹록지 않았다. 소련군이 격렬하게 저항했고 지형적인 측면에서도 불리해 빠르게 나아가지 못했다. 히틀러는 중부 집단군 일부를 남부 전선으로 보내 지원하도록 했다. 기갑부대 사령관인 '구데리안' 등 중부 집단군 지휘관들이 곧장 모스크바로 총 진격해야 한다고 했지만 히틀러는 자신의 뜻을 굽히지 않았다. 중부 및 남부 집단군이 키예프에 있는 소련군을 위아래로 포위 공격해 격퇴함에 따라 독일군은 남부에서 간신히 나아갈 수 있었다. 북부 집단군의 경우 목적지까지의 거리가 상당했고 중부 집단군으로 일부 병력을 보내야 했기에, 레닌그라드 인근에 도달하는 데 적지 않은 시간이 걸렸다. 그 사이 레닌그라드 시민들과 소련군이 합심해 300km에 달하는 방어 시설을 구축했다. 북부 집단군은 처음에는 레닌그라드에 포격을 가함과 동시에 포로로 붙잡은 소련의 노인들과 여성, 어린아이들을 앞세워 진격했다. 동포들을 본 소련군이 제대로 대응을 하지 못하는 상황이 발생했다. 이에 스탈린은 "감상주의에 빠지지 말고 동포들도 쏴 죽여라"라고 엄명했다. 아무 힘없는 소련인 포로들이 소련군의 발포에 쓰러졌다. 레닌그라드 방어가 생각보다 견고하다는 것을 깨달은 독일군은 이곳을 무력으로 점령하는 게 아닌 탱크로 포위해 '말려 죽이는' 작전을 채택했다. (독일군의 포위는 무려 900일에 걸쳐 이뤄졌다.) 육상로가 끊겨 고립된 레닌그라드 사람들은 극심한 배고픔과 추위에 시달렸다. 심지어 '인육'까지 행해졌다는 충격적인 보고도 올라왔다. 레닌그라드는 말 그대로 '아비규환'의 현장이 됐다.

한편 중부 집단군은 전열을 가다듬고 다시 모스크바를 향해 진격하려 했다. 이때 예상보다 빠른 가을 우기가 찾아왔다. 땅이 진흙탕이 되면서 진격이 더뎌질 수밖에 없었다. 시간을 번 모스크바 시민들과 소련군은 열심히 방어 시설을 구축했다. 이 시기에 극동아시아에 있던 소련군도 시베리아 횡단 열차를 타고 모스크바로 속속 들어왔다. 앞서 소련은 일본과 중립조약을 체결했지만, 독일과 동맹이었던 일본이 언제 쳐들어올지 몰라 극동에 병력을 계속 배치해 두고 있었다. 그런데 소련의 정보원인 조르게가 일본이 소련을 치지 않고 미국을 겨냥해 남쪽으로 진출할 것이라는 첩보를 전달했다. 이에 소련군은 마음을 놓고 극동에 있던 병력을 대거 모스크바 방어에 투입할 수 있었다. 가을 우기가 지나간 뒤 독일군은 망원경으로 모스크바가 보일 정도의 위치까지 진출했다. 하지만 이번에는 악명 높은 '혹한'이 찾아왔다. 기실 히틀러와 독일군의 계획은 겨울이 오기 전에 모스크바를 포함한 소련의 주요 대도시들을 점령하는 것이었다. 이 계획은 물 건너갔다. 동계 전투 준비를 제대로 하지 않았던 독일군은 일순간 큰 난관에 처했다. 보급선이 늘어지면서 적절한 물자 보급도 이뤄지지 않았다. 반면 소련군은 동계 전투 준비가 잘 돼 있었다. 소련군 명장이었던 '게오르기 주코프'는 독일군이 고전하는 틈을 놓치지 않았다. 마침내 소련군이 지금껏 수세였던 상황에서 벗어나 처음으로 공세로 전환했다. 처음 보는 소련군의 공세에 독일군은 충격을 받았다. 구데리안 등은 히틀러의 명령을 무시한 채 전략적 후퇴를 감행했다. 뒤늦게 독일군의 후퇴를 확인한 히틀러는 격노하면서 책임이 있는 70여 명의 장군들을 파면했다. 이어서 육군 총사령관에 올라 군대를 진두지휘하기 시작했다.

암살의 역사

전쟁 및 군대 전문가가 아니었던 히틀러의 간섭이 더욱 노골화되면서 독일 군부는 크게 위축됐다.

극적으로 모스크바 사수에 성공한 소련군은 여세를 몰아 각종 독일군 진지를 뚫으며 돌진해 들어갔다. 그러나 얼마 안 가 벽에 부딪혔다. 칼리닌과 서부전선군 사이를 연결하는 '르제프' 일대를 돌파하지 못했다. 이곳은 지형적으로 모스크바를 향해 위태롭게 돌출돼 있었기 때문에 전략상 매우 중요한 지역으로 여겨졌다. 독일군과 소련군 간 르제프 확보를 위한 치열한 전투가 계속 벌어졌다. 독일군이 가까스로 르제프를 사수하는 데 성공하는 듯했지만 소련군은 쉽게 물러서지 않았다. 스탈린은 돌출돼 있는 르제프를 통해 언제든 독일군의 모스크바 공격이 이뤄질 수 있음을 우려한 만큼, 르제프 돌출구 제거를 집요하게 명했다. 히틀러는 반드시 사수할 것을 명함에 따라 독일군과 소련군 간 치열한 전투가 재차 벌어졌다. 짧은 기간 동안 무려 30만 명에 달하는 사상자가 발생했다. 병사들의 희생은 눈덩이처럼 불어났지만 전선 상황은 이렇다 할 변화가 없었다. 극심한 소모전 끝에 소련군이 물러나면서 르제프 공방전은 일단락 됐다. 이후 양국군의 최대 격전지는 중부에서 남부로 이동하게 된다.

쇠퇴하는 독일군

독소전이 한창 전개되는 와중에 제2차 세계대전의 중대 분수령이 발생했다. 바로 '미국'의 참전이다. 1941년 12월 8일, 일본군이 하와

이 진주만에 있는 미군 기지를 기습 폭격하면서 '태평양 전쟁'이 발발했다. 루스벨트는 "치욕적인 날로 기억될 것"이라며 즉각 추축국들인 독일, 일본, 이탈리아에 선전포고했다. 시종일관 미국의 참전을 종용했던 처칠은 쾌재를 불렀다. 앞서 일본은 '대동아공영권'을 부르짖으며 중국 등 여러 아시아 국가들을 침공했다. 일본군이 원활한 군수물자 공급을 위해 인도차이나 반도까지 침공하자 미국은 더 이상 참지 못하고 일본군의 완전 철수를 요구했다. 이와 함께 석유금수조치와 미국 내 일본자산 동결, 모든 교역 금지조치를 취했다. 일본군은 순순히 물러설 수 없었고 기어이 미국과의 전쟁을 감행했다. 기실 일본군의 행동은 일본은 물론 독일에게도 불길한 먹구름을 드리웠다. 의식이 깨어있던 사람들은 미국의 전쟁 수행 능력이 어느 정도인지를 알았다. 일본의 한 장군은 "우리가 잠자는 사자를 깨운 것은 아닐까?"라고 우려했다. 독일 입장에선 가급적 미국을 중립국으로 묶어놓고 소련과 영국을 먼저 굴복시키는 게 순리였다. 미국과의 대결은 그다음이었다. 그러나 이제는 '헤비급 챔피언'과도 맞서야 했다.

이런 상황에서 히틀러는 소련 남부에 있는 코카서스에 집중했다. 모스크바 공략이 막히고 진격 속도가 정체되자, 지하자원이 풍부한 이곳을 점령해 독일군의 전력을 높이려 했다. 당초 소련군은 독일군이 또다시 모스크바를 공격할 것이라 예상해 대비에 나섰다. 그러다가 우연한 기회에 독일군의 작전 계획을 눈치챌 수 있었다. 독일군은 일단 모스크바와 코카서스 사이에 있는 보로네시로 쳐들어갔다. 소련군은 참호를 깊게 파서 독일군에 격렬히 저항했지만 수많은 사상자를 내고 보로네시를 넘겨줬다. 이후 히틀러는 대대적으로 부대를 재편해 남부 집단군을 두 개로 나눴다. 한 부대는 코카서스로 진격하는 것이었고 또 다른 부대는 이 부대가 원활하게 진격할 수 있도록 통로를 확보해 주는 역할을 맡았다. 그 통로에 해당하는 지역이 바로 '스탈린그라드'였다. 독일군은 코카서스 장악을 위해 반드시 이곳을 점령해야만 했고 소련군은 생명줄과 같은 이곳을 사수해야만 했다. 1942년 8월 23일, 독일군은 우선 폭격기를 대거 동원해 스탈린그라드 전역을 무차별 폭격했다. 이로 인해 무고한 소련 시민들이 죽었고 시내 건물들은 무너져내려 완전한 폐허가 됐다. 수십만의 독일군은 스탈린그라드 내부로 신속히 진격해 들어갔다. 초반에는 모든 게 독일군의 뜻대로 이뤄져 조만간 스탈린그라드도 독일군의 수중에 떨어질 것처럼 보였다. 하지만 의외의 상황이 전개됐다. 소련군이 부서진 건물 곳곳에 숨어들어 게릴라전을 펼쳤던 것이다. 독일 사령관인 '파울루스'는 시간이 걸리더라도 스탈린그라드에 숨어있는 소련군을 일일이 제거하기로 했다. 이는 결정적 패착이었다. 독일군은 소련군이 원했던 '시가전'의 늪으로 고스란히 빠져들었다. 지금껏 경험해보지 못한 이상한 전투에 독일군은 당황했고, 상당한 희생과 함께 아까운 시간을 그냥 흘려보냈다.

몇 개월이 지나도 독일군은 스탈린그라드 동쪽에 있는 '볼가강'에 다가서지 못한 채 시가전만을 치렀다. 소련군은 이런 식으로 버티기만 한다면 승산이 있다고 판단했다. 볼가강 뒤편에서는 지속적으로 소련군 지원 병력이 도착했다. 히틀러는 코카서스로 향하는 부대의 일부 병력을 빼내 스탈린그라드에 투입했다. 양국군 합쳐 총 150만 명에 달하는 병력이 스탈린그라드에서 맞붙었다. 히틀러와 스탈린 모두 "단 한 걸음도 물러서지 말고 전장에서 죽으라"라고 명했다. (스탈린은 형벌부대와 저지부대를 동원해 후퇴를 하려는 병사들을 즉결처형했다.) 폐허 속에서 상호 간 무지막지한 살육이 계속됨에 따라 역사상 가장 많은 사상자, 포로, 민간인 피해를 발생시킨 전투가 됐다. 스탈린그라드의 길거리를 자가 아닌 '시체' 단위로 측정해야 한다는 이야기가 나올 정도였다. 한 때 독일군이 볼가강 가까이 접근하기도 했지만 소련군은 끊임없이 병력을 충원해 저항했다. 어느덧 스탈린그라드 전투는 독소전의 모든 것이 돼 가고 있었다. 다만 시간이 갈수록 불리해지는 것은 독일군이었다. 소련군은 자신들이 의도한 대로 전황이 풀리고 있다고 판단했다. 나아가 결정적인 반격을 준비했다. '천왕성 작전'이었다. 100만 명의 소련군이 스탈린그라드에서 약 100km 떨어진 장소에 집결한 뒤 새벽에 독일군에게 기습적인 공격을 가했다. 독일군은 이 작전을 전혀 예상하지 못했기 때문에 여지없이 밀렸다. 천왕성 작전은 대성공을 거뒀고 독일군 33만 명이 포위돼 전멸당할 위기에 처했다. 초반에 유리했던 독일군은 일순간 낭떠러지로 몰렸다. 전세가 기울었다고 판단한 파울루스는 소련군에게 항복하려 했지만 히틀러는 끝까지 싸우다가 죽으라고 명했다.

파울루스는 병사들의 전멸을 좌시할 수 없었다. 끝내 히틀러의

암살의 역사

명령을 거부하고 소련군에 항복했다. 이로써 매우 처절했던 스탈린 그라드 전투는 소련군의 승리로 끝났다. 무적의 독일군은 참패했고 전군의 사기가 크게 저하됐다. 히틀러도 커다란 충격을 받아 한동안 공개석상에 모습을 드러내지 않았다. 스탈린그라드 전투 이후 힘의 균형은 소련군으로 넘어갔다. 제2차 세계대전의 향방이 뒤바뀌는 순간이기도 했다. 마침 이 시기에 또 다른 전선인 태평양에서도 추축국인 일본이 미국에 계속 밀렸다. 전쟁 초반 일본군은 파죽지세로 미군을 몰아붙였지만 '미드웨이 해전' 패배를 계기로 급속히 쪼그라들었다. 미군은 괴력을 발휘하며 태평양 전쟁의 거의 모든 전선에서 일본군을 격파해 나갔다. 더욱이 미국, 영국, 소련이 유기적으로 연합해 추축국에 맞서기 시작했다. 미국은 영국에게 그랬듯 소련에게도 전쟁 물자를 대거 지원하며 큰 힘을 실어줬다. 기실 소련군이 독일군에 승리하는 데에는 미국의 지원이 큰 몫을 했다. 소련군은 1943년 7월 또 한 번의 대승을 거뒀다. '쿠르스크 전투'에서였다. 이는 역사상 최대 규모의 '기갑전'이었으며 하루동안 벌어진 지상전으로는 가장 치열했던 전투로 손꼽힌다. 수천 대의 전차들이 뒤엉켜 일대 난투를 벌였다. 전투에서 파괴된 수많은 전차들의 모습은 기괴하게 보일 정도였고 그 주변에 널브러진 병사들의 시체는 참혹하기 이를 데 없었다. 막대한 희생을 치르며 승리한 소련군은 이제 독소전의 주도권을 완전히 장악했다. 앞선 '제3차 하르코프 공방전'에서 승리해 잠시 사기가 올랐던 독일군은 쿠르스크 전투 패배 이후 돌이킬 수 없을 정도로 공세 역량을 상실했다. 후퇴하는 일만 남았다.

소련군은 보복에 나서듯 독일군에게 전방위적인 공세를 퍼부었다. 1944년 1월, 포위망을 뚫고 레닌그라드를 해방시켰고 5월에는 우크라이나 등을 탈환했다. 미국-영국 연합군도 비슷한 시기에 이탈리아에서 공세를 감행해 수도인 로마를 함락시켰다. 나아가 6월 6일 역사적인 '노르망디 상륙작전'(오버로드 작전)을 성공시킴으로써, '제2전선' 및 프랑스 해방의 단초를 마련했다. 독일이 동쪽과 서쪽에서 동시에 압박당하는 형국이 조성됐다. 소련군은 6월 22일 '바그라티온 작전'을 감행해 벨라루스에 있던 독일 중부 집단군을 철저히 파괴했다. 이때 소련군은 총 600만 명의 병력을 동원했는데, 한 독일군 장교는 "소련군을 죽여도 죽여도 끝이 보이지 않았다"라고 회고했다. 시간이 갈수록 독일군의 패색이 짙어졌다. 이에 따라 독일 내부도 크게 동요하기 시작했다.

발키리 작전

독일 국방군 내부에는 히틀러에게 충성하는 군인들만 있었던 것은 아니었다. 히틀러를 명백히 반대하는 군인들도 적지 않았다. 해당 군인들이 중심이 된 비밀조직도 있었으니 바로 '검은 오케스트라'였다. 이들은 애당초 히틀러를 독일의 암적 존재로 규정했다. 자신의 허황된 욕망을 위해 전 독일 국민들을 전쟁의 참화로 몰아넣는다고 생각했다. 그러면서 '히틀러 암살' 계획을 여러 차례 수립했다. 독일이 체코슬로바키아의 주데텐란트에 대한 영유권을 주장하면서 전운이 고조될 때 히틀러 암살 계획을 세웠다. 하지만 뮌헨 협정과 제2차 세계대전의 발발로 무기한 연기됐다. 1942년에도 히틀러를 암살하고 '발키리 작전'(독일에서 반란이 일어났을 때를 대비한 비상계획)을 이용해 독일 국내를 장악한 뒤 연합군과 종전 협상을 하려 했다. 이 역시 결행되지는 못했다. 과거 암살 계획이 연이어 무산됐지만 반 히틀러 세력은 포기하지 않고 반드시 암살을 결행하기로 했다. 가만히 있다간 독일이 쑥대밭이 되면서 패전하고 자신들도 고스란히 전범으로 몰려 죽임을 당할 수도 있음을 우려했다.

암살의 수단은 '시한폭탄'이었다. 독일 육군 보충군 참모장교인 '클라우스 폰 슈타우펜베르크'가 폭탄이 든 서류 가방을 들고 히틀러가 있는 장소로 가서 적절한 때에 폭사시킨다는 것이었다. 슈타우펜베르크는 북아프리카 전선에서 큰 부상을 입어 온몸이 온전치 못한 상태였다. 되레 이러한 측면이 주변의 경계심을 낮춤으로써 히틀러에 대한 접근을 용이하게 만들었다. 거사가 성공해 히틀러가 사망하면 독일 보충군 총사령관인 '프리드리히 프롬' 등이 발키리 작전을 가동, 핵심 부대들을 동원해 히틀러 측근들을 체포하고 주요 기관들을 점령할 예정이었다. 발키리 작전의 구체적 명분은 "나치 친위대가 반란을 일으켜 총통을 암살했다"라는 것. 아울러 루트비히 베크 전 육군 상급대장을 임시 대통령, 카를 프리드리히 괴르델러 전 라이프치히 시장을 수상, 에르빈 폰 비츨레벤 육군 원수를 국방군 총사령관으로 삼기로 했다. 슈타우펜베르크는 국방차관으로 취임해 연합군과의 종전 협상을 주도하기로 했다.

거사일은 1944년 7월 11일로 잡혔다. 히틀러를 비롯한 주요 인사들이 참석한 회의가 동부전선 사령부인 볼프샨체, 일명 '늑대소굴'에서 열리기로 한 날이다. 그런데 주요 표적인 '하인리히 힘러'가 참석하지 않아 거사를 잠시 미뤘다. (반 히틀러 세력은 히틀러와 더불어 힘러, 괴링도 동시에 제거해야 한다고 생각했다.) 다음으로 7월 15일이 거사일로 잡혔지만 이때는 히틀러가 막판에 방 바깥으로 나가는 바람에 급히 취소됐다. 이런 가운데 반 히틀러 세력은 비밀경찰인 '게슈타포'가 암살 음모를 감지했다는 소문을 접했다. 비록 사실이 아닌 것으로 판명됐지만 마음이 조급해질 수밖에 없었다. 7월 20일, 다시 절호의 기회가 찾아왔다. 히틀러 등 주요 인사들이 모두 참석한 작전회의가 늑대소굴 총통본영에서 열렸다. 여기에 슈타우펜베르크도 참석하게 됐다. 반 히틀러 세력은 베를린의 보충군 사령부에 집결해 경과를 예의주시했다. 히틀러 암살이 이뤄지면 곧바로 발키리 작전이 가동될 것이었다.

총 24명이 들어간 작전회의는 예정보다 30분 앞당겨진 오후 12시 30분에 진행됐다. 슈타우펜베르크는 일단 회의실이 아닌 대기실로 먼저 갔다. 이곳에서 가방 속에 있던 시한폭탄을 몰래 꺼내 일련의 작업을 했다. 상술했듯 몸이 온전치 않아 주변의 경계에서 쉽게 벗어날 수 있었다. 다만 불편한 몸으로 인해 폭탄 작업이 순조롭지는 않았다. 마침내 작업을 끝낸 슈타우펜베르크는 회의실로 들어갔다. 그는 회의실을 쭉 살펴본 뒤 히틀러 바로 옆으로 슬며시 다가갔다. 그런 다음 폭탄이 든 가방을 자연스럽게 놔뒀다. 이를 의심하는 사람은 아무도 없었다. 슈타우펜베르크는 잠시 회의장에 머물렀다가 전화 핑계를 대고 바깥으로 나갔다. 그가 나간 뒤 얼마간 육군대장의 동부전선 관련 브리핑이 있었다. 히틀러는 팔꿈치를 책상에 대고 턱을 괸 채로 브리핑을 들었다. 바로 그 순간, 엄청난 굉음과 함께 폭탄이 터졌다. 수많은 파편들이 사방으로 튀었고 눈과 코를 찌르는 매서운 연기가 공간을 뒤덮었다. 여기저기서 비명 소리가 나왔다. 외부에서 폭발을 확인한 슈타우펜베르크는 거사 성공을 확신했다. 후속 조치를 위해 반 히틀러 세력이 모여있는 베를린으로 급히 떠났다.

거사 실패

베를린 보충군 사령부에 있는 반 히틀러 세력은 암살 시도가 이뤄진 것을 확인했다. 다만 발키리 작전을 곧바로 가동하지 않았다. 히틀러의 생사 여부를 명확히 파악할 필요가 있었기 때문이다. 슈타우펜베르크와는 아직 연락이 닿지 않는 상황이었다. 일단 슈타우펜베르크가 사령부에 도착하고 이야기를 들어본 후에 작전을 가동하기로 했다. 그런데 이 즈음에 반 히틀러 세력은 안 좋은 소식도 접했다. 총통본영 통신부대 사령관에게서 "총통은 죽지 않은 것 같다"라는 정보를 입수했다. 순간 이들은 적지 않게 당황했다. 그러나 해당 정보마저도 확실하지 않은 만큼 슈타우펜베르크가 오기만을 한사코 기다렸다. 오후 4시가 가까웠을 때 슈타우펜베르크가 사령부에 당도했다. 그는 초조한 표정을 짓고 있는 사람들 앞에서 자신 있게 거사가 성공했다고 밝혔다. 기실 슈타우펜베르크가 히틀러의 죽음을 두 눈으로 직접 목격한 것도 아니었는데, 지푸라기라도 잡고 싶은 반 히틀러 세력은 이 말에 안도의 한숨을 내쉬며 환호했다. 곧이어 발키리 작전이 가동됐다.

작전의 핵심 부대인 '육군 그로스도이칠란트 사단 수도경비대대' 등이 행동에 들어갔다. (그로스도이칠란트 사단은 바이마르 공화국 시절 군사 반란 발생 시 즉각 진압에 투입할 정예 수도방위 부대를 모체로 창설됐다.) 이들은 "친위대가 반란을 일으켜 총통을 암살했다"라는 명분에 기반해 친위대와 보안국 사령부 등 주요 기관들을 포위하거나 점령했다. 주요 인사들에 대한 체포에도 나섰다. 베를린 곳곳에 있는 나치당 고위급 인사들을 차례로 체포했고 반 히틀러 세력에게 반격하려 했던 친위대 장병들도 붙잡았다. 당초 거사에 함께한다고 했지만 히틀러가 살아있을 거라고 판단해 거사에서 발을 뺀 프롬도 체포했다. 이때까지만 해도 발키리 작전은 순조롭게 진행돼 최종 성공하는 듯 보였다. 하지만 머지않아 급제동이 걸렸다. 수도경비대대는 히틀러의 최측근인 요제프 괴벨스까지 체포하러 갔다. 그런데 괴벨스는 매우 여유로운 표정을 짓고 있었다. 그는 대대장에게 "나치 당원인가?"라고 물은 뒤 들고 있던 수화기를 건넸다. 누군가와 통화를 해보라는 것이었다. 그 누군가는 바로 '히틀러'였다. 죽은 줄로만 알았던 총통이 버젓이 살아있었다.

히틀러는 어떻게 생존할 수 있었을까. 가장 결정적으로 슈타우펜베르크가 히틀러 옆에 놔뒀던 폭탄 가방이 돌연 다른 데로 옮겨졌다. 한 대령이 가방으로 인해 통행이 불편할 수 있다고 판단해 그것

암살의 역사

을 (히틀러와 다소 거리가 있는) 책상다리 너머로 옮긴 것이다. 슈타우펜베르크는 회의실 밖으로 나가는 바람에 이를 눈치채지 못했다. 게다가 책상다리는 두꺼운 나무로 돼 있어서 히틀러를 향한 폭발력을 완화시켰다. 회의실 내부 구조도 큰 영향을 미쳤다. 원래 작전 회의는 밀폐된 콘크리트 벙커에서 하기로 돼 있었다. 이런 곳에서라면 폭발력이 분산되지 않아 폭발 효과가 극대화될 수 있다. 그런데 너무 덥다는 이유로 창문이 있고 환기가 잘 되는 일반 건물로 변경됐다. 벙커와 달리 이런 개방된 곳에서는 폭발력이 크게 분산된다. 더욱이 슈타우펜베르크는 벙커에서 회의가 열리는 줄 알고 소량의 폭약을 들고 갔다. 이에 따라 히틀러는 경상을 입는 데 그쳤다. 다만 가방을 옮긴 대령을 포함해 총 4명이 사망했다. 히틀러와 측근들은 처음에는 소련 비행기나 연합군 정보원이 공격을 가한 것이라 판단했다. 그러나 슈타우펜베르크의 미심쩍은 행동들과 관련한 보고를 접한 후 그의 범행이라고 확신했다. 거사 직후 단절됐다가 복구된 늑대소굴 통신선을 통해 발키리 작전 통신을 접한 뒤에는 반 히틀러 세력의 조직적인 움직임이 있다고 확신했다.

　히틀러는 철저한 복수를 다짐하며 라디오 연설대 앞에 섰다. 그의 노기에 찬 육성이 퍼지자 독일 전역이 술렁였다. 특히 거사 가담 세력은 크게 동요하기 시작했다. 히틀러와 직접 연락이 된 수도경비대대가 우선적으로 돌아섰고 주요 거사 가담자들도 속속 발을 뺐다. 호기롭게 진행됐던 발키리 작전이 실패하는 순간이었다. 발을 뺀 사람들 중 일부가 자신들의 혐의를 세탁하기 위해 슈타우펜베르크, 베크, 회프너, 올브리히트, 헤프텐 등 여전히 거사를 이어가려 했던 사람들을 선제적으로 체포했다. 감금됐던 프롬은 한술 더 떠서 풀려나자마자 긴급 군법회의를 소집한 뒤 곧바로 이들에게 사형을 언도했다. 군번순으로 빠르게 총살이 집행됐다. 슈타우펜베르크는 총살 직전 "성스러운 독일 만세"라고 외쳤다. 나치 독일의 마지막 '양심'들은 형장의 이슬로 사라졌고, 독일은 암담한 상황을 완화시킬 수 있는 마지막 기회를 놓치고 말았다. 암살 실패의 후폭풍은 거세졌다. 히틀러는 "참모본부 전체가 오염됐다"라고 규정하며 '장검의 밤'에 버금가는 대숙청을 단행했다. 발키리 작전에 직간접적으로 연루돼 있던 사람들은 물론 연결고리를 거의 찾아볼 수 없는 사람들까지 누명을 씌워 죽였다. 대표적으로 혐의를 세탁하려 했던 보충군 총사령관 프롬, 육군원수 비츨레벤, 전 라이프치히 시장 괴르델러, 서부전선 사령관 클루게, 사막의 여우 롬멜 등이 총살 및 교수형에 처해졌거나 자결을 강요받았다. 특히 교수형의 경우 갈고리에 걸린 피아노줄을 사용해 마치 가축처럼 매달았고 극심한 고통을 받으며 사망하도록 했다. 당사자들 뿐만 아니라 가족들도 연좌돼 불행한 일을 당하는 경우도 있었다. 히틀러는 영사기와 녹음기를 동원해 처형 장면을 녹화하기도 했다. 이 시기에 무려 7000명 넘는 사람들이 체포됐고 5000여 명이 처형됐다.

나치 독일의 몰락

히틀러는 암살 미수 사건을 어느 정도 정리한 후에도 광적인 편집증을 드러냈다. 이전까지 군부의 의견을 들어주는 척이라도 했지만 이제는 군부 자체를 믿지 못해 모든 일을 독단적으로 처리했다. 그럴수록 독일은 나락으로 빠져들었다. 서부와 동부 양쪽에서 미영 연합군과 소련군의 공세가 강화됐고 독일군은 연전연패를 거듭했다. 미영 연합군은 1944년 8월 프랑스 파리를 해방시켰고 1945년 초에는 독일 본토 서부까지 침공, 라인강을 도하했다. 도하에 성공한 미영 연합군은 라인-루르에 있는 독일군을 포위 섬멸했다. 비슷한 시기 소련군은 동유럽에 있는 독일군을 격퇴한 뒤, 독일의 비스툴라-오데르강 지역에 공세를 가하고 동프로이센을 점령했다. 이어서 실레지아와 동포메라니아에 진입했다. 이 와중에 독일군이 소련군에게 마지막 대반격인 '플라텐지 공세'를 감행하기도 했지만 얼마 안 가 격퇴당했다. 4월 초가 되자 소련군이 쾨니히스베르크를 점령했고 미영 연합군은 함부르크와 뉘른베르크를 점령했다.

마침내 미군과 소련군은 4월 25일 '엘베강'에서 만났다. 양국군은 자본주의와 공산주의라는 이념을 떠나 나치 독일에 맞서는 전우로써 반갑게 인사했다. 이제 남은 것은 '베를린'이었다. 누가 먼저 베를린을 점령할 것인가를 두고 미영 연합군과 소련군 간 신경전이 있었지만, 소련군이 먼저 베를린으로 진입했다. 소련군은 최후 항전하는 독일군과 치열한 전투를 벌인 끝에 4월 30일 국가의회 의사당을 점령하는 데 성공했다. 소련군 병사가 의사당 건물 맨 꼭대기에 올라가 소련 국기를 휘날렸다. 이 장면을 찍은 사진은 소련의 승리와 나치 독일의 패망을 상징적으로 보여줬다. 5월 7일 독일이 소련군에 무조건 항복을 함으로써 유럽에서의 전쟁은 사실상 종결됐다. 한편 히틀러의 행방에 모든 관심이 쏠렸다. 그는 마지막 순간에 국가수상부 구청사 옆에 있는 방공호인 '퓌러엄폐호'에 있었다. 곁에는 연인인 '에바 브라운'과 측근들이 있었다. 히틀러는 독일의 패망을 직감했고 최후를 맞이할 준비를 했다. 우선 독일 해군 사령관인 '되니츠' 제독을 자신의 후계자이자 차기 총통으로 임명하는 문서를 구술했다. 그런 다음 에바 브라운과 결혼식을 올렸다. 이튿날 히틀러는 측근들과 조촐한 점심식사를 한 후 에바 브라운과 함께 응접실로 들어갔다. 이곳에서 그는 권총을 입에 물고 방아쇠를 당겼다. (확실하게 죽기 위해 입에 청산가리도 넣었다는 이야기가 있다.) 에바 브라운은 청산가리를 먹고 자결했다. 인류를 전쟁의 참화에 몰아넣고 유대인들을 무차별 학살했던 잔혹한 독재자의 비참한 최후였다. 히틀러의 죽음 소식을 접한 스탈린은 "죽어버렸구나 개새끼. 내 손으로 죽였어야 했는데"라고 말했다.

히틀러의 경호원들은 상관의 시체를 벙커에서 끌어낸 뒤 가솔린을 뿌려 태웠다. 히틀러가 자신이 죽은 후 적군의 손에 시체가 넘어가지 않도록 미리 지시했기 때문이다. 경호원들은 최종적으로 포탄으로 패인 구덩이에 검게 그을린 시체를 묻었다. 여기까지가 공식적으로 알려진 히틀러의 마지막이다. 다만 일각에서는 히틀러가 이때 사망하지 않고 남아메리카로 몰래 도주해 천수를 누리고 죽었다는 음모론도 제기된다. 실제로 아르헨티나와 콜럼비아 등에서 히틀러 목격담이 나오기도 했다. 스탈린은 1946년 남미를 샅샅이 뒤져 히틀러를 제거하라는 명령을 내린 적도 있다고 한다. 또한 소련군이 히틀러로 추정되는 두개골을 발굴했는데, 추후 이 두개골이 여성의 것으로 밝혀져 '히틀러 여성설'이 대두했다. 이 밖에도 음모론들은 다수 존재한다. 워낙 악명 높은 인물이라 이 같은 설들이 제기되는 것으로 보인다.

태평양 전쟁도 막바지에 접어들고 있었다. 미군은 루손섬과 마닐라, 버마 등에서 일본군을 몰아냈고 도쿄를 포함한 일본의 주요 대도시들을 대규모 폭격했다. 뒤이어 일본 내로 진격해 이오지마와 오키나와 등을 점령했다. 일본군은 매번 결사항전으로 맞섰지만 압도적인 미군의 화력 앞에 속절없이 무너졌다. 연합군 지도자들은 1945년 7월 독일 '포츠담'에서 회담을 갖고 일본의 무조건 항복을 요구했으며 이에 불응 시 "신속하고 완전한 파괴에 직면할 것"이라고 경고했다. 일본은 해당 요구를 거부했다. 8월 초 미군은 최후의 수단으로 일본의 히로시마와 나가사키에 '원자폭탄'을 투하했다. 폭탄 한방으로 인해 수십만 명에 달하는 인명이 살상되는 것에 놀란 일본 정부는 본격적으로 항복을 검토했다. (미국은 원자폭탄에도 불구하고 일본이 항복하지 않을 경우 일본 본토에 육군을 상륙시켜 초토화시키는 '몰락 작전'을 계획했다.) 이 즈음에 소련군도 일본에 선전포고하고 만주 진공, 남사할린 진공, 쿠릴 열도 진공 작전을 펼쳤다. 특히 소련군의 만주 진공 속도는 타의 추종을 불허할 정도로 빨라 일본군이 혀를 내둘렀다고 한다. 일본은 더 이상 버틸 여력이 없었다. 일왕은 8월 15일 옥음방송을 통해 연합군의 포츠담 선언을 수락한다고 발표했다. 마침내 항복한 것이다. 일본 대표단이 9월 2일 도쿄만에 정박한 미국 전함 USS 미주리 갑판 위에서 항복 문서에 서명함에 따라 제2차 세계대전은 완전히 끝났다. 민간인을 포함한 사상자는 최대 8000만 명으로 집계됐고 소련의 경우 3000만 명에 달하는 인명 손실을 입은 것으로 나타났다.

16

간디 암살

"아, 라마여…"

비폭력 불복종 민족주의자의 죽음 전말

마하트마 간디는 1948년 1월 30일 뉴델리에서 열린 저녁 기도회에서 힌두교 극단주의 단체에 소속된 나투람 고드세에게 암살을 당했다.

"셀 수 없이 많은 사람들이 간디를 보기 위해 몰려들었다. 간디는 힘을 내 손을 흔들었고 미소도 지었다. 그런 다음 군중 사이를 천천히 지나갔다. 얼마나 갔을까. 별안간 카키색 군복을 입은 한 남자가 불쑥 나타났다. 고드세였다. 그는 정중히 인사를 한 후 간디의 발을 만지려 몸을 숙였다. 간디도 두 손을 모으고 인사를 했다. 그런데 고드세가 다시 몸을 일으켜 세움과 동시에 품속에서 권총을 빼들었다."

'마하트마 간디'는 인도에서 국부 또는 위대한 영혼으로 불리고 있다. 영국의 식민 통치에 맞서 민족독립운동을 앞장서 주도했고 독립 후에는 민족 간 화합을 위해 노력했다. 무엇보다 간디가 존경받는 이유는 독립운동 과정에서 보여줬던 그의 투쟁 방식 때문이다. '비폭력 불복종'으로 통칭되는 투쟁 방식은 이전에는 볼 수 없었던 새로운 개념이었다. 말 그대로 폭력을 일절 사용하지 않고 끝까지 평화적인 모습으로 투쟁하는 것이었다. 일각에선 이 투쟁 방식에 불만이 많았다. 영국은 폭력적으로 진압을 하는데 가만히 당할 수는 없다는 것이었다. 폭력 투쟁에 대한 욕구가 분출할 때마다 간디는 영국인들을 다치게 하지 말고 차라리 맞아 죽으라고 역설했다. 비폭력 투쟁만이 정당성을 가지며 독립운동을 궁극적인 승리로 이끈다고 믿었기 때문이다. 영국은 이제껏 한 번도 경험해보지 못한 투쟁 방식에 당황하지 않을 수 없었다. 아울러 인도 독립운동에 전 세계인들의 우호적인 관심과 지지가 쏟아지는 계기가 마련됐다. 지속적인 비폭력 불복종 투쟁에 힘입어, 인도는 당초 간디가 의도한 대로 궁극적인 승리, 민족독립의 길로 나아갈 수 있었다.

　하지만 독립 이후에 더 큰 시련이 찾아왔다. 종교 갈등으로 인도가 둘로 쪼개졌다. 간디는 크게 좌절했지만 끝까지 민족의 화합을 위해 노력했다. 독립운동에선 결실을 봤지만 민족화합 노력에선 끝내 결실을 보지 못했다. 나아가 힌두교 극단주의 단체에 소속된 한 청년에게 불의의 암살을 당했다. 민족의 독립과 화합에 헌신했지만 같은 민족의 손에 죽임을 당했다는 점에서 국내의 '김구' 사례와 비견된다. 비극적으로 역사의 뒤안길로 사라졌다곤 하나, 간디의 비폭력 불복종 운동과 화합의 유산이 전 세계인들에게 끼친 영향은 지대하다. 이름만 들어도 알 만한 역사적 인물들은 간디를 롤모델로 삼아 불의에 맞섰다. 그리고 역사의 진보를 이뤄냈다. 간디는 일종의 '선구자'와 같은 역할을 수행했던 셈이다. 다만 오늘날 일각에서 간디의 부정적인 사생활과 관련한 이야기가 나온다. 이를 근거로 간디에 대한 총체적 재평가가 이뤄져야 한다는 목소리도 제기된다. 인간은 그 누구도 완벽할 수 없다. 일부 부정적인 측면으로 전체를 일반화하면 안 된다. 해당 부분에 대해 지적은 하되, 간디가 숭고한 방식으로 대의에 헌신해 후대에 긍정적인 영향을 끼친 점은 존경해야 마땅하다. '비폭력 불복종 민족주의자', 간디의 민족독립 운동과 암살 전말을 되돌아봤다.

영국의 인도 식민지화
　현대의 인도 이전에는 약 2000년 만에 인도 아대륙을 재통일한

'무갈 제국'이 있었다. 이 제국은 300년 넘게 존속하며 상업과 수공업을 크게 진흥시켰고 유럽과의 교역도 활발하게 추진했다. 영국, 프랑스, 네덜란드, 포르투갈 등 수많은 유럽 국가들이 무갈 제국에 들어와 다양한 교역을 하기도 했다. 이로 인해 무갈 제국은 한때 유럽 국가들을 능가하는 세계 최대의 경제대국이 됐다. 하지만 1707년 전성기를 주도했던 '아우랑제브 황제'가 사망한 후부터 무갈 제국은 서서히 쇠퇴하기 시작했다. 후계자들 간에 피비린내 나는 권력 암투가 벌어졌고 제국 곳곳에서 수많은 반란들이 발생했다. (과거 탄압받았던 시크교 신자들의 반란은 제국의 근간을 뒤흔들었다.) 무갈 제국의 세입도 급속히 감소해 경제가 악화됐다. 정부로부터 수조권을 제대로 지급받지 못한 대지주들이 무장 농민들을 선동, 핵심 세수원인 수라트로 향하는 운송로를 파괴했기 때문이다. 또한 황제 권력 및 중앙 정부의 통제력이 약화되면서 전국에서 독립 혹은 준독립 상태의 토후 세력들이 등장했다. 외부 세력의 침입도 이어졌다. 아우랑제브 시대에는 잠잠했던 '마라타 동맹'이 무갈 제국이 흔들리는 틈을 타 공격을 감행해 큰 피해를 입혔다. 페르시아 아프샤르 왕조의 창시자인 나디르 샤의 공격은 치명적이었다. 당시 무갈 제국 황제였던 무함마드 샤는 연이은 패배 후 막대한 재화와 딸까지 바치는 굴욕을 감수해야 했다. 이후에 양호한 정치 지도자가 나와 상황을 조금이나마 안정시켰으면 좋았겠지만, 이마드 울물크와 같은 최악의 지도자들이 등장해 국가를 더욱 나락으로 빠뜨렸다.

이처럼 무갈 제국의 끝없는 쇠퇴 현상은 당시 인도 아대륙에 진

암살의 역사

출해 있던 유럽 국가들로 하여금 딴생각을 품게 만들었다. 바로 '식민지화' 야욕이다. 자원과 인구 등이 풍부했으니 탐을 내는 건 당연했다. 여러 국가들 중 영국과 프랑스가 가장 적극적이었다. 그러면서 두 국가 간 충돌이 불가피했는데 이는 '카나틱 전쟁'으로 가시화됐다. 영국령 인도의 거점인 마드라스와 프랑스령 인도의 거점인 퐁디셰리 사이에서 세 차례에 걸쳐 발생한 전쟁이었다. 구체적으로 인도 남부 동해안의 무역 거점과 화물의 집산지 등을 놓고 경쟁을 벌인 것이었다. 유럽의 오스트리아 왕위 계승 전쟁 및 7년 전쟁과도 연계됐다. 초반에는 프랑스군이 우세했다. 그러나 2차 전쟁 이후 지나친 군수물자 소진과 재정 고갈 등으로 어려움에 빠졌다. 결국 영국군이 3차 전쟁에서 프랑스군에게 크게 승리함으로써 인도 아대륙에서의 주도권을 확실히 보장받게 됐다. 이제 영국이 별다른 경쟁자 없이 인도를 집어삼킬 수 있는 기반이 조성된 것이나 다름없었다. 영국의 인도 식민지화 첨병은 동양과의 교역을 담당하는 식민 기관인 '동인도 회사'였다. 이는 무갈 제국에서 가장 부유한 지역인 '벵골 수바'를 잠식해 나갔다. 결정적으로 '플라시 전투'를 통해 기존 벵골 태수를 축출한 뒤 꼭두각시인 미르 자파르를 새로운 벵골 태수로 앉혀 온갖 이권을 취했다. 관세 면제 특권과 전쟁 배상금, 자유로운 요새 구축, 주화 주조권 등을 획득했다.

이 시기 무갈 제국에는 '샤 알람 2세'가 새로운 황제로 재위하고 있었다. 그는 정통성도 출중했고 나름 국가를 올바르게 통치해 보려는 의지도 있었다. 그래서 영국에게 잠식되는 벵골 지역을 되찾기 위해 여러 차례 군대를 파견했다. 하지만 북사르 전투에서 대패했고 1765년 굴욕적인 '알라하바드 조약'까지 체결했다. 이 조약은 영국에게 벵골 지역 세금 징수권과 사실상의 통치권을 넘겨주는 것이었다. 이제 영국은 광대한 벵골 지역의 부를 완전히 장악했고, 인도 전역에 대한 침공 준비를 효과적으로 해나갈 수 있게 됐다. 획득한 부를 통해 행정 조직을 갖추고 강력한 군대를 수월하게 조직했기 때문이다. 반면 약해질 대로 약해진 무갈 제국은 마라타 동맹의 보호국으로 전락했다. 10여 년 간 마라타 군대가 수도인 델리에 주둔했다. 샤 알람 2세는 그저 허수아비 황제에 불과했다. 1800년, 준비가 완료된 영국군은 인도 전역을 겨냥해 대대적인 침공에 나섰다. 최신식 병기로 중무장한 영국군은 파죽지세로 진격했다. 마라타군이 곳곳에서 저항했지만 속절없이 무너졌다. 여러 지역들이 함락돼 영국의 직접 또는 간접 통치 하에 놓였다. 영국군은 영악한 전법을 구사해 인도 내부 세력끼리 연합할 수 있는 가능성도 미연에 차단했다. 1803년 수도인 델리마저 영국군의 수중에 떨어졌다. 수도를 점령한 영국군은 일단 샤 알람 2세와 무갈 황실의 권위를 존중해 줬다. 인도를 효율적으로 통치하기 위해선 이들의 도움이 필요했기 때문이다. 이때까진 무갈 황제가 공식적으로 '인도의 황제'로 존재했다. 그러나 오래가지 못했다. 샤 알람 2세의 뒤를 이은 황제들, 악바르 2세와 바하두르 샤 2세 시대에는 황제의 실질적 영향력이 델리 시가지로 축소됐다. 더 이상 인도의 황제가 아닌 '델리의 왕'에 불과했다. 한때 대제국을 거느렸던 무갈 황제가 일개 도시의 태수급으로 강등된 것이다.

이런 가운데 난데없는 정변이 발생했다. 영국인들이 고용한 현지 용병인 세포이가 반란을 일으켰다. '세포이 항쟁'이었다. 인종차별과 과도한 세금징수, 폭압적인 식민행정 등에 반발해 들고일어났다고 밝혔다. 세포이들은 델리를 점령한 후 바하두르 샤 2세를 인도의 황제로 추대했다. 그런데 세포이 항쟁의 명분은 그럴듯했지만 이들의 통치는 그야말로 최악이었다. 치안과 행정 등이 제대로 돌아가지 않아 델리는 아수라장이 됐다. 세포이들은 질서를 잡아보려는 황제의 명령도 무시하기 일쑤였다. 이 같은 상황에서 델리와 황제, 세포이들은 영국군의 손쉬운 표적이 됐다. 1837년 9월 영국군은 세포이들을 가볍게 제압한 뒤 델리를 다시 점령했고 바하두르 샤 2세를 폐위했다. 이후 전범재판까지 열어 바하두르 샤 2세에게 유죄를 선고했다. 영국 정부를 상대로 일어난 반란을 지원하고 협조한 죄, 인도의 황제라는 직함을 함부로 참칭 한 죄, 선량한 기독교인들을 살해하는 데 협조한 죄 등이 죄목으로 꼽혔다. 급기야 1858년 10월 바하두르 샤 2세가 미얀마로 추방되면서 무갈 제국은 역사의 뒤안길로 사라졌다. 영국은 남은 지역인 남인도, 스리랑카 등을 병합한 후 1877년 '인도 제국'을 수립했다. 빅토리아 영국 여왕은 이 제국의 황제로 즉위했다. 이로써 영국의 인도 식민지화 작업은 완료됐고 인도는 오랜 기간 영국의 지배 하에 들어갔다.

인종차별 반대 운동

'모한다스 카람찬드 간디'는 1869년 인도 구자라트의 작은 소국에서 태어났다. 부친이 포르반다르 국의 수상이었던 만큼 간디는 어린 시절을 넉넉하게 보냈다. 독실한 힌두교 신자였던 모친의 영향으로 간디도 힌두교 관련 경전을 많이 읽었다. 다만 간디의 삶이 처음부터 모범적이지는 않았다. 그는 한때 잘못된 길에 빠져 매춘을 하려다 실패하거나 남의 물건을 자주 훔쳤다. 극단적인 선택을 시도하기도 했다. 한동안 일탈이 지속되다 부친의 갑작스러운 죽음 이후 변화된 삶을 살았다. 간디는 1888년 영국 런던에 있는 대학교로 유학을 가서 변호사 자격을 취득했다. 대학을 졸업한 후에는 영국의 식민지인 남아프리카로 건너가 변호사 사무실을 개업, 법 관련 활동을 했다. (당시 남아프리카에는 이주한 인도인들이 많았다. 영국이 작물들을 대량생산하기 위한 노동력을 필요로 했기 때문이다.) 그런데 간디는 이 시기에 인생의 향방을 결정짓는 중요한 체험을 하게 된다. 어느 날 1등석 기차를 타고 가던 중 인도인이라는 이유로 그곳에서 쫓겨났다. 1등석에 있는 영국인 승객이 더러운 인도인과 함께 가기 싫다고 민원을 넣은 게 고스란히 수용된 것이다. 간디는 1등석은 물론 2등석, 3등석에도 앉을 수 없었고 맨 끝에 있는 짐칸으로 가라는 압박을 받았다. 그가 짐칸으로 갈 수 없다며 버티자 기차 직원들이 강제로 바깥으로 끌어냈다. 기차 안에 있던 영국인들은 내동댕이 쳐진 간디를 보며 크게 웃었다. 남부러울 것 없는 상류층에서 자랐고 영국 유학과 변호사 개업까지 한 간디도 이런 대우를 받았으니, 그당시 영국인들의 인종차별이 얼마나 심각했는지를 단적으로 엿볼 수 있다.

간디는 끓어오르는 분노를 참을 수 없었다. 이때부터 그는 인종차별에 반대하고, 영국에 맞서 인도인들의 권익과 독립을 쟁취하는 운동에 헌신하기로 다짐했다. 우선 남아프리카의 나탈주 식민 의회가 나탈 인도인들의 선거권 박탈을 입법하려 할 때 수많은 사람들의 반대 서명을 받아 관심을 끌었다. 더반에서 '나탈 인도국민회의'를 설립해 인도인들의 단결을 도모했으며 국제사회에 인종차별 실상을 널리 알렸다. 간디가 남아프리카에서 행했던 가장 눈에 띄는 활동은 1906년 '아시아인 등록법 반대' 투쟁이다. 해당 법으로 인해 트란스발에 거주하는 8세 이상 인도인들은 계급과 나이, 키, 지문까지 등록하고 등록 서류를 항상 소지해야 했다. 사실상 인도인들을 효과적으로 감시하고 차별하는 수단이었다. 간디는 공개적으로 3000여 명의 인도인들에게 지문 등록 거부 맹세를 받았고, 이의 영향으로 실제 수많은 인도인들이 지문 채취를 거부했다. 약 2000개의 아시아인 등록증을 모아 불태우기도 했다. 나아가 등록증 없이 트란스발로 들어가 살자는 '트란스발 행진'을 주도했다. 약 4000명의 인도인들이 평화적인 행진에 동참했다. 하지만 트란스발 식민 정부는 이를 무력으로 해산시켰고 간디를 붙잡아 투옥했다. 그러자 광산 인도인 노동자들이 파업을 단행하며 그에게 힘을 실었다. 이번에도 강경 진압이 이뤄졌지만 광산 노동자들은 감옥에 들어가서도 당당히 맞섰다. 이러한 투쟁 과정은 전 세계에 전파돼 커다란 공감과 지지를 불러일으켰다. 대내외적으로 불리하게 돌아가자 결국 트란스발 식민 정부는 아시아인 등록법을 폐지했다.

간디는 아시아인 등록법 반대 투쟁을 벌일 때 처음으로 비폭력 불복종 운동인 '사티아그라하'를 전개했다. 이는 미국의 사상가인 '헨리 데이비드 소로'의 시민 불복종 철학에서 영감을 얻은 것이었다. 폭력은 폭력을 낳는 악순환만 불러일으킬 뿐이며 비폭력이야말로 궁극적으로 승리하는 길이라고 생각했다. 당초 별다른 효과가 없을 것이라는 전망이 많았지만 결과적으로 승리함에 따라 간디는 이 투쟁 방식에 대해 확신을 갖게 됐다. 또한 그는 이때부터 서양식 양복을 벗어던지고 전통 인도식 복장을 입었다. 서양의 옷을 입고 인도와 인도인들을 위해 싸우는 것은 앞뒤가 맞지 않으며, 기본적으로 인도의 옷을 입고 싸우는 것이 올바른 자세라고 판단했다.

민족독립운동

남아프리카에서의 활동으로 간디의 명성은 크게 높아졌다. 그는 이제 인도로 돌아가 독립을 위해 투쟁하기로 결심했다. 이미 인도에서도 국민적 영웅으로 떠오른 상태였다. 그러나 1915년 귀국했을 때 인도의 상황은 녹록지 않았다. 영국이 참전한 '제1차 세계대전'이 발발하면서 인도도 전쟁의 소용돌이에 휩쓸렸던 것이다. 영국은 독일에 맞설 수 있는 충분한 병력이 필요했다. 이에 식민지였던 인도에서 수십만 명의 병사들을 모집해 전쟁터로 데려갔다. 그럼에도 더 많은 병력이 필요해 추가적인 모집을 하려 했다. 인도 사람들은 더 이상의 모집은 안 된다는 입장이 확고했다. 영국은 군침이 돌만한 떡밥을 던졌다. 바로 '자치권 보장'이다. 병력을 더 보내주면 전쟁 승리 후 인도인 스스로 국가를 이끌어나갈 수 있게 허락한다는 말이었다. 이미 캐나다, 호주 등에선 자치권이 보장되고 있었다. 간디는 영국이 내세운 조건을 들어줄지 말지를 놓고 고민에 빠졌다. 며칠 간의 고민 끝에 그는 영국에 협조하기로 결정했다. 비록 인도 청년들의 목숨이 많이 희생될 수 있었지만 독립의 전 단계로써 자치권 확보가 매우 중요하다고 판단했다. 간디는 인도총독에게 "가까운 장래에 해외 자치령이 누리는 것과 똑같은 파트너가 되기를 열망한다. 제국이 위험에 처한 이때, 제국을 위해 확고한 지지를 보내야 한다고 생각한다"라는 편지를 보냈다. 이후 인도 청년들의 참전을 독려하는 캠페인을 벌였다. 총 130만 명에 달하는 인도 청년들과 노동자들이 전쟁터로 갔다. 이들은 유럽, 중동, 동아프리카 전선에서 맹활약을 펼쳤다. 기실 영국이 제1차 세계대전에서 승리하는 데 있어 인도의 공헌도 상당했다.

전쟁이 연합국의 승리로 끝나자 간디와 인도인들은 조만간 자치권을 누릴 수 있을 것이라 기대했다. 하지만 영국은 자치권 약속을 이행하지 않았다. 속았다는 것을 알아챈 인도인들은 파업, 시위 등 대대적인 반영 운동을 전개했다. 이에 영국은 강경책으로 맞섰다. 1919년 '롤럿법'을 제정해 반영 운동에 가담한 인도인들을 사법절차 없이 마구잡이로 투옥시켰다. 심지어 영국군이 비무장 군중들에게 발포를 하는 사건도 발생했다. 분노한 인도인들은 폭동을 일으켰다. 상황이 점점 악화되자 간디가 전면에 나섰다. 그는 남아프리카에서 그랬던 것처럼 인도인들에게 비폭력 불복종 운동을 전개하자고 제안했다. 폭력으로 맞서봤자 희생만 커질 뿐, 비폭력만이 궁극적으로 영국을 이길 수 있다고 강조했다. 남아프리카에서의 성공

경험도 거론하며 인도인들을 설득했다. 결국 인도인들은 평정심을 되찾고 간디에게 적극 협조했다. 그는 인도 빈민층과의 동질성을 나타내기 위해 '베옷'을 입었고 '영국 제품 불매 및 국산품 애용' 운동을 전개했다. 인도인들은 영국 제품에 눈길조차 주지 않거나 한곳에 모아 불태웠다. 특히 간디는 이때 영국의 공장제 수공업에 대항해 인도 전통 수공업을 상징하는 물레인 '차르카'를 돌리며 직접 옷을 만들어 입었다. 이 모습은 인도 독립운동의 커다란 상징이 되면서 전 세계의 이목을 집중시켰다. 이의 영향을 받은 수많은 인도인들이 다 함께 물레를 돌리며 직접 옷을 만들었다. 자국 제품의 판매 급감 등에 위기감을 느낀 영국은 해당 운동을 주동한 혐의로 간디를 체포, 투옥시켰다. 그러나 간디는 굴하지 않았다. 감옥 안에서도 꿋꿋이 물레를 돌리며 투쟁을 이어갔다. (간디의 모습에 감명을 받은 동양인 최초 노벨문학상 수상자 '타고르'는 간디에게 위대한 영혼이라는 의미인 '마하트마'를 선사했다.) 1924년 석방된 간디는 '인도국민회의' 의장으로 취임했다. 공식적으로 인도 독립운동의 최고 지도자가 된 것이다. 이때부터 훗날 인도의 초대 총리가 되는 '자와할랄 네루'와 함께 했다.

인도국민회의는 1930년 '인도 독립 선언문'을 발표했다. 해당 선언문의 내용은 다음과 같다. "영국 정부는 인도 국민들의 자유를 박탈했을 뿐만 아니라 대중의 착취에 기반을 두었으며 경제 정치 문화 정신적으로 인도를 망쳤다. 그러므로 우리는 인도가 영국과의 관계를 끊고 완전한 독립을 달성해야 한다고 믿는다. 완전한 독립이 우리의 가장 즉각적인 목표다." 그러나 영국은 이를 완전히 무시했고 탄압의 강도를 높여갔다. 이 시기 영국은 '소금세'를 제정해 인도인들을 곤경에 빠뜨렸다. 소금세는 인도에서 생산되거나 수입되는 모든 소금에 세금을 붙이고 가내 수공업으로 제조한 소금은 불법으로 규정한 것이다. 이는 인도의 경제를 완전히 종속시키려는 의도였다. 인도인들은 생활필수품인 소금을 비싼 값을 내고 사 먹어야 했다. 바닷가에서 쉽게 구할 수 있었지만 불법이었기에 아무것도 할 수 없었다. 간디는 소금세 제정에 반대하며 소금을 투쟁 수단으로 삼기로 했다. 도출된 방안은 '소금 행진 시위'였다. 간디는 바다에서 직접 소금을 가져다 먹자면서 사바르마띠 아슈람에서 단디 해안까지 약 386km를 행진했다. 초반에 78명으로 시작한 행진 규모는 점점 커져 수만 명으로 증가했다. 간디와 인도인들은 24일간의 행진 후 단디에 도착하는 데 성공했다. 하지만 영국 경찰들이 쇠끝 달린 몽둥이 등으로 무자비하게 구타하며 강제해산을 시도했다. 이런 상황에서도 간디와 인도인들은 무방비로 맞으며 비폭력 투쟁으로 일관했다. 간디 등이 체포 투옥된 후 전국에서 이에 반발하는 시위가 발생했다. 이로 인해 약 103명이 사망했고 6만여 명이 투옥됐다. 이렇게 되자 전 세계에서 인도의 상황을 예의주시하기 시작했다. 간디와 시위자들의 석방을 촉구함과 동시에 영국의 비인도적인 탄압을 비난하는 목소리가 높아졌다. 압박을 느낀 영국은 '어윈 조약'을 통해 모든 정치범들을 석방했다. 나아가 인도 내 가정용 소금 생산도 허용했다. 비폭력 불복종 운동의 승리였다.

이후 간디는 대내적으로는 인도 불가촉천민에 대한 차별 대우를 개선하려는 '하리잔' 운동을, 대외적으로는 유럽을 순회하며 인도의 완전 독립과 평화의 필요성을 역설했다. (이 시기 영국의 '윈스턴 처칠'은 간디를 '힌두 무솔리니'라고 일컬으며 경멸했다.) 그러던 중 1939년 '제2차 세계대전'이 발발했다. 제1차 세계대전 때보다 훨씬 다급했던 영국은 인도의 적극적인 참전을 요구했다. 또한 아무런 논의도 없이 인도가 참전할 것이라고 일방적으로 발표했다. 간디는 인도의 참전을 명백히 반대했다. 인도국민회의도 간디와 궤를 같이 했다. 영국은 노도와 같은 독일군의 공세를 막기 위해, 간디 등의 반대에도 불구하고 수많은 인도인들을 전쟁터로 데려갔다. 그럼에도 추가적인 병력이 필요했던 영국은 또다시 자치권 보장이란 떡밥을 던졌다. 이미 한번 속았었던 간디와 인도인들은 이 말을 곧이곧대로 믿지 않았다. 그러면서 자치권이 아닌 인도의 완전한 독립을 약속하라고 요구했다. 간디는 뭄바이 연설을 통해 "영국은 인도를 떠나라. 우리는 인도를 해방시키지 못하면 차라리 그 과정에서 죽겠다"라고 외쳤다. 간디와 네루 등의 지도 하에 대규모 독립 및 참전 반대 운동이 벌어졌다. 이번에도 무력 진압이 이뤄졌고 간디 등은 체포돼 투옥됐다. 그는 고령이었던 탓에 막막한 감옥에서 질병으로 꽤나 고생했다. 간디의 건강을 걱정한 인도인들은 다시 격앙돼 폭동을 일으켰다. 힘든 와중에도 간디는 인도인들에게 비폭력과 자제를 촉구하며 "제국 정부에 반대하되 영국인들을 죽이거나 다치게 하지 말라. 영국 관리들이 무력을 사용하면 기꺼이 고통을 받고 죽으라"라고 말했다.

비록 혹독한 탄압과 고난의 연속이었지만 인도는 점차 독립의 길로 나아갔다. 영국은 제2차 세계대전과 비폭력 불복종 운동의 영향으로 힘이 크게 꺾였다. 전쟁이 끝난 후 인도 전역에선 이전보다 더 거대한 독립운동이 벌어졌다. 영국은 더 이상 인도를 통제하기가 어렵다고 판단했다. 마침내 1947년 8월 15일 영국이 완전히 손을 떼면서 인도의 독립이 이뤄졌다. 수십 년에 이르는 기나긴 영국의 식민 지배가 종결된 것이다. 모든 인도인들이 그토록 갈망했던 독립, 그런데 이 독립은 불완전한 것이었다. 독립 이전부터 도사리고 있던 '분리 독립론'이 가시화됐기 때문이다. 바로 힌두교 신자가 많은 인도 자치령과 이슬람 신자가 많은 파키스탄 자치령 간의 분리 독립이었다.

민족 · 종교 화합 노력

기실 인도의 종교 갈등은 오래전부터 있었다. 영국은 이 점을 악용해 인도의 독립운동이 통합된 힘을 발휘하지 못하게 유도하기도 했다. 간디는 수년동안 갈등을 잠재우고 분리 독립을 막아내기 위해 부단히 노력했다. 인도의 이슬람교 지도자인 '무함마드 알리 진나'를 여러 차례 만나 분리 독립 반대와 힌두교도 및 이슬람교도가 공존하는 '인도 연합'을 강하게 주장했다. 네루와 힌두교도가 대다수인 인도국민회의도 "독립 인도는 하나의 헌법 아래에 있는 하나의 국가여야만 한다"라고 밝혔다. 그러나 진나와 무슬림 연맹은 완전히 분리된 이슬람 국가를 건설하려는 의지가 확고했다. 견해차는 좀처럼 좁혀지지 않고 평행선을 달릴 뿐이었다. 결국 인도국민회의와 무슬림 연맹은 각각의 임시정부를 만들었고 인도와 파키스탄으로 분리 독립했다. 간디는 크게 절망했다. 그는 "정신적 비극이다. 나는 오래 살고 싶었지만 이제 그렇게 할 명분을 잃어버리고 말았다"라며 언론 인터뷰와 독립 기념일 연설 등을 모두 거부한 채 한동안 집에서만 머물렀다.

이런 가운데 힌두교도들과 이슬람교도들 간 대립이 격화됐다. 급기야 국경 지대인 인도 서벵갈 콜카타 인근에서 3일 동안 무려 6000여 명이 사망하는 대규모 유혈 사태가 터졌다. 상황의 심각성을 인지한 간디는 고령의 나이에도 불구하고 폭력 중단을 요구하며 무기한 단식에 돌입했다. 이때 간디의 건강은 단시간에 급격히 나빠졌다. 자칫하면 목숨을 잃을 수도 있었다. 이렇게 되자 힌두교도들과 이슬람교도들은 다급히 화해를 했다. 이후 간디는 이곳저곳을 돌아다니며 두 종교 간 화합을 역설했다. 그는 "무슬림이 힌두교도를 전멸시킬 것이라 믿는다면. 또는 힌두교도가 무슬림을 전멸시킬 것이라 믿는다면. 나는 그들에게 과연 무엇을 얻을 수 있는지를 묻고 싶다. 모든 종교는 평등하며 동일한 신앙에 기초하고 있다"라고 외쳤다.

특히 간디는 힌두교도였음에도 이슬람교도들에 대한 사랑을 실천으로 보여줬다. 이슬람교도들이 델리 등에서 힌두교도들에게 박해를 당해 안전지대로 피신하자, 간디는 해당 장소를 방문해 그들을 진심으로 위로했다. 이 같은 행보는 일시적이 아닌 꽤 오랜 기간 지속됐다. 그는 "힌두교도들이 무슬림들을 공격하는 것을 결코 좌시해선 안 되며 우리는 형제자매로서 평화롭고 조화롭게 살아갈 수 있어야 한다"라고 강조했다. 간디는 증오로 가득 찬 힌두교도들의 폭력 행위가 재차 발생했을 때 또다시 단식에 돌입하기도 했다. 수많은 힌두교도들과 이슬람교도들은 간디의 모습에 감명을 받아 열렬한 존경과 지지를 보냈다. (오히려 종교적 대척점에 있었던 이슬람교도들이 간디를 더욱 존경했다.) 하지만 모두가 그런 것은 아니었다.

"아, 라마여"

일부 극단적인 힌두교도들은 간디에게 불만이 많았다. 힌두교도인 간디가 카스트 교리를 부정하고 이슬람교도들을 지나치게 환대하고 있다고 생각했다. 대표적인 힌두교 극단주의 단체인 '라시트리야'에 소속돼 있던 '나투람 고드세'는 불만을 넘어 증오를 갖고 있었다. 그는 "비폭력 불복종 운동은 존경했지만 현재 간디는 이슬람 편만 들고 있다. 힌두교도들이 무슬림에게 박해받는 것은 무시하고 있다. 그의 가르침은 독립 인도가 강해지는 것을 막는다"라고 주장했다. 이에 간디를 죽여야겠다고 결심했다.

1948년 1월 30일, 간디는 뉴델리에서 열린 저녁 기도회에 참석했다. 그는 연이은 단식 투쟁으로 상당히 쇠약해져 있었다. 두 명의 증손녀가 부축했다. 셀 수 없이 많은 사람들이 간디를 보기 위해 몰려들었다. 간디는 힘을 내 손을 흔들었고 미소도 지었다. 그런 다음 군중 사이를 천천히 지나갔다. 얼마나 갔을까. 별안간 카키색 군복을 입은 한 남자가 불쑥 나타났다. 고드세였다. 그는 정중히 인사를 한 후 간디의 발을 만지려 몸을 숙였다. 간디도 두 손을 모으고 인사를 했다. 그런데 고드세가 다시 몸을 일으켜 세움과 동시에 품속에서 권총을 빼들었다. 직후 간디의 가슴을 향해 총탄 세 발을 발사했다. 간디는 "아, 라마여"라고 신의 이름을 부른 뒤 앞으로 고꾸라졌다. 너무도 순식간에 벌어진 일이라 아무도 막을 수 없었다. 증손녀들과 군중들은 눈물을 흘리며 쓰러진 간디를 서둘러 병원으로 호송했다. 고드세는 아무런 저항을 하지 않은 채 그 자리에 그냥 서 있었다. 분노한 군중들은 고드세의 권총을 빼앗고 집단으로 구타했다. 매우 심하게 얻어맞아 그의 얼굴이 온전하지 못했다. 고드세는 끊임없는 비난과 린치를 당한 후 1949년 11월 교수형에 처해졌다. (당시 고드세가 이슬람교도라는 말이 나와 전면적인 내전이 우려되기도 했다.)

가슴에 치명상을 입은 간디는 곧바로 숨을 거뒀다. 그의 암살은 전 세계에 충격을 줬으며 인도 전역을 큰 슬픔에 빠뜨렸다. 힌두교도와 이슬람교도 가릴 것 없이 간디를 추모했다. 평소 그를 지지하지 않았던 세력들도 고드세의 행위를 규탄하며 죽음을 애석하게 여겼다. 간디의 장례식은 국장으로 치러졌다. 무려 200만 명에 달하는 조문객들이 참석했고 인도 수상인 네루가 직접 추모사를 작성해 낭독했다. 간디의 시신은 야무나 강 남쪽의 라지가트에서 화장돼 여러 개의 유골함에 나눠졌다. 세월이 적지 않게 흐른 2008년 아라비아해에 뿌려졌다. 인도는 그의 사망일인 1월 30일을 '순교자의 날'로 지정했다. 간디의 비폭력 불복종 정신과 화합 노력은 후대에 지대한 영향을 미쳤다. 특히 미국의 흑인 민권운동가인 '마틴 루터 킹'은 간디를 본받아 비폭력 및 인종 간 화합 운동을 적극적으로 전개했다. 이의 영향으로 미국은 크게 변화될 수 있었다. 또한 남아프리카의 영웅 '넬슨 만델라'도 간디의 정신을 기반으로 인종차별 철폐 운동을 전개해 승리했다. 아인슈타인과 한나 아렌트 등 유명인들은 간디를 "인도인들의 도덕성을 일깨운 롤 모델"이라고 극찬했다. 간디는 일종의 역사적 '선구자'로 평가되고 있으며 언제나 '인도의 위대한 영혼'으로 추앙받고 있다.

17

케네디 암살

댈러스의 총성과 음모론

시대 아이콘의 비극적 최후 전말

케네디 대통령이 암살되기 직전 부인 재클린 여사, 존 코널리 텍사스 주지사와 함께 카퍼레이드를 하고 있다.

"대통령 경호 담당 재무부 비밀 검찰국이나 FBI도 사전에 대통령의 신변을 보호할 예방책들을 마련했다고 밝혔다. 그러나 미세한 허점이 존재했다. '리 하비 오스월드'라는 청년이 댈러스 중심가에 있는 교과서 보관소 건물 6층 창문에서 총을 겨누고 있었던 것이다. 해당 건물의 직원이기도 했던 그는 케네디가 사정권에 들어오기만을 기다렸다. 낮 12시 30분경, 마침내 케네디가 탄 차가 오스월드의 눈에 띄었다. 그는 곧바로 첫 번째 총탄을 발사했다."

미국인들에게 커다란 충격을 안겨준 사건은 무엇일까. 과거 '미국인들이 어디서 무엇을 하고 있었는지를 기억나게 하는 사건은 무엇인지'에 대한 조사가 있었다. 여기서 꼽힌 주요 사건들은 '존 F 케네디 암살'과 '9.11 테러'였다. 어느 시점의 활동을 떠올리게 만드는 강렬한 매개체로 작용했다는 것은 그만큼 충격적이었다는 것을 방증한다. 그럴 만도 했다. 케네디는 '댈러스'라는 지역에서 카퍼레이드를 하는 도중 목과 머리에 총탄을 맞고 비명횡사했다. 미국인들은 TV를 통해 암살 장면을 실시간 지켜봤다. 트라우마로 남을 정도로 처참한 광경이었다. 비단 암살 자체만이 충격은 아니었다. 전도유망한 젊은 대통령을 잃은 것에 대한 충격과 슬픔, 아쉬움도 컸다.

케네디는 전후 고리타분했던 미국 정계에 혜성처럼 등장해 활력을 불어넣었다. 뛰어난 외모와 언변, 개혁적 면모까지 갖춘 이 정치인은 순식간에 미국인들의 마음을 사로잡았다. 일종의 '팬덤'까지 형성될 정도로 열광적인 지지를 받은 그는 어린 나이와 가톨릭

신자라는 단점에도 불구하고 최고 지도자의 자리에 올라갈 수 있었다. 대통령 케네디는 국민들에게 분명한 비전을 제시하며 각종 개혁 정치를 선보였다. 사회 곳곳에 내재된 인종차별적 요소들을 없애 흑인들의 민권을 증진하려 했다. 여러 사회복지 정책들을 설계, 시행했으며 평화봉사단을 만들어 가난한 국가들을 도왔다. 당시 소련의 영향을 받아 우주 개발 계획의 초석을 놓기도 했다. 하지만 어려움도 있었다. 소련과 핵전쟁 직전까지 갔던 '쿠바 미사일 위기'는 케네디를 큰 난관에 빠뜨렸다. 주변에서 전쟁을 부추기고 전쟁을 유발할 수 있는 위험한 장면들도 연출되는 등 상황은 점점 악화됐다. 그럼에도 케네디는 탁월한 위기관리 능력을 발휘하며 전쟁을 가까스로 억제했다. 대내외적으로 양호한 정치를 선보이면서 케네디에 대한 국민들의 신뢰는 높아졌고 다음 행보에 대한 기대감도 커졌다. 그러나 케네디는 더 이상 나아가지 못하고 비극적인 최후를 맞았다.

케네디를 향한 미국인들의 서글픈 감정은 곧 수많은 '암살 음모론'을 양산했다. 단순히 암살자의 단독 범행이 아니라 그 배후에 모종의 세력이 있을 것이라는 추정들이 쏟아졌다. 지목된 세력은 CIA(중앙정보국)와 FBI(연방수사국), 군산복합체, 마피아 등이다. 음모론은 꼬리에 꼬리를 물고 퍼져나갔으며 좀처럼 사라질 줄 몰랐다. 케네디에 대한 잔상들은 시간과 세대를 초월해 미국인들 및 세계인들의 마음속에 언제나 짙게 배어있다. 이에 음모론 역시 앞으로 지속적으로 제기될 가능성이 높다. '시대의 아이콘'으로 손색이 없었

던 케네디. 그의 개혁정치와 위기, 암살 과정 그리고 음모론 전말을
되돌아봤다.

최연소 대통령, 개혁 정치

아일랜드인의 후손인 케네디는 하버드 대학을 졸업한 후 태평양
전쟁에 참전해 영웅적인 행동으로 각광을 받았다. 1940년대 말부
터 정치에 투신, 잘 생긴 외모와 화려한 언변에 더해 여러 개혁적인
면모까지 드러내며 두각을 나타냈다. 미국인들은 전후 뚜렷한 변화
를 갈망했던 만큼 케네디라는 새로운 정치인에게 주목했다. 그러면
서 케네디는 젊은 나이에도 불구하고 점차 민주당 유력 대권주자로
떠올랐다. 결국 그는 큰일을 저지르고야 말았다. 1960년 대통령 선
거에서 공화당의 닉슨 후보를 물리치고 미국의 제35대 대통령으로
당선됐다. 많은 전문가들은 기실 케네디가 다소 불리한 상황이었지
만, 처음으로 시도된 '대선 TV 토론'에서 상당한 점수를 딴 것이 주
효했다고 말하기도 한다. 대통령 당선 당시 케네디의 나이는 불과
43세였다. 미국 역사상 최연소 대통령의 탄생이었다. 또한 가톨릭
신자가 미국 대통령에 당선된 첫 사례였다. 이전까지는 개신교에
신앙적 기반을 둔 정치인들만이 대통령에 당선됐었다. 케네디가 대
통령에 취임하자마자 내걸었던 것은 '뉴 프런티어', 새로운 개척자
정신이다. 앞으로 케네디가 내세울 여러 개혁 정책들을 예고한 것
이었다.

대표적인 정책들을 살펴보면 우선 '흑인 민권' 증진 노력이다. 케

네디는 오래전부터 흑인 민권에 깊은 관심을 갖고 있었고, 미국 사회 곳곳에 내재된 인종 차별적 요소들을 없애려 했다. 이에 따라 흑인 학생들이 일부 대학에서 백인 학생들과 동등하게 입학하고 공부할 수 있도록 조치했다. 백인 우월주의자들의 반발이 만만치 않았지만 케네디는 연방 보안관이나 주 방위군까지 동원해 흑인 학생들을 보호했다. (사전에 주 방위군이 연방정부의 지시를 따르도록 만들었다.) 또한 연방 판사 자리에 흑인 민권 단체의 수석 변호사 출신인 '서굿 마셜'을 임명하기도 했다. 마셜은 추후 린든 존슨 대통령 시기에 최초의 흑인 연방대법관으로 발탁됐다. 나아가 케네디는 공공장소, 노동조합 등에서 인종 차별을 금지하는 '민권법'의 입법을 위해 노력했다. 이는 케네디가 죽은 후 존슨 대통령 시기에 의회를 통과했다.

케네디는 사회복지 정책들을 시행하거나 기본 골격을 설계하기도 했다. 사회의 균형 발전을 목표로 경제적으로 낙후된 지역들에 원조를 했고 근로자들의 임금을 다소 증대시켰다. 연방정부 주도로 공립학교에 대한 대대적인 재정지원과 현재 미국 의료보험 시스템의 근간이 되는 '메디케어'(65세 이상 미국인에게 제공되는 의료보험)와 '메디케이드'(극빈층에 제공되는 의료보험)를 설계했다. 이 정책들은 추후 존슨이 '빈곤과의 전쟁'을 선포하면서 본격적으로 시행됐다. 케네디는 평화로운 세상을 만드는 데 미국이 기여할 수 있는 구체적 방안들도 모색했다. 그 결과, 정부의 후원 하에 미국 청년들이 가난한 국가에서 2년가량 봉사를 하는 '평화봉사단'을 설립했다. 이를 통해 빈곤국들은 미국에 대해 호감을 가졌고 봉사한 청년들은 해당 국가의 정보들을 정부에 제공함으로써 올바른 대외정책을 수립할 수 있었다. 지금껏 20만 명이 넘는 청년들이 평화봉사단의 이름으로 139개국에서 활동했으며 현재도 지원자가 몰리고 있다.

케네디의 정책 중 국민들의 가장 큰 관심을 끈 것은 '우주 개발'이다. 소련이 1957년 세계최초의 인공위성인 스푸트니크호 발사에 성공하자, 케네디는 물론 전 미국인들이 충격에 빠졌다. 이를 '스푸트니크 쇼크'라고 한다. 이를 계기로 케네디는 우주 개발 분야에서 소련을 앞지르기 위해 "60년대 안에 인간을 달로 보내겠다"라는 '아폴로 계획'을 세웠고, 학교 교육 과정에 수학과 과학의 비중을 대폭 늘렸다. 단순 암기 위주였던 기초과학 교육이 실험과 연구 위주로 바뀌면서 미국 학생들의 실력도 크게 향상됐다. 비록 케네디가 갑작스럽게 사망하면서 더 이상 우주 개발 계획을 주도하진 못했지만, 그가 초석을 닦은 계획은 1969년 아폴로 11호를 달로 보내는 쾌거를 달성했다.

난관에 처한 대외정책, '쿠바 위기'

케네디는 대외 정책에 있어 상당한 위기를 겪기도 했다. 대표적인 것이 '피그만 침공 사건'이다. '피델 카스트로'가 1959년 쿠바에서 공산주의 혁명에 성공하자 미국에선 커다란 위기감이 조성됐다. 지리적으로 코 앞에 있는 국가가 공산화된 것도 문제지만 이의 여파가 다른 국가로 확산될 수 있었기 때문이다. 미국 보수파와 CIA는 즉시 쿠바를 침공해야 한다고 주장했다. 케네디는 CIA의 승리에 대한 확신을 믿고 쿠바 침공을 거의 맡기다시피 했다. CIA는 미국에 살고 있는 쿠바 난민 1400여 명으로 반군을 조직한 후 이들을 쿠바 남쪽 해안에 있는 피그만에 상륙시켰다. 하지만 작전은 참담한 실패로 끝났다. 반군이 불과 48시간 만에 쿠바군에 의해 궤멸된 것이다. 미국은 사로잡힌 포로들만이라도 데려오기 위해 쿠바에 수천만 달러 어치의 의약품을 제공해야 했다. 이 사건은 매우 치욕적인 군사작전으로 기록됐고 (CIA가 주도하긴 했지만) 케네디의 명성에 큰 흠집을 남겼다.

피그만 침공 사건에 이어 '쿠바 미사일 위기'가 발생했다. 미국의 추가적인 침공이 두려웠던 카스트로는 소련의 '니키타 흐루시초프' 서기장에게 손을 내밀었다. 강대한 미국에 맞서 자력에 의한 생존은 불가능했고 공산권 초강대국인 소련의 지원이 절실했다. 소련 역시 반가워했다. 무엇보다 쿠바가 미국 바로 앞에 있었기 때문에 지리적 이점을 잘 살려 미국을 공략할 수 있을 것이라 판단했다. 그래서 도출된 방안이 쿠바에 '핵미사일' 기지를 건설한다는 것이었다. 다만 미국이 모르게끔 은밀히 진행해야 했다. 철저한 보안 속에 핵미사일 기지 건설은 착착 진행됐다. 그러나 1962년 쿠바 상공을 정찰하던 미군 'U-2 정찰기'가 미사일 기지를 탐지했다. 정찰기가 찍어온 사진을 면밀히 분석한 미국 정부는 이것이 소련에서 온 핵미사일 자재들이라고 확신했다. 이 사실을 파악한 모든 미국인들은 경악을 금치 못했다.

소련과 쿠바는 처음에는 핵미사일 기지 건설을 부인했다. 진위 여부를 놓고 미국과 소련은 UN 안전보장이사회에서도 첨예하게 대립했다. 미국 대표단은 소련 대표단에게 "통역 필요 없이 쿠바에 탄도 미사일을 배치 중인지 아닌지 예, 아니오로만 답하라"라고 추궁했다. 소련 대표단은 "여기는 미국 법정이 아니다. 취조하듯 하고 있으니 답하지 않겠다"라며 회피했다. 미국 군부와 보수 강경파는 즉각 단호한 조치를 케네디에게 요구했다. 심지어 핵미사일 기지는 물론 쿠바 전역을 폭격하고 이참에 소련과의 전면전까지 불사해야 한다고 주장했다. 케네디는 강경파의 주장에 선뜻 동의하지 않았지만 어떤 방식으로든 결단을 내려야 했다. 가만히 있다간 쿠바에 소련제 핵미사일 기지 건설이 완료돼 미국이 심대한 위험에 처할 수 있었다. 결국 케네디는 소련 선박들이 더 이상 쿠바에 들어오지 못하도록 '해상봉쇄' 조치를 내렸다. 다만 소련을 의식해 해상봉쇄가 아닌 '검역' 조치라고 명명했다. 나아가 흐루시초프에게 핵미사일 기지 건설 포기 및 핵미사일 철수를 요구했다. 모든 미군에게 비상 경계령인 '데프콘 3'도 하달했다.

대통령의 명령을 받은 미 해군은 항공모함 8척을 포함, 무려 90척의 대규모 함대를 동원해 쿠바의 모든 영해를 봉쇄했다. 케네디는 미사일 기지 건설 자재를 싣고 카리브 해로 오는 모든 선박들에 대한 강제 검역 명령을 내렸고, 이를 거부할 경우 즉각 '격침'시키라고 했다. 초강수였다. 미 공군은 플로리다 공군기지에 있는 전투기를 511대로 크게 늘렸으며 언제든 출격 가능한 상태로 대기시켰다.

이에 소련은 반발하며 쿠바로 향하는 선박 옆에 핵잠수함 6대를 같이 보냈다. 흐루시초프는 이들에게 미군의 봉쇄를 뚫고 그냥 쿠바로 진입하라고 명했다. 어느 한 곳에서 방아쇠를 당기면 곧바로 제3차 세계대전, 핵전쟁이 터질 수 있는 '일촉즉발'의 위기 상황이 도래했다.

이런 가운데 케네디의 위기관리 능력이 빛났다. 그는 대외적 위신을 감안해 겉으로는 강경하게 나오는 체했지만, 물밑에서는 위기상황 타개를 위해 무진장 노력했다. 실제로 소련 선박을 검역할 때무력 사용을 최소화함은 물론 적대적 태도를 보이지 말라고 은밀히지시했다. 소련 정부가 상황을 오판해 잘못 나오지 않도록 각별히주의하기도 했다. 조심스럽기는 흐루시초프도 마찬가지였다. 대외적 위신을 감안해 봉쇄를 뚫고 진입하라고 했지만, 실제론 정지시키거나 은밀히 회항시킨 선박들도 있었다. 케네디는 동생인 '로버트 케네디' 법무부 장관을 통해 소련과의 구체적인 협상도 진행했다. 어찌 보면 양쪽 모두 쫓기고 있었기 때문에 해결책 도출이 절실했다. 이런 상황에서 미국 군부와 보수 강경파는 끊임없이 쿠바 폭격과 소련과의 전쟁 불사를 주장 했다. 케네디는 끝까지 이성을 잃지 않고 소련과의 물밑 협상을 지속했다. 그 결과 소련이 쿠바에서핵미사일을 철수하는 대신, 미국은 쿠바를 침공하지 않고 튀르키예에 있는 핵미사일을 철수하는 것으로 잠정 합의가 이뤄졌다.

하지만 자존심 싸움과 눈치 보기 등으로 실제 타결되기까진 시간이 많이 걸렸다. 흐루시초프는 튀르키예에 있는 미국 미사일 기지의 완전 철수 등을 추가로 요구하며 혼선을 주기도 했다. 이 와중에 위기는 다시 증폭됐다. 쿠바의 카스트로는 흐루시초프에게 "앞으로 24시간, 늦어도 72시간 내에 미군의 공습이 이뤄질 것"이라고 경고했다. 그러면서 "미국이 침공하는 즉시 소련이 미국을 향해 핵공격을 감행해 달라"라고 요구했다. 케네디와 비슷하게 내심 평화적인 문제 해결을 바랐던 흐루시초프는 욕설까지 써가며 카스트로를 비난했다고 한다. 미국 내 강경파들과 소련 내 강경파들은 선제적인 핵공격이 필요하다는 목소리를 높여갔다. 곳곳에서 자칫 핵전쟁을 유발할 수 있는 위험천만한 상황들도 포착됐다. 미국의 U-2 정찰기가 소련 브랑겔 섬의 영공을 침범해 소련 요격기들이 날아올랐고, 이에 대응해 미국 요격기들도 날아올라 대치하는 상황이 벌어졌다. 또한 한 미국 공군기지에서 아틀라스 로켓 ICBM의 시험발사가 이뤄졌으며 쿠바 상공에서 미국 U-2 정찰기가 격추되는 사건도 발생했다. U-2 정찰기가 격추됐을 때 미국 합동참모본부는 케네디에게 쿠바 공습 및 침공을 건의했다. 케네디는 초인적인 인내심을 발휘하며 건의를 물리쳤다.

바다 상황도 매우 위험했다. 미국의 전함이 소련의 B59 잠수함을 방어하기 위해 기뢰를 투하했다. 기뢰는 잠수함 바로 옆에서 폭발했다. 이에 잠수함 승무원들은 전쟁이 발발했다고 판단, 미군을 향해 핵어뢰를 발사하려 했다. 당시 잠수함 탑승장교 3명의 승인만 있으면 곧바로 핵어뢰가 발사될 판이었다. 막판에 '아르키포프'라는 장교가 반대해 가까스로 핵어뢰는 발사되지 않았다. 영국 등 주변 국가들도 속속 전쟁 태세에 돌입하기 시작했다. 이 당시 얼마나 암담한 상황이었는지는 미국 국방부 장관이었던 '로버트 맥나마라'의 회고에서 잘 드러난다. "회의를 마치고 백악관을 나오면서 노을이 드리운 가을 하늘을 보았다. 참으로 아름다운 저녁이었다. 그러나 우리 모두가 다음 주 토요일 밤에는 아무도 살아있지 못할 것이라는 공포에 휩싸였다." 소련 전역에서도 전쟁의 공포가 드리워져 관료들이 가족들을 시골로 대피시키는 소동이 벌어졌다.

위기의 최정점에서, 이젠 누군가의 결단과 양보가 필요했다. 이대로 가다간 핵전쟁, '치킨 게임'을 피할 수 없었다. 케네디는 잠정 합의한 대로 '튀르키예에 있는 미국 미사일 철수와 쿠바에 있는 소련 미사일 철수'에서 더 이상 양보할 수 없다는 입장을 분명히 했다. 공은 흐루시초프에게 넘어왔다. 그의 선택에 전 세계의 운명이 달려 있었다. 마침내 흐루시초프가 라디오 방송에 나와 의미심장한 발표를 했다. 그는 "미국이 튀르키예에 있는 중거리 탄도탄을 철수한다면 소련도 쿠바에 핵미사일을 설치하지 않겠다"라고 말했다. 사실상 미국의 요구를 들어준 것이었다. 흐루시초프의 발표에 대한 진위 논란이 있었지만 다행히 발표 내용은 그대로 이행됐다. 소련은 미사일들을 수송 중이던 선박들을 회항시켰고 쿠바에 이미 배치됐던 미사일들도 철수했다. 미국 역시 튀르키예에 배치됐던 미사일들을 철수했고 쿠바를 공격하지 않겠다는 약속도 했다. 미국과 전쟁까지 각오했던 카스트로는 소련이 아무런 상의 없이 선박을 회항시키고 미사일을 철수하자 화를 못 참고 주변 집기를 집어던지며 울부짖었다고 한다. 우여곡절 끝에 인류 역사상 최악의 핵전쟁 위기 상황이었던 '쿠바 위기'는 종결됐다. 이후 핵전쟁의 위험성을 깨달은 미국과 소련은 변화된 모습을 보였다. 양국 정상 간 직통전화인 '핫라인'을 설치했고 주요 열강들이 대기권 내에서 핵실험을 금지하는 획기적인 조약도 체결했다. 비록 케네디가 쿠바 위기의 발생 책임에서 완전히 자유로울 순 없지만, 수많은 강경파들의 압박 등에도 불구하고 사태 해결을 위한 정치적 외교적 유연성 및 노련함을 보인 것은 높이 평가되고 있다.

댈러스의 총성

1963년 말, 케네디는 재선 출마를 1년 앞둔 상황에서 조금씩 선거 운동에 나서기로 마음먹었다. 그래서 당시 부통령이었던 존슨의 정치적 기반인 텍사스와 플로리다 등으로 가서 유세를 하기로 했다. 특별히 이 지역을 방문하려는 이유는 다른 지역 대비 케네디 지지세가 취약한 지역이었던 만큼 유권자들의 관심을 끌 필요가 있었기 때문이다. 하지만 텍사스의 경우 케네디의 흑인 민권 정책에 대한 반감이 상당했다. 케네디를 겨냥한 극우파들의 극단적인 시위가 발생할 가능성도 배제할 수 없었다. 이미 그러한 전례도 있었다. 10월 24일 스티븐슨이라는 정치인이 텍사스를 방문했을 때 극우파들이 난입해 야유를 퍼붓고 신체적 위협까지 가했었다. 이를 우려한 존슨과 민주당 전국위원회 텍사스주 위원 등은 케네디가 텍사스를 방문하지 않았으면 좋겠다고 조언했다. 당시 텍사스 주지사였던

'존 코널리'도 재선을 노리고 있었기 때문에, 지역에서 인기 없는 대통령이 와서 자신과 엮이는 것을 좋아하지 않았다.

그럼에도 케네디는 텍사스를 방문할 뜻을 굽히지 않았다. 위험을 감수하고서라도 대통령으로서 반드시 해야 할 일이라고 생각했다. 11월 22일 케네디는 샌안토니오, 휴스턴, 포트워스 등을 지나는 장시간 비행을 한 후 텍사스주 댈러스 러브필드 공항에 도착했다. 그의 곁에는 영부인 '재클린 케네디' 여사가 있었다. 케네디는 휴식을 취할 겨를도 없이 바로 일정을 소화하기로 했다. 핵심 일정은 케네디 부부가 포드 자동차 회사에서 만든 링컨 컨티넨탈 차를 타고 댈러스 시내를 카퍼레이드 하는 것이었다. (해당 차량은 특수 제작된 방탄 기능이 있었지만, 퍼레이드를 위해 지붕을 열어뒀기 때문에 방탄 기능은 아무런 쓸모가 없었다.) 케네디, 재클린, 존 코널리는 함께 차를 타고 퍼레이드를 하며 시민들에게 손을 흔들었다. 대통령 경호 담당 재무부 비밀 검찰국이나 FBI가 사전에 대통령의 신변을 보호할 예방책들을 어느 정도 마련해 뒀기 때문에 해당 일정은 무난하게 진행되는 듯했다. 그러나 미세한 허점이 존재했다. '리 하비 오스월드'라는 청년이 댈러스 중심가에 있는 교과서 보관소 건물 6층 창문에서 총을 겨누고 있었다. 건물의 직원이기도 했던 그는 케네디가 사정권에 들어오기만을 기다렸다. 낮 12시 30분경, 마침내 케네디가 탄 차가 오스월드의 눈에 띄었다. 그는 곧바로 첫 번째 총탄을 발사했다. 이것은 목표에서 완전히 벗어나 길바닥을 맞혔다. 다시 두 번째 총탄이 발사됐다. 안타깝게도 이것은 케네디의 목을 관통한 후 앞 좌석에 있던 코널리까지 부상을 입혔다. 케네디는 고통스러운 듯 자신의 목을 부여잡았고 이상함을 느낀 재클린은 케네디의 상태를 살폈다. 이미 두 번째 총탄만으로 케네디는 치명상을 입은 것이었다.

세 번째 총탄은 일종의 '확인사살'이었다. 이것은 케네디의 후두부를 관통해 버렸다. 당시 에이브러햄 저프루더라는 시민이 촬영한 장면을 보면, 목에 치명상을 입고 쓰러진 케네디의 머리가 갑자기 엄청난 피를 내뿜으며 터지는 것을 확인할 수 있다. 수많은 뼛조각과 뇌의 일부도 흩어졌다. 저격 직후 재클린은 차량의 후방 보닛으로 올라타 뒤에서 달려오는 경호원에게 간절히 도움을 요청했다. 매우 처참한 광경이었다. 케네디를 태운 차량은 다급하게 인근에 있는 파크랜드 메모리 병원으로 갔다. 존슨 등 정부 인사들도 속속 병원에 도착했다. 케네디의 목은 혈관이 많이 모여있는 부위가 뚫렸으며 뇌는 절반 이상이 날아갔다. 그는 약간의 호흡을 하는 듯했지만 얼마 안 가 숨을 거뒀다. 짧지만 강렬했던 시대의 아이콘의 비극적인 최후였다. 미국 정부는 사건 발생 약 1시간 후에 케네디 암살 소식을 알렸다. FBI와 경찰은 범인 체포에 나섰다. 하워드 브레넌이라는 사람이 정체불명의 한 남자가 교과서 보관소 건물 6층에서 소총을 발사했다는 증언을 했다. 다른 목격자도 나와 증언에 힘을 보탰다. 경찰 등은 건물을 봉쇄한 후 사건이 발생한 시간대의 행동을 기준으로 용의자 특정에 나섰다. 그 결과 오스월드가 해당 시간대에 수상한 행동을 했음을 알아냈다. 또한 건물 6층에서 빈 탄창과 탄피 3개를 발견했다.

경찰 등은 오스월드를 추적했고 잠시 뒤 인근 극장에 숨어있던 그를 체포했다. 하지만 오스월드는 시종일관 "나는 '희생양'이다. 나의 소행이라고 하는 놈들은 지옥에나 가라"라고 외쳤다. 정식 기소된 만큼 조만간 법정에서 사건의 실체가 낱낱이 드러날 전망이었다. 그런데 뜻밖의 사건이 발생했다. 11월 24일 아침, 오스월드가 지방 감옥으로 호송되던 중 '잭 루비'라는 사람에게 저격을 당했다. 이 장면도 고스란히 전국에 방영됐다. 복부에 치명상을 입은 오스월드는 사망했고 잭 루비도 감옥에 수감됐다가 지병인 폐암으로 사망했다. 핵심 용의자가 갑자기 죽음으로써 사건의 실체는 미궁 속으로 빠져드는 분위기였다. 한편 케네디의 뒤를 이어 부통령인 존슨이 새로운 대통령으로 취임했다. (그는 케네디 암살 직후 대통령 전용기 안에서 취임 선서를 했다.) 존슨은 케네디 암살 사건을 수사할 '워런 위원회'를 신속히 구성했다. 국민들은 이 위원회를 통해 사건의 실체가 철저히 규명되길 희망했다. 기실 적지 않은 국민들은 오스월드 단독 범행이 아니라 그 배후에 모종의 세력이 있을 것이라고 추정했다. 그러나 워런 위원회의 수사 결과는 달랐다. 오스월드 단독 범행으로 결론을 내린 것이다. 이를 곧이곧대로 믿지 못하는 국민들이 많았으며 케네디 암살과 관련한 의혹은 점점 커져갔다.

난무하는 음모론

'음모론'이 난무하는 건 불가피했다. 상술했듯 오스월드가 갑자기 사망해 범행 동기 등이 정확히 무엇인지 알아내기 어려워졌고, 일개 개인이 단독으로 일국의 대통령을 암살한다는 것은 불가능해 보였다. 분명 또 다른 누군가가 배후에 있을 것이라는 가설이 뒤따를 수밖에 없었다. 가장 유력한 배후로 의심받는 대상은 놀랍게도 'CIA'와 'FBI'였다. 이들이 케네디와 사사건건 갈등을 빚었던 데에서 기인한다. 케네디는 CIA가 서유럽이나 제3세계에서 반공 극우파들을 지원하고 사회민주주의 계열 정치인들을 낙선시키는 공작을 달가워하지 않았다. CIA가 미국 대도시에서 가짜 테러를 일으켜 쿠바와 공산권을 난처하게 만들자고 한 제안도 일언지하에 거절했다. CIA의 설득으로 단행된 피그만 침공 사건이 실패했을 때, 케네디는 크게 화를 내며 "CIA를 1000개의 조각으로 찢어버린 후 허공으로 날려버리겠다"라고 말하기도 했다. CIA의 해체를 암시하는 발언이었다. 당연히 CIA도 이런 케네디를 부정적으로 바라볼 수밖에 없었다. 아울러 케네디와 '존 에드거 후버' FBI 국장의 관계는 매우 안 좋았다. 급기야 케네디는 후버를 해임할 생각도 갖고 있었다. (후버는 도청 등을 통해 얻은 내밀한 정보인 'X-파일'을 무기로 무려 48년 간 FBI 수장으로 재임했던 인물이다.) 이처럼 케네디와 불화를 겪고 있던 CIA, FBI가 오스월드를 고용해 자신들과 맞지 않는 대통령을 제거했고, 오스월드의 입을 막기 위해 잭 루비를 시켜 죽였다는 음모론이 강하게 제기됐다. 여담으로 추후 공개된 한 기밀문서에는 오스월드가 잠시 CIA와 관련된 활동을 했음을 암시하는 대목도 있다.

미국의 '군산복합체'도 의심을 받았다. 이는 군부와 방위산업체의 상호의존적 관계를 의미한다. 군산복합체는 냉전 시대에 소련과의 대립을 이용해 막대한 이득을 올릴 수 있었다. 군부의 기득권을 지속적으로 유지하고 각종 무기들을 팔아 이득을 계속 올리기 위해선, 국가 간 평화가 아닌 대립과 긴장, 군비 증강의 연속성이 필요했다. 그러나 케네디는 군산복합체의 기조와 정반대로 나아갔다. 비록 쿠바 위기와 같은 험난한 국면도 있었지만, 대체로 케네디는 소련과의 평화 모드 및 군비 감축을 모색했다. 이는 군산복합체가 케네디에 대한 암살을 도모할 수 있는 근거로 여겨졌다. (군부 강경파는 케네디가 소련과 쿠바에 저자세를 보인다며 자주 불만을 표출하기도 했다.) '마피아' 개입설도 제기됐다. 세간에서는 케네디가 개인 사생활 문제 무마와 선거 운동에 있어 마피아의 도움을 많이 받았다는 소문이 돌았다. 마피아는 이에 대한 보답을 원했지만, 케네디가 로버트 케네디 법무부 장관을 통해 조직범죄 단속을 강화하자 보복 차원에서 암살을 했다는 것이다. 이에 더해 마피아 보스의 정부와 케네디 간 부적절한 관계도 암살의 원인일 수 있다는 가설이 존재한다.

적국이었던 '쿠바'와 '소련'도 용의 선상에 올랐다. 특히 카스트로는 항상 미국의 암살 위협에 노출됐었던 만큼 이에 대한 보복을 생각했을 수도 있다. 오스월드가 마르크스주의자이자 친 카스트로 성향을 보였다는 점은 해당 음모론의 근거로 여겨졌다. 다만 케네디의 후임자인 존슨이 더욱 강력한 반공주의자였다는 점, 미국의 무력 보복을 감수하는 위험을 무릅써야 했다는 점, 1991년 소련 붕괴 후 쏟아져 나온 기밀문서 어디에도 케네디 암살을 뒷받침하는 내용이 없었다는 점 등은 해당 음모론의 신빙성을 낮추는 요소다. 오히려 부통령인 '존슨'에게 더 큰 의혹의 눈초리가 보내졌다. 기본적

암살의 역사

으로 대통령 유고시 부통령이 권력을 승계하기 때문에 존슨이 가장 큰 수혜를 본다. 평소 케네디와 존슨의 사이도 좋지 않았던 것으로 전해진다. 케네디는 노활한 이미지의 존슨을 싫어했고 측근들을 만나면 존슨의 치부들을 꼭 이야기했다고 한다. 존슨 역시 자신을 의도적으로 배척하는 케네디를 싫어했다. 나아가 환경 정책을 선호하는 케네디와 달리 존슨은 주변에 석유 재벌들이 많았는데, 존슨이 이들의 사주를 받고 케네디를 암살했다는 음모론도 나온다.

배후 세력 외에 다소 황당한 '실수설'도 제기됐다. 실수설은 두 가지다. 후속 차에 타고 있던 경호원이 발포음을 들은 후 다급한 나머지 실수로 케네디를 향해 방아쇠를 당겼다는 것이다. 아울러 오스월드의 아내는 오스월드가 케네디가 아닌 코널리를 노렸던 것이라고 주장했다. 과거 오스월드는 무사고 만기제대자에게 수여되는 명예제대증을 신청했다가 기각된 적이 있었다. 기각의 원인이 당시 해군 장군이었던 코널리에게 있다고 본 오스월드가 앙심을 품고 암살을 시도하다 오발돼 케네디가 저격당했다는 것이다. 하지만 경호원의 발포음을 들었다고 증언한 동승자가 존재하지 않았고, 오스월드가 오발했다는 것 치고는 총탄이 매우 정확하게 케네디에게 날아갔다. 이에 실수설은 신빙성이 크게 떨어진다. 교과서 보관소 건물 외에 다른 장소, 딜리 광장의 '푸른 언덕'에서 총탄이 발사됐다는 '제3의 저격범설'도 있다. 실제로 암살 현장에 있었던 사람들 중, 해당 음모론을 뒷받침하는 주장을 하는 사람들이 적지 않았다. 이를 보다 정확하게 규명하기 위해선 단서가 될 만한 케네디의 '뇌'를 분석해야만 했다. 뇌 조각을 짜맞춤으로써 총탄이 날아온 각도 및 궤도 등을 어느 정도 파악할 수 있기 때문이다. 그러나 케네디의 뇌가 석연치 않게 사라졌다. 뇌를 증거물 케이스에 넣어서 국립기록보관소로 보내는 와중에 사라졌다고 한다. 누가 어떻게 케네디의 뇌를 탈취했는지는 알 수가 없다. (CIA와 FBI가 뇌 분석을 통해 저격범의 진상이 밝혀질까 두려워 탈취했다는 가설도 존재한다.)

케네디 암살 음모론은 지금도 현재진행형이다. 여전히 '9.11 테러'와 더불어 음모론의 단골 소재가 되고 있고 미국인들의 약 80%가 오스월드 단독 범행은 확실히 아니라고 믿고 있다. 음모론의 진위 여부와 별개로 이 기저에 깔려있는 미국인들의 인식도 살펴볼 필요가 있다. 바로 '아쉬움'이다. 시대의 아이콘이라고 불릴 만큼 당시 미국뿐 아니라 전 세계에서 케네디의 인기는 대단했다. 잘 생긴 외모, 화려한 언변, 개혁적인 성향, 영리함과 노련함 등 무수한 장점들을 갖춘 젊은 지도자가 미국과 세계를 이전과는 다른 방향으로 이끌 것이란 기대가 컸다. 하지만 암살을 당하면서 그 모든 기대는 일순간 물거품이 됐고 아쉬움만 남았다. 이 같은 인식은 미국인들로 하여금 케네디를 죽인 '진짜 범인'을 찾는 여정으로 인도했다. 이를 통해 큰 지도자를 잃은 아쉬움을 조금이나마 달래려는 의도도 있는 것이다.

18

마틴 루터 킹 암살

"나에게는 꿈이 있습니다"

비폭력 흑인 민권운동가의 죽음 전말

마틴 루터 킹이 1963년 워싱턴 DC 링컨 기념관 앞에서 '나에게는 꿈이 있습니다' 연설을 하고 있다.

"실제로 암살자는 존재했다. 백인 우월주의 단체 소속인 '제임스 얼레이'가 멤피스로 내려와 마틴 루터 킹이 투숙한 로레인 모텔 맞은 편에 머무르고 있었다. 그의 손에는 항상 저격총이 있었다. 사건 당일인 4월 4일, 마틴 루터 킹은 모텔 306호실 앞 발코니에 홀로 서 있었다. 외부의 타격으로부터 보호를 해줄 만한 그 어떠한 것도 없었다. 오후 6시가 되자, 별안간 총소리가 울리며 마틴 루터 킹이 쓰러졌다."

역사에서는 보통 하나의 움직임이 나타나면 이에 반대되는 움직임도 나타나기 마련이다. 가령 진보적인 움직임이 나타나면 반작용으로써 보수 또는 퇴보적인 움직임도 나타난다. 역사는 2개의 과정을 거친 후 최종적으로 진보로 가기도 하고 퇴보로 가기도 한다. 최종 모습으로 가는 데 있어 치열한 투쟁과 진통 등이 필수적으로 동반된다. 일종의 '정반합'의 모습으로 역사는 굴러가는 것이다. 이를 실증적으로 보여주는 사례가 바로 본편이다. '에이브러햄 링컨'의 노력으로 미국에서 노예제는 폐지됐고 인종차별도 법적으로 금지됐다. 역사적 진보로 인해 흑인들은 향후 속박에서 벗어나 백인들과 동등한 자유를 누릴 것으로 기대했다. 그런데 노예제 등은 사라졌지만 남부 백인들의 의식 속에 깊게 뿌리내린 '우월주의'는 결코 사라지지 않았다. 이에 미국 내에서 인종차별은 지속적으로 발생했다. 더욱이 역사적 진보에 대한 백인들의 위기감 등으로 반작용은 이전보다 훨씬 크게 나타났다. 극단적인 비밀결사단체까지 만들어져 흑인들에 대한 물리적 테러가 도처에서 터졌다. 백인 우월주의와 인종차별을 공고화하는 법까지 제정됐다. 미국은 진보가 아닌 퇴보를 하고 있었다. 앞서 링컨이 거둔 진보적 성과는 무색해졌고 흑인들이 바라는 새로운 세상은 요원해 보였다. 흑인들은 거듭된 퇴보를 막고 미국 사회를 진보로 인도할 '제2의 링컨'이 나오길 기다렸다.

상당한 시일이 걸려 나온 인물이 바로 '마틴 루터 킹'이다. 그는 기독교적인 사회 참여를 강조하는 '진보적 신앙'을 기반으로 흑인 민권운동에 뛰어들었다. 용기와 지혜를 갖고 수많은 흑인들을 단결시켰고 결정적인 운동을 성공적으로 이끌며 변화를 창출했다. 이 과정에서 '나는 꿈이 있습니다'라는 세기의 연설로 전 세계인들에게 감동도 선사했다. 마틴 루터 킹의 운동이 더욱 빛을 발했던 것은 시종일관 '비폭력'이라는 요소가 내재해 있었기 때문이다. 당시 백인들의 물리적 테러와 일부 흑인들의 노선 전환 요구가 빗발쳤지만 마틴 루터 킹은 끝까지 비폭력 노선을 견지했다. 폭력은 악순환만 불러일으킬 뿐, 비폭력만이 궁극적인 승리를 보장한다고 믿었다. 앞선 간디의 투쟁 방식을 고스란히 답습한 셈이다. 오늘날 역사적 평가를 돌이켜 볼 때 그의 판단은 지극히 옳았다.

뚜렷한 성과와 변화를 일궜으나 마틴 루터 킹에 대한 공격은 끊임이 없었다. 결국 그는 암살자의 총탄에 요절하고 말았다. 젊은 나이에 생을 마감했지만, 마틴 루터 킹 이전과 이후의 미국 사회는 확실히 달라졌다. 법과 제도적인 측면은 물론 실생활에서도 인종차별은 많이 사라졌다. 흑인들의 민권은 크게 증진됐으며 최초의 흑인 대통령까지 나왔다. 마틴 루터 킹이 내세웠던 가치들은 현대 미국 사회를 대표한다. 미국은 앞서 2개의 과정을 거친 후 최종적으로 진보로 나아갔다. 링컨이 씨를 뿌려놓은 바탕 위에서 마틴 루터 킹이 열매를 맺은 셈이었다. 이 열매들은 앞으로 미국 사회의 근간이며 진보의 물결을 대변하는 주체일 것이다. '비폭력 흑인 민권운동가', 마틴 루터 킹의 투쟁과 암살 전말을 되돌아봤다.

인종차별, 백인 우월주의의 극단성

링컨의 선한 영향력으로 미국에서는 인종차별을 금지하는 '수정헌법'들이 연이어 통과됐다. 수정헌법 제13조는 "어떠한 노예 제도나 강제 노역도 해당자가 정식으로 기소돼 판결로써 확정된 형벌이 아닌 이상, 미국과 그 사법권이 관할하는 영역 내에서 존재할 수 없다"라고 규정했다. 수정헌법 제14조는 "미국에서 태어나거나 귀화한 자 및 그 사법권에 속하게 된 사람 모두가 미국 시민이며 거주하는 주의 시민이다", "어떤 주도 미국 시민의 특권 또는 면책 권한을 제한하는 법을 만들거나 강제해서는 안 된다"라고 규정했다. 이로써 약 400만 명의 흑인들에게 완전한 자유가 찾아온 듯 보였다. 하지만 현실은 그렇지 않았다. 헌법의 규정과 크게 배치되는 모습들이 남부 곳곳에서 포착됐다. 대표적으로 플로리다 몬티첼로에서는 흑인들이 버젓이 노예가 돼 팔려가곤 했다. 이는 명백한 불법이었지만 해당 지역의 백인들은 헌법의 빈틈을 파고들어 이를 정당화했다. 그 빈틈이란 바로 '법원에서 형벌이 확정돼 수감된 사람들은 예외'라는 내용이었다. 백인들은 흑인들의 사소한 잘못도 크게 부풀려 법정에 세운 뒤 수감시켰고 이후 자연스럽게 노예로 만들었다. '편법'의 극치였다. 이러한 일이 자주 발생하다 보니, 남부 전역에선 '흑인들은 범죄자'라는 부정적인 인식도 만연했다.

'백인 우월주의'는 갈수록 증폭됐다. 급기야 극단적인 성향의 비밀결사단체도 나타났다. 이른바 'KKK단'(쿠 클럭스 클랜, Ku Klux Klan)의 등장이었다. 이는 남부군 참전용사 6명이 남북전쟁 직후에 가면과 두건을 쓰고 사교 모임을 가진 데에서 유래했다. 당초 소규모 조직에서 출발한 KKK단은 인원이 기하급수적으로 늘어나 수천 명이 됐다. 이들은 백인들이 생물학적으로, 그리고 사회 정치적으로 우월하기 때문에 흑인들을 철저하게 굴복시켜야 한다고 생각했다. 흑인들은 KKK단의 무자비한 폭력 앞에 그대로 노출됐다. 엎친 데 덮친 격으로 1870년 백인 우월주의자들을 더욱 결집시키는 사건이 발생했다. 미국 연방정부가 다시 헌법을 개정해 흑인들에게 특별한 권리를 부여했다. 수정헌법 제15조, "미국 시민의 투표권은 인종 피부색 또는 이전 예속상태를 이유로 미국 또는 어떠한 주에 의해서도 부정되거나 제한되지 않는다"라는 것이었다. 즉 흑인들에게 '투표권'(참정권)이 공식적으로 주어졌다. 남부에 있는 백인 우월주의자들은 이를 '재앙'으로 받아들였다. 미국에 거주하고 있는 흑인들의 약 90%가 남부에 있었는데, 흑인들에게 투표권이 부여됨으로써 남부 흑인들의 정치력이 극대화될 가능성이 높아졌다고 판단했다.

심대한 위협을 느낀 백인 우월주의자들은 한데 결집해 더욱 과도한 폭력성을 여과 없이 드러냈다. 선거 날, 투표를 하려는 흑인들의 집에 쳐들어가 고문을 가하거나 총으로 쏴 죽였다. 심지어 KKK단이 사우스 캐롤라이나에서 공화당 소속 흑인 하원의원을 저격하기도 했다. 백인들이 표적이 되는 경우도 있었다. KKK단은 흑인들의 인권과 투표권을 지지하는 백인들을 붙잡아 목에 올무를 매고 나무에 묶어두는 등의 고문을 가했다. 거주하는 집을 불태우는 경우도 부지기수였다. 그렇다고 백인 우월주의자들이 제대로 처벌을 받는 것도 아니었다. KKK단의 뒤를 이어 '백동백 기사단', '화이트리그', '레드셔츠' 등 유사한 단체들도 속속 생겨났다. 단체 간에 유기적인 협업도 이뤄져 흑인들을 큰 곤경에 빠뜨렸다. 폭력의 광기는 좀처럼 사그라들 기미를 보이지 않았고 되레 걷잡을 수 없이 확대됐다. 어느 순간에는 흑인들에 대한 폭력과 학살을 일종의 유희나 장난으로 여기는 풍조도 생겨났다. 끔찍한 교수형 현장을 사진으로 찍은 뒤 엽서로 만들어서 지인에게 보내는 경우도 있었다. '빌리 홀리데이'라는 가수가 부른 '이상한 열매' 노래의 가사를 보면 당시 상황이 잘 묘사돼 있다. "남부의 나무에는 이상한 열매가 열린다. 잎사귀와 뿌리에는 피가 흥건하고 남부의 산들바람에 의해 '매달린 검은 몸'들이 흔들린다." 1882년부터 1968년까지 백인 우월주의자들에 의해 목숨을 잃은 흑인 및 백인들은 약 4700명에 달하는 것으로 나타났다.

백인 우월주의와 인종차별을 공고화하는 '법'까지 만들어졌다.

1876년 연방 헌법과 별개로 남부주들을 중심으로 인종차별적인 주법인 '짐 크로 법'이 제정됐다. 공공장소에서의 흑백 분리를 강제한 법이었다. (백인 배우가 연기한 멍청한 흑인 캐릭터인 짐 크로의 이름을 따서 만들었다.) 해당 법으로 인해 영화관, 음식점 등에서 백인과 흑인은 따로 입장하고 퇴장했다. 음식점의 식수도 구별됐다. 물론 백인들이 좋은 장소를 사용할 수 있었고 흑인들의 사용 장소는 매우 열악했다. 짐 크로 법은 수정헌법 제14조에 위배됐다. 상술했듯 수정헌법 제14조에는 "어떤 주도 미국 시민의 특권 또는 면책 권한을 제한하는 법을 만들거나 강제해서는 안 된다"라는 내용이 담겨있다. 그런데 1896년 미국 연방대법원에서 수정헌법 제14조를 자의적으로 해석하며 짐 크로 법에 힘을 실어주는 판결이 나왔다. 관련 사건은 '플레시 대 퍼거슨 사건'이었는데, 여기서 대법관들은 "분리하되 평등하게 대우하는 것은 수정헌법 위배가 아니다"라고 밝혔다. 가령 흑인들이 분리된 영화관을 이용한다 해도 결국 영화는 볼 수 있기 때문에 평등하게 대우받는다는 것이었다. 지극히 앞뒤가 맞지 않는 판결이었지만, 이를 통해 남부는 헌법의 취지가 무색하게 각 주에서 제도적으로 인종차별을 할 수 있었다. 힘없는 흑인들은 주법에 의한 처벌과 집단 린치가 두려워 아무 말도 못 하고 그저 숨죽이고 있었다. 이런 암담한 상황은 1950년대 중반까지 지속됐다.

비폭력 저항 운동

마틴 루터 킹은 미국 조지아주 애틀랜타 시의 침례교 목사인 아버지 밑에서 올바른 신앙적, 사회적 교육을 받으며 자랐다. 아버지는 그에게 "불의한 일에 굴종하거나 침묵해선 안 된다"라고 가르쳤고 하나님에 대한 의심을 버리고 숭고한 신앙을 가지라고 조언했다. 마틴 루터 킹은 여기에 진심으로 귀를 기울였다. 그리고 사회에서 횡행하는 각종 인종차별적인 모습들을 보면서 이를 없애야 한다는 확고한 신념을 갖게 됐다. 이는 추후에 마틴 루터 킹이 기독교적인 사회 참여를 강조하는 '진보적 신앙'을 소유하는 기반으로 작용했다. 그는 펜실베이니아주 체스터 시의 크로저신학교를 마친 뒤 보스턴 대학에서 철학박사 학위를 취득했다. 1954년부터는 앨라배마주 몽고메리 시의 덱스터 애버뉴 침례교회에서 담임목사로 활동했다. 그런데 당시 몽고메리에서도 주법에 근거한 인종차별이 심각했다. 거의 모든 공공시설에서 백인과 흑인이 분리됐다. 특히 시에서 운영하는 버스 안에 백인 전용 좌석이 따로 있었고 흑인들은 무조건 양보해야만 했다.

이런 가운데 1955년 12월 역사적인 사건이 발생했다. '로자 파크스'라는 흑인 여성이 버스에서 백인에게 자리를 양보하지 않아 경찰에 체포됐다. 그녀가 이런 행동을 한 첫 번째 이유는 얼마 전 발생한 '에밋 틸 사건'이 떠올랐기 때문이다. 해당 사건은 14세 흑인 소년인 에밋 틸이 백인들에게 납치된 뒤 무참히 살해당한 것이었다. 로자 파크스는 "잠시 버스 뒤쪽으로 가는 것에 대해 생각했다. 그때 에밋 틸을 떠올렸고 결국 뒤쪽으로 갈 수 없었다"라고 말했다. 두 번째 이유는 전년도에 연방 대법원의 '브라운 대 교육위원회 판결'이 있었기 때문이다. 이는 공공시설에서의 흑백 분리 및 인종차별 정책을 위헌이라고 규정한 것이다. 로자 파크스는 해당 판결을 거론하며 자신의 행위가 잘못이 아니라고 항변했다. 그럼에도 몽고메리를 비롯한 남부의 여러 주들은 연방 대법원에 저항하며 주 차원에서 인종차별 정책을 고수하려 했다. 몽고메리에 있는 흑인들은 분개했다. 그들은 한 자리에 모여 어떻게 대처할지를 고민했고, 그 결과 모든 흑인들이 몽고메리에 있는 시내버스를 '보이콧'하는 방안이 채택됐다. (당시 몽고메리 버스 승객의 약 80%가 흑인이었다.)

마틴 루터 킹은 이 운동을 주도해 달라는 요청을 받았다. 흔쾌히 수락한 그는 버스 보이콧 운동을 적극적으로 홍보했고 수많은 흑인들의 동참을 이끌어냈다. 버스 대신 걸어 다니거나 택시를 이용하는 흑인들이 많아졌다. 하지만 주 정부와 버스 회사 등은 이때까진 별다른 걱정을 하지 않았다. 운동을 조금 하다가 접을 것이라는 판단이 있었다. 마틴 루터 킹은 더욱 강력한 방안을 시행했다. 바로 '카풀 서비스'였다. 몽고메리 개선협회를 통해 약 320대의 개인 차량을 카풀 서비스로 활용했다. 해당 방안은 상당한 효과를 발휘해 버스 회사들의 매출에 큰 타격을 줬다. 곧바로 백인들의 반격이 시작됐다. 이들은 카풀을 이용하는 흑인들을 거칠게 공격했고 카풀을 부수거나 운행 기사들을 구타했다. 심지어 백인 경찰들도 동조해 카풀 이용 흑인들에게 범칙금을 부과했다. 흑인들 사이에서 폭력적으로 대응하자는 목소리가 높아졌다. 마틴 루터 킹은 이에 단호히 반대했다. 반드시 평정심을 유지하며 '비폭력'으로 맞서야 한다고 주장했다. 쉽지 않겠지만 그것만이 궁극적으로 이기는 길이라고 강조했다. 마틴 루터 킹의 절절한 호소에 대부분의 흑인들이 동조했다.

보이콧 운동을 시작한 지 3개월이 흐른 후, 마틴 루터 킹을 비롯한 89명이 주법 위반을 이유로 체포됐다. 그런데 이는 전화위복이었다. 마틴 루터 킹은 체포를 기회로 삼아 국내외에 인종차별의 부당성과 흑인 민권 증진 메시지를 대대적으로 전했다. 반응은 상당히 좋았다. 다양한 곳에서 응원과 후원금이 들어왔다. 이것의 영향으로 1956년 12월 마침내 커다란 성과가 도출됐다. 연방 대법원에서 버스 내 흑백 분리를 위헌이라고 판결한 것이다. 약 1년 동안 행해진 마틴 루터 킹 주도 버스 보이콧 운동의 최종적 승리였다. 해당 운동을 계기로 마틴 루터 킹의 위상이 국내외에서 크게 높아졌고, 인종차별 철폐 및 흑인 민권 운동은 탄력을 받게 됐다.

"나에게는 꿈이 있습니다"

마틴 루터 킹은 더욱 적극적으로 운동을 전개해 나갔다. 1957년 인종차별을 반대하는 남부 목사 및 평신도들을 하나로 묶어 '남부기독교지도회의'를 결성했다. 그는 운동의 성공 여부가 뜻있는 사람들의 연대에 달려있다고 믿었다. 마틴 루터 킹의 지도 하에 뭉친 사람들은 곳곳에서 반 인종차별 목소리를 높였다. 또한 마틴 루터 킹은 흑인 노동자들이 각종 노동 현장에서 차별을 받지 않고 정당한 대우를 받으며 일할 수 있도록 지원했다. 한때 항의 시위를 주도하다 경찰에 체포돼 구치소 독방에 투옥되기도 했지만 그의 투쟁

의지는 결코 꺾이지 않았다.

마틴 루터 킹 운동의 하이라이트는 1963년 8월이었다. 약 25만 명의 시민들이 워싱턴 DC에서 '직업과 자유를 위한 워싱턴 행진'에 참가했다. 마틴 루터 킹은 이 집회를 주도했고 주요 연사로 나서 역사에 길이 남을 명연설을 했다. 제목은 '나에게는 꿈이 있습니다'. 인종차별 철폐는 물론 인종 간 '공존'의 가치를 아름다운 말과 글로 표현했다. 노예 해방의 아버지인 링컨 기념관 앞에 서서 행한 그의 연설 내용은 다음과 같다.

"나는 나의 동족들에게 드리고 싶은 말씀이 있습니다. 정의의 전당으로 이끄는 뜨거운 문턱에 서 있는 나의 흑인 형제들에게 말입니다. 우리는 우리의 창의적인 인권 운동이 물리적 폭력으로 변질되도록 해선 안 됩니다. 사회를 휩쓴 공격적인 언행이 모든 백인을 향한 불신으로 우리를 이끌어선 안 됩니다. 그들의 운명이 우리의 운명과 묶여 있다는 사실을 깨달았기 때문입니다.

나에게는 꿈이 있습니다. 언젠가 조지아 주의 붉은 언덕에서 노예의 후손들과 노예 주인의 후손들이 형제처럼 손을 맞잡고 나란히 앉게 되는 꿈입니다. 나에게는 꿈이 있습니다. 이글거리는 불의와 억압이 존재하는 미시시피 주가 자유와 정의의 오아시스가 되는 꿈입니다. 나에게는 꿈이 있습니다. 내 아이들이 피부색을 기준으로 사람을 평가하지 않고 인격을 기준으로 사람을 평가하는 나라에서 살게 되는 꿈입니다.

그날은 하나님의 모든 자녀들이 새로운 의미로 노래를 부를 수 있는 날이 될 것입니다. 그리고 미국이 위대한 국가가 되기 위해서 이것은 반드시 실현돼야 합니다. 그래서 자유가 뉴햄프셔의 거대한 언덕에서 울려 퍼지게 합시다. 자유가 뉴욕의 큰 산에서 울려 퍼지게 합시다. 자유가 펜실베이니아의 앨러게니 산맥에서 울려 퍼지게 합시다. 모든 주와 도시로부터 자유를 울려 퍼지게 할 때, 우리는 더 빨리 그날을 향해 갈 수 있을 것입니다. 하나님의 모든 자녀들, 흑인이건 백인이건 유대인이건 개신교도이건 가톨릭교도이건, 모두 손을 맞잡고 옛 흑인 영가를 함께 부르는 그날 말입니다. (이하 흑인 영가) 드디어 자유가, 드디어 자유가! 전능하신 주님 감사합니다. 우리는 마침내 자유로워졌나이다."

연설의 효과는 대단했다. 국내외에서 커다란 반향이 일어났고 마틴 루터 킹 주도의 흑인 민권 운동에 지지와 찬사가 쏟아졌다. 케네디가 마련한 '민권법'이 의회의 문턱을 넘을 수 있는 결정적 계기로도 작용했다. 나아가 1964년 10월 마틴 루터 킹에게 또 다른 낭보가 찾아왔다. 역대 최연소(35세) '노벨 평화상' 수상이었다. 그는 수상과 관련해 "내가 큰 일을 해낸 것이 아니다. 내가 거대한 혁명을 이끌어낸 것도 아니다. 내가 거대한 '진실'을 말한 것뿐이다"라고 강조했다. 이처럼 마틴 루터 킹은 전례 없는 성과를 달성하고 있었다. 그는 성과들을 발판으로 삼아 흑인 '참정권'의 확실한 보장도 노렸다. (수정헌법 제15조로 흑인 참정권이 표면적으로 보장됐지만 남부에서는 제대로 지켜지지 않았다.) 이를 위해 1965년 3월 셀마에서 몽고메리까지 86km

를 행진하는 '셀마 대행진'을 단행했다. 하지만 경찰들이 최루가스와 곤봉 등으로 무자비하게 진압했다. 마틴 루터 킹은 굴하지 않고 3차에 걸친 대행진을 이어갔다. 처음보다 훨씬 많은 사람들이 행진에 참가해 힘을 보탰다. 그 결과 수정헌법 제15조의 내용을 재차 확인해 주는 연방법이 만들어졌고 흑인들의 투표길도 열렸다. 연이은 성과로 마틴 루터 킹과 흑인들은 한껏 고무됐다. 그러나 장밋빛만 있는 것은 아니었다. 어두운 그림자도 거세게 다가오고 있었다.

전방위적 공격

마틴 루터 킹을 겨냥한 공격이 전방위적으로 가해졌다. 암살 위협은 기본이었다. 극단적인 내용을 담고 있는 협박 편지들이 수시로 마틴 루터 킹에게 날아들었다. 심지어 백인 우월주의자가 그의 집에 폭탄을 설치한 후 터뜨려 집이 산산조각이 나는 일도 발생했다. 집 안에는 태어난 지 10주밖에 안 된 아기도 있었다. 어느 날에는 집 앞에 불에 탄 십자가가 놓였다. 이것은 마틴 루터 킹에게 가하는 일종의 저주였다. 실제로 그는 신체에 상해를 입은 적도 있었다. 이때 범인은 백인 우월주의자가 아닌 이졸라 커리라는 흑인 여성이었다. 마틴 루터 킹이 저서인 '자유를 향한 대행진' 사인회를 하고 있었는데, 그녀가 다가와 "5년 동안 널 찾고 있었다"라고 말하며 종이칼로 킹의 가슴을 찔렀다. 병원에 실려간 마틴 루터 킹은 긴 수술을 받은 후 기적적으로 살아났다. 이졸라 커리는 정신분열증 환자였고 마틴 루터 킹이 공산주의자라는 망상에 사로잡혀 범행을 저질렀다.

마틴 루터 킹은 'FBI'(연방수사국)의 표적이 되기도 했다. 50년 가까이 FBI 수장으로 재임한 '에드거 후버'는 킹을 매우 싫어했다. 그가 괜한 일을 벌이며 사회를 혼란에 빠뜨리고 있다고 생각했다. 이에 각종 공작을 펼쳤다. 마틴 루터 킹이 가는 주요 장소에 도청 장치를 설치해 그의 사생활을 은밀히 캤다. 때로는 공작원들을 투입해 사생활을 사진으로 찍거나 영상 녹화하기도 했다. (에드거 후버는 이런 방식으로 유력 정치인들의 약점을 잡아 오랜 기간 FBI 수장으로 재임할 수 있었다.) 이후 미국의 각 언론사에 해당 내용물들을 보냈다. 다만 마틴 루터 킹의 사생활을 제대로 보도한 언론사는 거의 없었다. 오히려 남의 사생활을 불법적으로 캔다며 에드거 후버와 FBI를 비판했다. 화가 난 후버는 "킹은 미국에서 가장 악명 높은 거짓말쟁이이며 가장 비열한 사람 중 하나"라고 외쳤다. 윌리엄 설리번 FBI 국장보는 마틴 루터 킹에게 "당신은 완전한 사기꾼이며 흑인 모두에게 큰 짐이 되고 있다. 지금 어디에도 당신에게 견줄 수 있는 협잡꾼은 없다고 확신한다. 모든 사기꾼들과 마찬가지로 너도 끝장날 날이 다가오고 있다"라는 협박 편지와 사생활이 녹음된 테이프를 보내기도 했다.

비단 백인 우월주의자들만이 공격의 주체는 아니었다. 일부 흑인들도 마틴 루터 킹을 맹렬히 공격했다. 대표적인 인물이 '맬컴 엑스'였는데, 그는 비폭력을 내세우는 마틴 루터 킹의 투쟁 방식이 옳지 않다고 주장했다. 이는 그저 백인들의 손바닥 안에서 놀아나는 것에 불과하다고 여겼다. 그러면서 폭력 투쟁만이 백인들을 이길 수 있는 길이며, 백인이 흑인의 삶에 간섭하지 못하도록 독자적인 힘을 길러야 한다고 강조했다. 맬컴 엑스는 '네이션 오브 이슬람'이라는 단체를 주도하며 각종 폭력 투쟁을 조장했다. 백인 우월주의자들의 공격과 맬컴 엑스의 노선에 영향을 받은 흑인들이 마틴 루터 킹에게 비폭력 투쟁 방식을 포기하라고 압박을 가하기도 했다. 하지만 그는 흔들리지 않았다. 어떠한 경우에도 자제심을 잃지 말아야 하며 폭력이 작금의 문제를 결코 해결해 줄 수 없다는 입장을 분명히 했다. 마틴 루터 킹은 직접 맬컴 엑스 등 과격파 운동가들을 찾아가 설득을 시도하고 연대를 꾀하기도 했지만 좀처럼 접점을 찾지는 못했다.

암살

전방위적인 공격에도 불구하고 마틴 루터 킹은 열정적인 활동을 이어갔다. 1968년 4월 그는 테네시주 흑인 청소노동자들의 파업투쟁을 지원하기 위해 멤피스로 내려왔다. 수많은 흑인 노동자들이 모인 자리에서 마틴 루터 킹은 "하나님의 자녀들인 여러분들이 적절한 임금을 받고자 한다면 적극 투쟁해야 한다"라고 외쳤다. 그동안 외롭게 투쟁했던 흑인 노동자들은 마치 구세주가 온 것처럼 환호했다. 그런데 이 시기에 뭔가 불길한 소문이 나돌았다. 백인 우월주의 단체에서 마틴 루터 킹을 살해하기 위해 암살자를 보냈다는 것이었다. 흑인 노동자들은 그에게 안전한 곳으로 피신하라고 권했다. 이때 마틴 루터 킹은 한 연설을 통해 의미심장한 말을 남겼다. "오래도록 행복하게 사는 것이 모든 사람들의 염원일 것이다. 그러나 나에게는 그런 염원이 없다. 나는 오로지 하나님의 뜻을 따라 살

뿐이다. 하나님은 나를 저 높은 산 꼭대기로 데려가셨다. 그곳에서 나는 굽어보았다. '약속의 땅'이 내 눈앞에 펼쳐져 있었다." 마치 자신의 죽음을 예견하는 듯한 발언이었다.

실제로 암살자는 존재했다. 백인 우월주의 단체 소속인 '제임스 얼 레이'가 멤피스로 내려와 마틴 루터 킹이 투숙한 로레인 모텔 맞은편에 머무르고 있었다. 그의 손에는 항상 저격총이 있었다. 사건 당일인 4월 4일, 마틴 루터 킹은 모텔 306호실 앞 발코니에 홀로 서 있었다. 외부의 타격으로부터 보호를 해줄 만한 그 어떠한 것도 없었다. 오후 6시가 되자, 별안간 총소리가 울리며 마틴 루터 킹이 쓰러졌다. 총탄은 그의 오른쪽 뺨 아래쪽을 뚫고 들어가 척추와 경정맥, 동맥을 관통한 뒤 어깨에 박혔다. 주변 사람들이 총소리를 듣고 달려 나왔고 쓰러져있는 마틴 루터 킹의 상태를 살폈다. 그의 맥박은 미세하게 뛰긴 했지만 치명상을 입어 피를 많이 흘리고 있었기 때문에 소생할 가능성은 거의 없었다. 결국 마틴 루터 킹은 병원으로 이송하는 구급차 안에서 과다출혈로 세상을 떠났다. 제임스 얼 레이는 저격 직후 총을 버리고 도주했고 가짜 여권까지 만들어 영국 런던으로 건너갔다. 그러다 가짜 여권이 발각돼 미국으로 추방됐으며 FBI에 체포된 후 100년형을 선고받고 수감됐다. (실제 범인은 레이가 아니라 제3의 세력이라는 음모론도 있다.)

마틴 루터 킹의 암살 소식은 순식간에 미국 전역에 퍼졌다. 분개한 흑인들은 63개 도시에서 폭동을 일으켰다. 방화와 파괴, 약탈 등이 잇따랐다. 수천 명의 군인 경찰이 출동해 진압에 나섰지만 폭동은 좀처럼 잦아들 기미가 보이지 않았다. 흑인 지도자들이 전면에 나서 "폭력은 마틴 루터 킹이 바라는 바가 아니다"라고 자제를 촉구하자 조금씩 가라앉았다. 국장으로 치러진 마틴 루터 킹의 장례식에는 15만 명의 인파가 몰려들었다. 미국은 물론 전 세계에서 그를 애도했다. 이후에도 미국에선 마틴 루터 킹을 기리는 움직임이 뚜렷이 나타났다. 1986년부터 매년 1월 세 번째 월요일을 '마틴 루터 킹의 날'로 정하고 연방 정부 공휴일로 지정했다. 사회에서 그를 '성인'으로 평가하는 분위기도 존재했다. 궁극적으로 마틴 루터 킹이 달성한 수많은 업적과 유산은 미국 사회를 변화시켰다. 과거 대비 인종차별이 눈에 띄게 사라졌고 흑인 민권도 크게 증진됐다. 그리고 2008년 최초의 흑인 대통령인 '버락 오바마'가 탄생했다. 그가 내세웠던 비폭력, 자유, 평등, 공존 등의 가치는 현재 미국을 대표하는 가치가 됐다.

19

레이건 암살 미수

美 보수 아이콘의 극적 생환

암살 위기와 냉전 종식 전말

레이건 대통령의 경호원들이 저격범인 존 힝클리 주니어를 체포하고 있다.

"그는 대통령 전용 출입구로 나와 리무진이 주차된 장소로 걸어갔다. 전용 출입구와 리무진 간 거리가 짧아 레이건과 경호원들은 방탄복을 입지 않은 상태였다. 주변에는 레이건을 취재하기 위한 방송사 카메라와 군중들이 있었다. 레이건은 걸어가면서 카메라와 군중들을 향해 미소를 짓고 손을 흔들었다. 그가 리무진 앞에 이르렀을 때, 별안간 '존 힝클리 주니어'라는 사람이 군중 속에서 튀어나와 총탄을 발사했다. 순식간에 6발의 총탄이 난사됐다."

미국 정계를 대표하는 정당은 '공화당'과 '민주당'이다. 대체로 전자는 보수를, 후자는 '리버럴' 진보를 지향한다. 공화당은 정부의 시장 간섭을 최소화하는 작은 정부, 적은 세금, 친 기업, 확장된 국방 정책, 총기 소유권, 낙태 금지, 노동조합에 대한 엄격한 규제 등을 주요 정책으로 내세운다. 반면 민주당은 정부의 시장 간섭을 통해 경제의 균형을 찾는 큰 정부, 사회적 경제적 평등, 복지 국가, 노조 권리, 국가 규모의 의료 보험, 총기 규제 강화, 환경 친화 등을 주요 정책으로 내세운다. 역사적으로 양 당은 견제와 균형을 통해 미국의 정치 발전을 이끌었다. 현대사 관점에서 민주당을 대표하는 정치인으로 존 F 케네디, 프랭클린 루스벨트, 버락 오바마 등 적지 않은 인물들이 떠오른다. 이들은 당대에 특기할 만한 정치적 족적을 남겼다. 그런데 공화당을 대표하는 정치인으로는 '로널드 레이건'이 독보적으로 떠오른다. 레이건은 현재 공화당의 이념적 정치적 기반을 확고히 다진 인물로 평가된다. 조지 W 부시나 도널드 트럼프 등 가장 최근의 공화당 대통령들은 레이건을 절대적 롤모델로 삼았다.

공화당을 지지하는 미국 보수층은 레이건을 일종의 아이콘으로 여길 정도다.

레이건에 대한 지지는 비단 보수층에만 국한되지 않는다. 진보층에서도 폭넓게 지지를 받고 있다. 이에 역대 미국 대통령 지지율을 보면 레이건은 항상 선두권에 위치한다. 레이건이 시대와 정치적 간극을 초월해 미국인들에게 큰 사랑을 받는 이유는 두 가지로 보인다. 우선 호감형 이미지다. 단순히 잘 생겨서 그런 것만은 아니다. 몸에 배어있고 끊임없이 발현된 '낙관주의' 때문이다. 어떠한 상황에서도 유머를 잃지 않고 부정이 아닌 긍정으로 세상을 바라봤다. 특히 예상치 못한 '암살 미수 사건'이 터졌을 때, 레이건이 보여준 태도는 이와 같은 품성이 최고치로 나타난 사례. 그는 죽음의 고비에서도 주변 사람들에게 계속 유머를 선보였다. 이는 부정적이고 긴장된 분위기를 크게 완화시켰고, 점차 긍정적인 상황으로 옮겨가게 하는 원동력이 됐다. 사건 이후 모든 미국인들이 이러한 태도에 찬사를 보냄에 따라 레이건의 지지율은 급상승했다. 다음으로 명확한 정책 비전이다. 레이건은 기존 미국의 대소련 정책을 뒤엎고 '힘을 통한 평화'를 추구했다. 군비 증강을 통해 소련의 아킬레스건인 경제를 악화시켜 궁지에 몰아넣으려 했다. 소련과 공산주의를 더 이상 온존시키는 것이 아닌 붕괴 또는 노선 전환을 획책한 것이다. 집요하게 전개된 레이건의 대소 강경책은 결과적으로 '냉전 종식'과 '소련 해체'의 단초를 제공했다. 이에 미국인들은 레이건 시대를 매우 강력했던 시대 중 하나로 거론하며 짙은 향수를 갖고 있다.

'미국 보수의 아이콘', 로널드 레이건의 암살 위기와 냉전 종식 전말을 되돌아봤다.

미·소 냉전

미국과 소련은 제2차 세계대전에서 나치 독일을 비롯한 '추축국'에 공동으로 맞섰다. 미국은 소련에 군수물자를 대거 지원해 독소전에서 소련의 승리를 견인했고 소련은 전쟁 막판에 대일 전에 참전, 미국에 힘을 실었다. 미국과 소련의 유기적인 협력으로 제2차 세계대전은 1945년 연합국의 승리로 끝났다. 다만 미국과 소련의 협력은 일시적인 것에 불과했다. 두 국가는 이념적인 측면에서 근본적 차이가 있었다. 미국은 자본주의, 소련은 공산주의였다. 도저히 양립할 수 없는 이념적 간극은 추축국이라는 공동의 적이 사라지자마자 두 국가를 필연적으로 대립하게 만들었다. 더욱이 소련이 제2차 세계대전을 통해 수많은 동유럽 국가들을 괴뢰 위성국으로 만들고, 국제공산당 정보기관인 '코민포름'을 결성하면서 문제를 악화시켰다. 윈스턴 처칠이 1946년 3월 미국 미주리주 풀턴의 웨스트민스터 대학에서 행한 '철의 장막' 연설은 당시 상황을 잘 반영하고 있다. "지금 발틱해의 스테틴으로부터 아드리아해의 트리에스테에 이르기까지 하나의 '철의 장막'이 유럽 대륙을 가로지르며 내려앉고 있다. 모스크바의 경찰 지배가 바르샤바, 프라하, 비엔나, 부다페스트, 부크레슈티, 소피아 등 유명 도시들에 확산되고 있다." 소련의 팽창 정책에 위기감을 느낀 미국의 '해리 트루먼' 대통령은 1947년 3월 공산주의의 확산을 막기 위한 '트루먼 독트린'을 발표했다. 이는 소련에 대한 봉쇄와 억제, 그리고 자유 진영에 군사적 경제적 원조를 제공한다는 것이었다. 사실상 트루먼 독트린이 발표된 날로부터 미국과 소련 간 총성 없는 전쟁, '냉전'이 시작됐다고 본다.

미국은 '마셜 플랜'도 시행했다. 전쟁으로 폐허가 된 유럽 여러 나라에 막대한 자금을 지원해 재건을 도모하는 것이 골자다. 이를 통해 자유 민주주의 및 자본주의 경제 체제를 확고히 형성하고, 혁명 등으로 공산 세력이 집권하는 것을 방지하고자 했다. 미국의 노력으로 당시 내전이나 선거 대결이 펼쳐졌던 그리스, 이탈리아 등에서 자유 진영이 승리했다. 소련은 동유럽이 마셜 플랜에 노출되지 않도록 단속하는 한편 동유럽 경제협력 조직인 '코메콘'을 만들었다. 대립과 긴장은 갈수록 심화됐다. 미국이 주도해 1949년 4월 북미와 서유럽 국가들의 군사동맹인 '북대서양 조약기구'(NATO)가 창설됐다. 그해 8월 소련은 핵실험에 성공해 미국에 이어 두 번째로 핵무기 보유 국가가 됐다. 중국 대륙에도 심상치 않은 변화가 있었다. 모택동이 이끄는 공산당이 '국공 내전'에서 장제스의 국민당을 물리치고 '중화인민공화국'을 수립했다. 이로써 자유 진영과 공산 진영이 전 세계를 정확히 양분하게 됐다. 냉전이 '열전'으로 번지기도 했다. 1950년 '한국 전쟁'이 그것이다. 소련과 중국의 지원을 등에 업은 북한이 남한을 침공했고, 미국과 영국 등 자유 진영 16개국이 참전해 남한을 지원하며 맞대응했다. 3년 간 계속된 한국 전쟁은 처참한 희생을 낳은 뒤 휴전으로 마무리됐다.

암살의 역사

1953년 소련의 절대권력자인 '이오시프 스탈린'이 사망했다. 스탈린의 후임인 '니키타 흐루시초프'는 "스탈린은 무고한 사람들을 수없이 죽였고 전쟁 과정에서 수많은 오류들을 저질렀다"라며 스탈린 격하 운동을 벌였다. 향후 스탈린과는 다른 기조, 즉 '탈 스탈린화'를 추구할 것처럼 보였다. 미국에서도 트루먼의 후임으로 '드와이트 아이젠하워' 대통령이 취임했다. 양국의 지도자가 바뀌면서 이전의 극심한 대립 구도에서 벗어날 것이라는 기대감이 싹텄다. 그러나 상황은 크게 달라지지 않았다. 소련은 NATO에 대응해 1955년 동구권의 공동 방위를 목적으로 하는 '바르샤바 조약기구'를 창설했다. 뒤이어 세계 최초로 '대륙간 탄도미사일'(ICBM) 개발에 성공했다. 미국 역시 장거리 미사일을 개발했다. 기존에 비행기를 통해 핵무기를 실어 나르던 것을 넘어 이제는 버튼을 누르면 먼 거리에 있는 표적지에 핵 타격을 입힐 수 있게 됐다. 자신감이 넘쳤던 흐루시초프는 공개적으로 소련의 핵전력과 핵 무력 사용 등을 언급하며 긴장 수위를 높이기도 했다. 소련이 최초의 인공위성인 '스푸트니크 호'를 발사하면서 미국과 소련 간 '우주 경쟁'도 촉발됐다. 한편 이 시기에 폴란드, 헝가리, 루마니아 등 소련의 영향력 하에 있던 동유럽 여러 국가들에서 자유화 운동이 일어났지만 소련의 군사력에 의해 철저히 진압됐다.

대립과 긴장은 1961년 '베를린 위기'와 1962년 '쿠바 미사일 위기'에서 절정을 이뤘다. 제2차 세계대전에서 패배한 독일은 미국, 영국, 프랑스의 영향력 하에 있는 서독과 소련의 영향력 하에 있는 동독으로 분할됐다. 수도인 베를린도 이 같이 분할됐다. 그런데 동독에서는 매년 수십만 명의 사람들이 자유를 갈망하며 서독으로 몰래 이주했다. 구체적으로 동서 베를린 사이에 있는 '작은 구멍'을 통해 서베를린으로 이주하는 경우가 잦았다. 동독 엘리트들의 이주도 본격화하면서 소위 '두뇌 유출'이 심각해졌다. 격분한 흐루시초프는 서베를린에 주둔한 연합군에게 철수하라고 윽박질렀다. 미군과 소련군의 탱크가 국경 지대인 찰리 검문소에서 대치하는 일촉즉발의 상황도 발생했다. 흐루시초프는 최후통첩이 먹히지 않자 동서 베를린을 가로지르는 '베를린 장벽'을 건설했다. 이제는 동독인들이 쉽게 서베를린으로 넘어갈 수 없었다. 만약 장벽을 넘어가려다 적발되면 즉결처형이 이뤄졌다. 이후 소련은 '피델 카스트로'에 의해 공산화된 쿠바에 핵미사일 기지를 건설하려 했다. 쿠바는 미국 코앞에 있었다. 당시 '케네디' 미국 대통령은 이를 좌시하지 않고 쿠바로 향하는 모든 해상로를 막는 '해상 봉쇄'를 실시했다. 흐루시초프의 소련도 쉽게 물러서지 않으면서 양국 간 전례 없는 위기 상황이 도래했다. 실질적인 양보와 타협이 좀처럼 이뤄지지 않는 가운데, 자칫 핵전쟁을 유발할 수 있는 위험천만한 상황들이 곳곳에서 포착됐다. 점점 파국으로 치닫는 '치킨 게임'의 양상마저 띠었다. 전쟁 발발 직전, 흐루시초프가 쿠바에서 핵 미사일을 철수시키고 케네디도 튀르키예에서 핵 미사일을 철수시키기로 합의하면서 극적으로 위기가 해소됐다.

암살의 역사

일시적 데탕트

일련의 위기는 미국, 소련 간 대립과 긴장을 어느 정도 완화시키는 결과를 낳았다. 쿠바 위기 직후 양국은 정상 간 직접적으로 연락이 닿을 수 있는 '핫라인'을 설치했고, 주요 열강들이 대기권 내에서 핵실험을 금지하는 획기적인 조약도 체결했다. 핵전쟁 발발 시 주체들이 모두 파괴되는 '상호 확실한 파괴'(MAD) 이론의 위험성을 간접적으로 경험한 탓이다. (당시에 미국은 '베트남 전쟁', 소련은 '중소 분쟁'에 발목을 잡힌 점도 상황 개선을 이끄는 요인이었다.) 한동안 미국과 소련은 극한 대립 위주가 아닌 타협과 협력에 방점을 두는 방향으로 나아갔다. 대표적으로 '리처드 닉슨' 미국 대통령이 1972년 모스크바로 날아가 '레오니드 브레주네프' 소련 서기장과 중요한 협정을 체결했다. 최초의 포괄적 군축 조약인 '제1단계 전략무기 제한협정'(SALT), 그리고 요격 미사일 개발을 금지하는 '탄도탄 요격 미사일 제한협정'이다. 나아가 닉슨과 브레주네프는 긴장 완화를 의미하는 '데탕트'를 거론했고 '평화적 공존'의 새 시대가 열렸다고 밝혔다. 군사 분야 외에 '무역 증대 협정'도 체결하면서 양국 간 경제 협력을 강화하기도 했다.

미국은 중국과도 관계 개선을 도모했다. 당시 중국은 노선 차이 및 국경 분쟁 등으로 소련과 격한 갈등을 겪고 있었다. 소련의 주도로 공산권에서 점차 고립되자 중국은 다른 데로 눈길을 돌렸다. 미국은 중국을 활용한 소련 견제 등 복합적 목적에 기반해 중국에 접근했다. 결국 양측의 이해관계가 맞아떨어져 미국과 중국 간 수교가 이뤄졌다. 이처럼 1960년대 후반과 1970년대는 과거에 비해 평화로운 시대였다고 말할 수 있다. (다만 완전히 그랬던 것은 아니다. 중동, 아프리카 등에서 미국과 소련 간 간접적 대립은 있었다. 특히 미국의 지원을 받은 이스라엘과 소련의 지원을 받은 이집트, 시리아 등이 전쟁을 벌이며 표면화됐다.) 큰 물결은 데탕트였고 적지 않은 기간 동안 이러한 분위기는 지속될 것처럼 보였다. 하지만 예상보다 일찍 엇나갔다. '신냉전'의 그림자가 다가오고 있었다. 발단은 1979년 12월 소련군의 '아프가니스탄' 침공이다. 소련군은 아프가니스탄의 공산 정권을 지원하기 위해 대규모 병력을 파견했다. 당시 미국 대통령인 '지미 카터'는 이에 반발하며 군비 경쟁을 추가로 제한하기 위한 '제2단계 전략무기 제한협정'을 철회했다. 소련으로의 기술 및 곡물 이전 금지, 1980년 모스크바 올림픽 불참도 선언했다. 다만 이것은 시작에 불과했다. 카터의 뒤를 이어 새로운 미국 대통령으로 취임한 한 남자, '로널드 레이건'의 등장은 다시금 미국, 소련 간 대립과 긴장을 심화시키며 새로운 국면을 예고했다.

배우 출신 대통령

레이건은 원래 '배우'였다. 1937년 할리우드에 입성한 이래 50여 편의 영화에 출연했다. 굉장한 미남이었지만 배우로서 크게 인기를 끌지는 못했다. 레이건은 연기 이외의 활동으로 주목을 받았다. '영화 및 텔레비전 배우 노동조합'의 위원장을 역임하며 배우들의 권익 향상과 사회적 이슈 등과 관련해 목소리를 냈다. 위원장으로 활동할 때 부인인 '낸시 레이건' 여사를 운명적으로 만나 사랑에 빠지

암살의 역사

기도 했다. 당시 할리우드에도 '매카시즘'에 의한 공산주의자 색출 광풍이 불었다. 낸시는 사실이 아님에도 공산주의자 블랙리스트에 올라가 오해를 받는 상태였다. 그녀는 위원장인 레이건을 찾아가 리스트에서 자신의 이름을 빼달라고 요구했다. 레이건은 이를 수용했고 낸시의 미모와 품성에 반해 열애까지 하게 됐다. 당초 레이건의 정치적 성향은 보수주의가 아닌 진보 자유주의 쪽에 가까웠다. 지지하는 정당도 공화당이 아니라 민주당이었다. 특히 민주당 소속인 '루스벨트' 대통령을 무척 존경했다. 그러다가 1954년 'GE 시어터'라는 라디오 및 TV 프로그램 호스트를 맡은 것을 계기로 달라지게 된다. 레이건은 해당 프로그램을 진행하며 상당한 인기를 얻었고 전국을 돌면서 강연도 하게 됐다. 다양한 계층의 사람들을 만나 소통했으며 이동하는 과정에서 책도 많이 읽었다. 그러면서 정치 참여 의식이 점점 높아졌고 성향은 보수주의, 정당은 공화당으로 옮겨갔다.

이후 본격적으로 정치에 투신한 레이건은 보수주의 정치인으로서의 면모를 유감없이 드러냈다. 자유시장 경제, 작은 정부, 친 기업, 반 공산주의 등을 부르짖었다. 이 시기에 열린 대통령 선거에서도 민주당의 케네디가 아닌 공화당의 닉슨을 적극 지지했다. 정치인 레이건이 국민들의 주목을 받기 시작한 것은 1964년 미국 보수의 상징인 '배리 골드워터' 지지 연설이었다. 그는 '선택의 시간'이라는 제목의 연설에서 건국의 아버지들을 거론하며 작은 정부를 강조했고, 탁월한 언변으로 자신의 정치적 입장과 존재감을 국민들에게 확고히 각인시켰다. (미국에서는 정치 신인이 유력 정치인 지지 연설을 통해 인기를 얻는 경우가 많다. '버락 오바마'가 대표적이다.) 이에 힘입어 레이건은 1966년 캘리포니아 주지사에 당선됐다. 주지사 재임 시 고등교육 정책, 조세감면, 복지제도 축소 등을 시행했고 주의 재정을 흑자전환시키기도 했다. 시간이 갈수록 레이건의 정치적 꿈은 커져갔다. 그는 대선에 두 번이나 출사표를 던졌다. 하지만 공화당 경선에서 잇따라 패배해 고배를 마셨다.

레이건이 바라던 기회는 1980년에 찾아왔다. 그는 공화당 대통령 후보에 지명됐고 현직 대통령이었던 카터와 맞붙었다. 당시 카터는 인기 있는 대통령이 아니었다. 경기 침체와 주이란 미국 대사관 인질 구출 실패 등으로 지지율이 곤두박질쳤다. 레이건은 카터의 약점을 적절히 공격함과 더불어 "미국을 다시 위대하게 만들자"(Let's Make America Great Again)라는 선거구호를 내세우며 미국인들에게 희망과 활력을 북돋워줬다. 여담으로 '트럼프'가 2016년 대선에서 이 구호를 그대로 차용했다. 트럼프는 레이건을 롤모델로 삼고 있다. 결국 레이건은 대통령 선거에서 무난히 승리하며 미국의 제40대 대통령에 취임했다. 나이는 69세로 당시로선 최고령 대통령이었다. 배우 출신 정치인이 미국의 최고 지도자가 된 것에 전 세계도 큰 관심을 보였다. 그러나 레이건은 취임의 기쁨을 충분히 누릴 틈도 없이 위기를 맞이했다.

암살 위기

취임 2개월을 갓 넘긴 1981년 3월 30일, 레이건은 워싱턴 힐튼 호텔에서 미국 노동단체연합 대표들과 오찬을 가졌다. 그런 다음 백악관으로 돌아가기 위해 길을 나섰다. 그는 대통령 전용 출입구로 나와 리무진이 주차된 장소로 걸어갔다. 전용 출입구와 리무진 간 거리가 짧아 레이건과 경호원들은 방탄복을 입지 않은 상태였다. 주변에는 레이건을 취재하기 위한 방송사 카메라와 군중들이 있었다. 레이건은 걸어가면서 카메라와 군중들을 향해 미소를 짓고 손을 흔들었다. 그가 리무진 앞에 이르렀을 때, 별안간 '존 힝클리 주니어'라는 사람이 군중 속에서 튀어나와 총탄을 발사했다. 순식간에 6발의 총탄이 난사됐다. 경호원들은 즉각 레이건을 리무진 안으로 밀어 넣음과 동시에 추가적인 총격을 방어하기 위해 리무진 앞을 막아섰다. 또 다른 경호원들은 몸을 날려 힝클리를 덮쳤다. 갑작스러운 사건에 충격을 받은 군중들은 비명을 질렀고 현장은 아수라장이 됐다. 범인은 빠르게 제압됐지만 경호원과 경찰관 총 3명이 피해를 입었다. 이들은 각각 왼쪽 눈 위 이마, 목 뒤, 하복부에 총탄을 맞고 쓰러졌다.

레이건의 피해 여부가 초미의 관심사였다. 당초 리무진에 동승한 경호원들은 레이건이 피해를 입지 않았다고 판단했다. 리무진은 예정대로 백악관으로 향했다. 그런데 레이건이 갑자기 거품이 섞인 선홍색 피를 토해냈다. 힝클리가 쏜 6번째 총탄이 방탄재질로 된 리무진 차체에 맞고 내부로 튕겨나가 레이건의 왼쪽 겨드랑이를 관통했던 것이다. 총탄은 폐를 뚫고 들어가 심장에서 2.5cm 떨어진 곳에 박혔다. 이때도 경호원들은 저격을 당한 게 아니라 차 안으로 강하게 밀어 넣는 바람에 레이건의 갈비뼈가 부러져 폐를 찌른 것으로 판단했다. 정확한 원인 파악은 안 됐지만 어쨌든 대통령이 피를 흘리는 만큼 치료가 필요했다. 리무진은 백악관이 아닌 조지워싱턴 대학 병원으로 급히 방향을 틀었다. 레이건이 병원에 도착했을 때 흉부외과 과장인 '벤 애런' 등이 달려와 상태를 살폈다. 의사들은 자신들 앞에 있는 환자가 대통령이라는 사실을 금방 눈치챘다. 아울러 저격을 당했다는 것과 상태가 생각보다 심각하다는 것도 알았다. 폐가 손상된 레이건은 이미 피를 많이 흘려 체내 혈액의 약 40%가 소실됐다. 그가 고령이었기에 심장마비의 가능성도 있었다. 부인인 낸시도 소식을 듣고 병원으로 달려와 만약의 경우에 대비했다. 각 언론사들과 국민들은 대혼란에 빠졌다. 대부분은 십여 년 전 케네디 암살의 악몽을 다시 떠올렸다. 초반에는 오보가 속출했다. 대통령이 현장을 무사히 벗어나 백악관으로 향했다거나 병원으로 가긴 했지만 저격을 당하진 않았다는 보도가 이어졌다. 하지만 얼마 안 가 대통령이 저격당했다는 소식이 전해졌다. 분위기가 무겁게 가라앉았다.

그런데 심각한 상황이었음에도 불구하고 정작 당사자인 레이건의 태도는 사뭇 달랐다. 그는 아픈 와중에도 주변에 계속 농담을 던졌다. 안심시키려 했던 것이다. 특유의 낙천적인 성격이 빛을 발하는 순간이었다. 낸시가 왔을 때 레이건은 "여보, 총탄이 날아올 때

무릎을 굽히고 상체를 낮춰 피한다는 것을 깜빡했어"라고 말했다. 수술실에 들어갔을 때는 의사들에게 "여러분 모두가 공화당원이어야 할 텐데요"라고 말했다. 이 말을 들은 한 의사가 미소를 지으며 "오늘만큼은 우리 모두가 공화당원입니다"라고 답했다. 수술실 분위기가 다소 밝아졌다. 다만 수술은 결코 쉽지 않았다. 레이건의 몸 안에 있는 총탄을 찾아내 제거한 후 봉합하는 게 핵심이었지만 의사들은 그 총탄을 좀처럼 찾을 수 없었다. 존재할 것으로 추정되는 부위들을 아무리 더듬어봐도 총탄은 발견되지 않았다. 집도의인 애런이 인턴 의사에게 레이건의 심장을 쥐고 살짝 밀어보라고 했다. 한동안 인턴 의사의 손에 대통령의 뛰는 심장이 들려있었다. 약간의 실수만 있어도 큰일이 벌어질 수 있었기에 모두의 신경이 곤두섰다. 수술 개시 1시간 10분이 경과됐을 무렵, 마침내 의사들은 폐 깊숙한 곳에 박혀있던 총탄을 찾아냈다. 뒤이어 상처를 봉합하기 시작하자 비로소 모두가 안도의 한숨을 내쉬었다. 레이건은 수술이 성공적으로 끝난 뒤 산소호흡기를 떼자마자 "도대체 그 친구(힝클리)는 뭐가 불만이었답니까?"라며 농담을 던졌다. 좌중에선 폭소가 터졌다. 레이건과 함께 저격을 당한 경호원, 경찰관도 목숨을 건졌다. 그러나 평생을 반신불수로 살아야 하는 사람도 있었다. 한편 힝클리의 범행 동기는 당시 유명 여배우였던 조디 포스터의 관심을 끌기 위해서인 것으로 밝혀졌다.

　레이건이 생존했다는 소식에 국민들은 환호했다. 그리고 그가 위기상황에서 보여줬던 낙천적인 언행을 '영웅적'인 모습이라고 칭송했다. 이에 레이건의 지지율이 크게 상승했다. 저격 사건 전 50% 대였던 지지율은 저격 사건 후 80% 가까이 치솟았다. 나이가 무색하게 빠르게 회복한 레이건은 4월 11일 백악관으로 복귀했다. 그는 저격 후유증을 겪지 않았다. 어느 장소에서든 위축되지 않고 당당하면서도 낙천적인 언행을 이어갔다. 간혹 공식 행사에서 심상치 않은 소리가 나도 가벼운 농담으로 분위기를 풀어냈다. 단, 방탄복은 항상 착용했다. 암살 위기를 극적으로 넘긴 레이건은 이제 자신이 구상해 온 정치 외교를 본격적으로 전개하기로 했다.

힘을 통한 평화

레이건의 국정 핵심은 '반 소련, 반 공산주의' 그리고 '힘을 통한 평화'로 요약된다. 그는 처음부터 이러한 기조를 숨기지 않고 가감 없이 표출했다. 시작은 인디애나주에 있는 노트르담 대학 연설이었다. 레이건은 "앞으로 서방은 공산주의를 봉쇄하지 않고 '능가'할 것이다. 공산주의를 인류 역사에 나타난 '기괴한 장'으로 남길 것이다. 그 기괴한 장의 마지막 페이지가 지금 막 기록되고 있다"라고 말했다. 이는 당시로선 매우 충격적인 발언이었다. 그동안 미국의 주요 대소련 정책은 조지 케넌이 제시한 '봉쇄'였다. 닉슨 때부터는 평화공존으로 나아갔다. 레이건은 이러한 정책들을 대놓고 부정했고 소련을 '이기고 무너뜨리는' 정책을 천명했던 것이다. 이러한 선언의 기저에는 소련과 공산주의에 대한 레이건의 뿌리 깊은 반감이 자리 잡고 있었다. 그는 소련과 공산주의가 기독교 및 인간 본

성에 반하고 도덕적으로 잘못된 것들이라고 확신했다. 봉쇄와 평화공존은 이 잘못된 것들을 온존 시키는 정책이기 때문에, 이제 노선을 초강경책으로 전환해 역사의 뒤안길로 보내야만 한다고 주장했다. 레이건은 화려한 언변을 통해 공격을 이어갔다. 영국 의회 연설에서 "지금 내가 보여주는 것은 장기적 안목에서 본 계획이고 희망이다. 자유와 민주주의의 행진을 말하는 것이다. 이 자유와 민주주의를 향한 행진은 마르크스-레닌주의를 '역사의 잿더미'로 만들어 버릴 것이다"라고 말했다. 급기야 레이건은 플로리다주 올랜도에서 열린 미국 복음주의 기독교협회 전국대회에서 소련을 향해 직격탄을 날렸다. 이 자리에서 그는 소련을 '악마의 제국'(The Evil Empire)이라고 불렀다. 미국과 소련은 물론 전 세계가 깜짝 놀랐다. 레이건 이전 그 어떤 미국 대통령도 이와 같은 발언을 할 엄두를 내지 못했다. (9.11 테러 이후 조지 W 부시가 북한, 이란, 이라크를 '악의 축'으로 규정했다. 이는 레이건의 '악마의 제국' 발언에 영감을 받은 것이었다.)

레이건은 말로만이 아닌 구체적 행동으로 소련을 궁지에 몰아넣었다. 바로 힘을 통한 평화, '군비 증강'이었다. 이러한 정책은 소련에 대한 면밀한 분석에서 기인했다. 레이건과 측근들은 쇠퇴하고 있는 소련의 '경제'에 주목했다. 소련의 연평균 성장률은 지속적으로 하락했다. 1950년대에 10% 이상이었던 성장률은 80년대에 접어들었을 때 2% 가까이 떨어졌다. 비효율적인 계획경제가 그 한계를 드러내는 가운데 발생한 아프가니스탄 전쟁은 소련의 경제를 더욱 난관에 빠뜨렸다. 이런 상황에서 미국이 군비 증강을 단행한다면 소련도 군비 지출을 늘리게 되는데, 그렇게 되면 소련의 경제는 돌이킬 수 없는 상황에 처할 가능성이 높았다. 이로 인해 궁극적으로 소련의 굴복 내지는 노선 변화를 유도해 볼 수 있었다. 레이건과 측근들은 바로 이 부분을 노린 것이다. 다만 당시에는 해당 정책이 비현실적인 것으로 받아들여졌다. 수많은 저명한 학자들이 "모스크바에는 모든 것이 풍족하며 현재 또는 10년 후에도 심각한 체제 위기가 나타날 가능성은 전혀 없다"라고 단언했다. 이들에게 있어 소련은 오랜 기간 초강대국으로 존속할 국가였지만 레이건과 측근들에게는 치명적인 약점을 내재한 국가였다.

레이건은 확신을 갖고 대대적으로 군비를 증강했다. 미국의 재래식 및 핵전력이 눈에 띄게 강화됐다. 1980년 1600억 달러였던 국방비는 매년 증가해 1989년 무려 4000억 달러에 이르렀다. 예상대로 소련도 무리하게 군비를 증강하며 맞대응했지만, 뚜렷한 한계가 있었고 경제 악화만 초래했다. 이때 소련은 대응 전략의 일환으로 핵미사일을 동원해 위협하기도 했다. 동유럽에 '신형 중거리 미사일'(SS-20) 수백 기를 배치했다. 그러자 레이건은 서유럽에 '퍼싱 2'라는 동급의 미사일을 배치하며 응수했다. 뉴욕 등에서 반전 시위가 일어났고 소련이 '전쟁광'이라는 비난을 퍼부었지만 레이건은 전혀 아랑곳하지 않았다. 데탕트 분위기는 온 데 간 데 없이 사라졌고 다시금 위기가 고조됐다. 군비 증강 시기의 하이라이트는 '전략방위구상'(SDI)이다. 이는 핵무기가 탑재된 미사일을 우주에서 요격할 수 있는 시스템을 개발하는 것이었다. 이전까지 '상호 확실한 파괴'이론에만 의존해 방어적 입장에서 핵 공격을 억제했다면 이제는 공세적으로 핵 공격을 막겠다는 구상이었다. 기실 이것은 막대한 예산이 들어가나 기술적으로 완벽하게 구현하긴 어려웠다. 그럼에도 레이건이 SDI 카드를 고집한 이유는 소련에 대한 실질적 압박과 노선 변화 유도가 가능하다고 봤기 때문이다. 그는 '마거릿 대처' 영국 총리를 만나 다음과 같이 말했다. "우리가 이 계획을 밀고 나간다면 소련은 대응하기 위해 인민들의 생활 수준을 희생시키지 않으면 안 될 것이다. 결국 소련은 미국에 굴복하고 군비 경쟁을 포기할 것이다. 그렇게 되면 그들은 개혁으로 나아가지 않을 수 없다."

실제로 소련은 SDI에 심각한 위협을 느꼈다. 미국의 기술력이 상당하다고 판단한 만큼 언젠가 SDI가 현실화될 수 있음을 우려했다. 일각에선 미국이 획기적인 방어 체계를 구축함과 동시에 선제적인 공격을 가할 수도 있다고 전망했다. 하지만 소련은 SDI에 대응할 군사적 경제적 여력이 부족했다. 결국 이 시기에 소련의 서기장이 되는 '미하일 고르바초프'는 전향적인 자세로 나왔다. 대결이 아닌 핵무기 감축과 개혁(페레스트로이카) · 개방(글라스노스트) 정책을 표방한 것이다. (고르바초프가 원래 개혁성이 강한 인물이었던 측면도 있었다.) 고르바초프는 대결로 가면 소련 경제의 악순환과 체제 위기만을 초래한다는 것을 알았다. 국가를 살리기 위한 노선 변화의 필요성을 절감했다. 당초 레이건이 의도했던 바대로 소련이 움직이기 시작했다.

냉전 종식과 소련 해체

레이건은 군비 증강 이외에도 다양한 방식으로 소련을 공격했다. 대표적으로 '국제 원유 가격 폭락'을 유도해 소련 경제를 어렵게 만들려 했다. 소련은 세계 최대 산유국이었던 만큼 국제 유가가 폭락하면 타격을 받을 게 분명했다. 미국은 이 점을 노렸고 사우디아라비아의 협조를 얻어 원유 생산을 대폭 증가시켰다. 그러면서 국제 유가는 눈에 띄게 떨어지기 시작했다. 1985년 배럴당 30달러였던 국제 유가는 얼마 안 가 10달러로 떨어졌다. 소련은 국제 유가 하락으로 연간 50~60억 달러의 손실을 봤다. 또한 레이건은 아프가니스탄에서 고전을 면치 못하고 있던 소련군을 더욱 힘들게 만들었다. 아프간 반군에 '스팅어 지대공 미사일'을 제공한 것이다. 이는 무게가 15kg에 불과해 어깨에 메고 다닐 수 있었고 사정거리 5km, 속도는 음속이었다. 대단히 효과적인 무기였던 셈이다. 아프간 반군은 이를 통해 약 270대에 달하는 소련군 헬기를 격추시켰다. 레이건은 폴란드 바웬사의 '자유노조운동'에 주목하기도 했다. 이 운동이 성공하면 소련의 위성국들이 흔들리고 나아가 동유럽 자유화의 길이 열려 소련 붕괴가 촉진될 것이라 판단했다. 자유노조운동이 거세져 폴란드에서 계엄령이 선포됐을 때 미국은 중앙정보국(CIA)을 통해 적극적으로 지원했다. 강력한 무역제재로 폴란드 야루젤스키 정권과 그 배후에 있는 소련을 압박하기도 했으며, 영국 등 국제사회의 협조까지 이끌어내 소련이 군사행동을 하는 것을 막았다. 결국 자유노조운동이 성공하면서 동유럽 공산권 국가들이 도미노처럼 무너지는 계기가 마련됐다.

레이건이 강경책으로만 나왔던 것은 아니다. 진지한 대화를 통해 소련의 변화를 유도하기도 했다. 특히 레이건은 고르바초프가 이전의 소련 지도자들과는 많이 다르다고 생각했다. 충분히 대화가 통할 만한 상대이기에 비교적 자주 만나 이야기를 나눴다. 고르바초프가 미국의 수도인 워싱턴 D.C를, 레이건이 소련의 수도인 모스크바를 각각 방문해 핵무기 감축과 평화, 개혁 등에 대한 공감대를 형성해 나갔다. 아울러 이 즈음에 레이건은 또 한차례 과감한 행동을 취했다. 냉전의 상징물인 베를린 장벽 앞에 가서 역사적인 연설을 한 것이다. 그는 다음과 같이 말했다. "고르바초프 서기장, 당신이 평화를 추구한다면. 소련과 동유럽의 번영을 추구한다면. 자유화를 추구한다면. 여기 이 게이트로 오십시오. 고르바초프 서기장, 이 문을 여십시오. 이 벽을 허물어 버리십시오." 레이건은 이 연설의 핵심 부분을 매우 힘주어 강조했다. "tear, down, this, wall!" 이를 들은 사람들은 마치 망치로 내려치는 것 같았다고 말했다. 해당 연설은 전 세계에 커다란 반향을 불러일으켰고 동독 사람들에게 베를린 장벽이 영원하지 않을 것이라는 희망을 심어줬다.

레이건의 끊임없는 노력과 고르바초프의 개혁·개방 정책은 기어이 원대한 변화를 불러냈다. 동유럽에 자유화의 물결이 넘쳐났다. 과거와 달리 소련은 탱크를 동원해 진압하지 않았다. 나아가 1989년 11월 9일 베를린 장벽이 무너졌다. 베를린 장벽 붕괴는 동독 정부가 서독으로의 여행 완화 조처 시행시기를 '즉각'이라고 잘못 발표해 동베를린 시민들이 한꺼번에 몰려들면서 촉발됐다. 정부로부터 별다른 제재 지침을 받지 못한 국경수비대원들은 당황한 채 시민들에게 순순히 바리케이드를 열어줬다. 붕괴 직후 해당 공간은 동서독 시민들이 한데 어우러진 평화 축제의 장이 됐다. 냉전 종식이라는 꿈도 현실로 다가왔다. 그해 12월 2일 레이건의 후임인 조지 H.W. 부시 대통령과 고르바초프가 지중해 몰타에서 정상회담을 갖고 냉전 종식을 공식적으로 선언했다. 1947년 트루먼 독트린으로 시작된 미·소 냉전은 42년 만에 사라졌다. 이후 연방 국가인 소련은 위태로운 지경에 이르렀다. 고르바초프의 개혁은 잠재돼 있던 소련의 민족 문제를 유발했다. 발트 3국 등이 주권 선언을 했다. 고르바초프는 어떻게든 연방을 유지하려 했지만 쿠데타와 '보리스 옐친'의 등장으로 물거품이 됐다. 결국 1991년 12월 25일 모스크바 크렘린 궁에 휘날리던 국기가 내려가면서 소련은 해체됐다. 새롭게 '러시아 공화국'과 여러 독립 국가들이 국제 사회에 등장했다. 레이건이 오래전부터 소망했던 목표가 마침내 이뤄지는 순간이었다.

20

사다트 암살

"파라오에게 죽음을 안겨라"

중동 평화 거목의 기묘한 죽음 전말

사다트가 있는 사열대에 쇄도하는 암살자들. 암살자 한 명이 경호원이 쏜 총탄에 맞고 좌측 계단 위
에 쓰러져 있다.

"이들이 탑승한 트럭은 지나가지 않고 사다트가 있는 사열대 앞에 정차했다. 곧이어 이슬람불리 등이 트럭에서 하차한 뒤 사다트를 쳐다봤다. 그들의 손에는 칼라니쉬코프 소총이 들려있었다. 이때 국방부 장관인 아부 가잘라가 수상함을 감지, 사다트를 이동시키려 했다. 하지만 이슬람불리가 경례를 하자 사다트도 안심하면서 맞경 례를 하려고 일어섰다. 바로 그 순간, 이슬람불리 등이 '파라오에게 죽음을 안겨라'라고 외치며 사다트를 향해 수류탄을 투척하고 소총 을 발사했다."

전 세계에서 분쟁과 갈등이 자주 발생하는 지역은 '중동'이다. 과 거 유럽과 발칸 반도가 그랬던 것처럼 일종의 '화약고'와 같은 곳 이다. 이스라엘과 아랍 국가들 간 대규모 전쟁이 발발했었고 현재 에도 이스라엘과 팔레스타인 간 분쟁이 끊이지 않고 있다. 분쟁의 기저에는 종교, 영토, 민족, 정치 등 다양한 문제가 복잡하게 얽혀 있다.

다만 중동의 역사가 분쟁으로만 점철된 것은 아니다. '평화'를 위 한 노력도 존재했다. 전향적인 생각을 갖고 있는 인물이 출현해 중 동 지역을 분쟁 일변도에서 벗어나게 하려 했다. 대표적인 인물이 바로 이집트의 '안와르 사다트'다. 그는 당초 이스라엘을 겨냥한 전 쟁을 주도했지만, 그것이 결코 해결책이 될 수 없다는 사실을 깨달 았다. 과감하게 노선을 전환해 평화의 길로 나아갔다. 이에 '캠프 데이비드 협정'과 같은 역사적 결실이 도출되기도 했다. 하지만 중

암살의 역사

대한 개혁에는 반드시 반발이 있기 마련이다. 다른 아랍 국가들은 사다트의 행보에 대놓고 반기를 들었다. 아랍의 전쟁 영웅을 순식간에 배신자로 낙인찍으며 소외시켰다.

사다트는 평화 노선을 포기하지 않고 지속해 나가려 했다. 그것만이 국가와 아랍 전체가 사는 길이라 믿었기 때문이다. 그러나 그를 기다린 것은 비극적인 최후였다. 사다트는 이슬람주의 과격파에게 암살당했다. 국가 행사장에서 벌어진 기묘한 암살 장면은 전 세계를 큰 충격에 빠뜨렸다. 비록 사다트의 부정적 측면도 존재하지만, 그가 화약고와 같은 중동에서 평화를 수놓는 작업을 처음 시도했다는 것은 상당한 의미를 지닌다. 또한 그 평화의 초석이 두고두고 회자됨으로써, 중동의 미래에 밝은 이정표로 기능하는 것도 특별하다. '중동 평화의 거목', 사다트의 평화 노선과 암살 전말을 되돌아봤다.

중동 전쟁

영국은 제2차 세계대전 이후 '팔레스타인 위임통치령' 지역에 대한 통치권을 포기하고 철수했다. 뒤이어 해당 지역에 대한 소유권을 둘러싸고 유대인 공동체와 아랍인 공동체 사이에 분쟁이 발생했다. 분쟁의 기원은 과거 영국이 체결한 '이중 계약'이었다. 영국은 1915년 아랍인들이 제1차 세계대전에 참전하는 것을 전제로 팔레스타인 지역에 아랍 민족국가를 세우는 것을 지지하겠다고 약속했다. '맥마흔 선언'이었다. 그런데 1917년에는 '밸푸어 선언'을 통해 유대 민족국가를 세우는 것을 지지하겠다고 약속했다. 유대인의 여론을 연합국 측으로 끌어들이고 유대인을 활용한 중동 정책의 포석을 마련하기 위해서였다. (당초 이 지역에는 아랍인들이 대다수였고 유대인들은 소수였다. 밸푸어 선언 이후 유대인들이 대거 이곳으로 몰려들었다.) 일관성 없는 영국이 명확한 교통정리 없이 떠나가자 양 진영 간 분쟁은 필연적이었다. 국제연합(UN)에서 팔레스타인 분할 안을 제시하며 중재하려 했지만 여의치 않았다.

이런 가운데 총리인 다비드 벤구리온이 1948년 5월 14일 텔아비브 미술관 홀에서 건국선언서를 발표하면서 현대 '이스라엘'이 건국됐다. 불에 기름이 얹어진 격이었다. 그 즉시 아랍 연맹 회원국들이 이스라엘 임시정부에 선전포고 함에 따라 '제1차 중동전쟁'이 발발했다. 아랍 연합군은 강한 전력을 갖고 있었지만, 통합된 지휘체계 부재 및 상호 간 불신 등으로 이스라엘군에게 패배했다. 전쟁 승리에 힘입어 이스라엘은 1949년 UN총회 원년멤버로 가입했다. 이후에도 팔레스타인 지역을 둘러싼 갈등은 지속됐다. 전쟁 역시 계속 발발했다. 이집트의 '나세르'가 친소련 노선을 펼치며 '수에즈 운하' 국유화를 선언하자, 수에즈 운하를 중요시했던 영국, 프랑스, 이스라엘이 손을 잡고 1956년 10월 이집트를 공격했다. '제2차 중동전쟁'이었다. 당연히 전황은 이집트에게 불리하게 돌아갔다. 그런데 구세주가 나타났다. 미국과 소련이 영국, 프랑스, 이스라엘을 겨냥했다. 소련은 이집트를 감싸며 이들 국가에 핵폭격 위협을 가했고, 미국은 상의도 없이 정당성 떨어지는 행동을 했다고 비난했다. 미국과 소련의 압박을 못 이긴 영국, 프랑스, 이스라엘군이 철수하면서 전쟁은 종결됐다. 이집트의 정치적 승리였다.

  의기양양해진 나세르는 이스라엘에 대한 무력시위를 했다. 군사적 압박을 가함으로써 이스라엘의 국제적 입지를 더욱 약화시킬 수 있을 것이라 판단했다. 이스라엘이 시리아를 공격할 수 있다는 (잘못된) 첩보를 접한 것도 이러한 행위를 하도록 유도했다. 다만 실제로 이스라엘과 전쟁할 생각은 없었다. 이스라엘은 이집트의 행위를 심각하게 받아들였다. 이집트가 전쟁을 할 수도 있다고 판단했다. 이에 대응하기 위한 선제 타격론이 대두했다. 결국 이스라엘군이 1967년 6월 이집트, 요르단, 시리아를 선제 공격하면서 '제3차 중동전쟁'이 발발했다. 이스라엘군은 답답한 UN이 개입하기 전에 신속하게 승리해야 한다고 믿었다. 이스라엘군은 파죽지세로 진격하며 잇따라 승전보를 전했다. 이집트군은 공군력이 무력화되는 등 패전을 거듭했다. 단 6일 만에 엄청난 영토가 이스라엘군의 수중에 떨어졌다. 국제사회에서 정전 요구가 빗발쳤지만 이스라엘군은 이를 무시한 채 계속 진격하려 했다. 중동에서 서방 세력의 영향력이 확대되는 것을 우려한 소련이 적극 개입해 정전을 요구하자 이스라엘군은 그제야 멈췄다. 이스라엘이 대승한 제3차 중동전쟁은 다른 말로 '6일 전쟁'이라고도 불린다.

  이스라엘은 이집트와 시리아 등 아랍 국가들에게 자국 인정, 항구적인 평화협정 체결, 시나이 반도 및 골란 고원의 비무장지대화를 요구했다. 시나이 반도와 골란 고원은 이스라엘이 제3차 중동전쟁을 통해 획득한 영토였다. 아랍 국가들은 무평화, 무인정, 무협상의 3무 원칙을 공식화하며 이스라엘의 요구를 거부했다. 이스라엘은 시나이 반도 등을 자국 영토에 확실히 편입시키는 절차에 착수했다. 이집트는 시나이 반도 반환을 요구하며 이스라엘과 무력 충돌을 벌였다. 이때의 무력 충돌은 전면 전쟁은 아니었고 국지전 수준인 '소모전'이었다. 3년 넘게 지속된 소모전은 1970년 8월 휴전 협상이 타결되면서 끝났다.

사다트의 등장

이 즈음 이집트에서는 중요한 변화가 일어났다. 나세르가 심장마비로 급사했고 뒤이어 '사다트'가 이집트 대통령 자리에 올랐다. 그는 전임자와 달리 서방에 우호적인 편이었다. 나세르의 사회주의식 국유화 정책을 멀리하고 자본주의를 추구했다. 또한 시나이 반도 반환보다 (제3차 중동전쟁을 거치며) 폐쇄된 수에즈 운하 정상화에 더 큰 관심을 가졌다. 이에 이스라엘에 수에즈 운하에서 20마일 이상 뒤로 물러나라고 제안했다. 이스라엘은 6마일 이상은 물러날 수 없다며 완고한 태도를 보였다. 사다트는 이스라엘과 전쟁이 필요하다고 판단했다. 이를 통해 수에즈 운하 정상화, 시나이 반도 회복, 이스라엘의 태도 변화를 도모하려 했다. 전쟁에 앞서 사다트는 과거 중동전쟁 패배 원인을 면밀히 분석했다. 군대의 체질과 훈련 강도에 문제가 있다고 보고 군대의 전면적인 개혁을 단행했다. 사다트의 노력으로 이집트군은 이전 대비 강해졌다. 이스라엘에 대한 기만책도 선보였다. 곧 전쟁을 일으킬 것처럼 발언했지만 별다른 군사 행동은 취하지 않았다. 이러한 모습이 여러 번 반복되자, 이스라엘은 사다트를 공갈협박만 일삼는 거짓말쟁이라며 대수롭지 않게 생각했다.

사다트는 이스라엘이 방심하는 틈을 노렸다. 1973년 10월 이스라엘에 대한 기습공격을 감행하면서 '제4차 중동전쟁'(욤키푸르 전쟁)이 발발했다. 개전 초 이집트군 및 아랍 연합군은 전쟁 준비가 제대로 안 된 이스라엘군을 거세게 몰아붙였다. 이스라엘군이 자랑하던 정예 육군 기갑부대와 공군도 이집트군의 대전차 보병들과 방공군에게 큰 피해를 입었다. 수많은 이스라엘군 장군과 장교들이 전사했다. 이스라엘군 수뇌부가 "이대로 가다간 나라가 망하는 거 아니냐"라며 탄식할 정도로 전황이 심각했다. 지금껏 아랍 국가가 중동전쟁에서 이만한 군사적 성과를 올린 적이 없었다. 하지만 이스라엘군은 무너지지 않았다. 가까스로 전열을 정비한 뒤 대대적인 반격을 가했다. 일선 지휘관들의 능동적이고 적극적인 전투수행 능력이 빛을 발했으며, 적군의 주요 전략을 무력화시키는 데 성공했다. 이집트군과 아랍 연합군은 점차 밀리기 시작했다. 결국 이스라엘군이 '대역전극'을 달성했다. 다만 이스라엘군이 이전 전쟁처럼 완벽한 승리를 거둔 것은 아니었다. 상술했듯 이집트군 등도 상당히 의미 있는 성과를 올렸고 이를 주도한 사다트는 아랍 국가들 사이에서 '전쟁 영웅'으로 대접받았다.

평화 노선과 반발

사다트는 일련의 전쟁을 경험하며 노선 변화의 필요성을 절감했다. 이스라엘을 무력으로 멸망시키는 것은 현실적으로 불가능하다고 판단했다. 이스라엘과 전쟁을 고집할수록 이집트의 국력은 약화된다고 보기도 했다. 사다트는 '평화' 노선을 채택했다. 아울러 미국, 이스라엘과의 외교 관계를 복원하려 했다. 미 국무장관인 '헨리 키신저'는 이집트의 전향적인 태도에 주목하며 적극적 보상으로 화답했다. 미국의 중재 하에 이스라엘군이 수에즈 운하에서 철수함에 따라 근 10년 만에 이집트 최대의 수입원인 수에즈 운하가 정상화됐다. (이스라엘은 철수 대가로 미국에 대규모 지원을 받았다.) 큰 효과를 맛본 사다트는 작심한 듯 평화 노선을 더욱 강하게 밀고 나갔다. 1977년 이스라엘 국회의사당 본회의장을 방문해 "앞으로 전쟁은 없다"라고 선언했다. 불과 몇 년 전까지만 해도 상상할 수 없는 일이었다. 1978년에는 더욱 놀라운 일이 벌어졌다. 미국 대통령 별장인 캠프 데이비드에서 사다트, 지미 카터 미국 대통령, 메나헴 베긴 이스라엘 총리가 역사적인 협정을 체결한 것이다. 그 유명한 '캠프 데이비드 협정'이었다. 이스라엘은 제3차 중동전쟁을 통해 획득한 시나이 반도를 반환하고, 이집트는 이스라엘을 외교적으로 승인함과 더불어 평화협정 및 국교수립을 약속했다. 전 세계 대부분의 국가들이 환호했다. 이로 인해 사다트와 메나헴 베긴은 노벨 평화상을 수상할 수 있었다. 비로소 중동 지역에도 평화가 정착하는 듯했다.

하지만 아랍 진영에선 사다트의 행보를 탐탁지 않게 여겼다. 제

암살의 역사

4차 중동전쟁에서 혁혁한 공을 세운 아랍 민족주의 영웅이 일순간 '배신자'가 됐다는 비난이 쏟아졌다. 급기야 아랍 국가들은 아랍 연맹에서 이집트를 추방시켰고, 이집트에 있던 아랍연맹 본부도 튀니지로 이전했다. 아랍 국가들로부터 따돌림을 당한 사다트는 우호적인 제3세력을 만들기 위해 사하라 이남 아프리카 국가들에게 접근했다. 이 시기 사다트는 국내적으로도 곤경에 처했다. 경제 자유화 정책이 역효과를 발생시켜 양극화 심화, 부정부패 만연이라는 부정적 결과를 초래했다. 여러 요인들로 인해 이집트 경제도 눈에 띄게 악화됐다. 사다트에 대한 국민 지지율은 현저히 떨어졌고 사회 곳곳에서 반발 움직임이 나타났다. 사다트 정권은 어려움을 무난하게 수습하지 못했다. 되레 반발하는 수많은 사람들을 탄압하기만 함으로써 여론을 더욱 악화시켰다. 국제 사회에서도 사다트 정권의 태도를 비난하는 목소리가 높아져 갔다.

기묘한 암살

대내외적인 어려움이 지속되는 가운데 사다트에게 예기치 못한 비극이 닥쳤다. 1981년 10월 6일, 제4차 중동전쟁 승전기념행사에서였다. 당일 사다트는 부통령인 '호스니 무바라크' 등 측근들과 함께 사열대에서 이집트 육군 및 공군의 열병식과 축하 비행을 관람했다. 사열대에는 외교 사절단과 언론인, 종교 지도자들도 있었다. 사전에 불상사를 전혀 예상하지 못했고 경호담당 장교가 메카 성지순례로 자리를 비운 바람에, 평소와 달리 사다트의 경호가 부실한 편이었다. (평소 사다트는 암살에 대한 두려움을 갖고 있었기에 4중 경호를 받았다.) 일단의 병력을 실은 사열 트럭이 사다트가 있는 장소로 서서히 다가왔다. 사다트는 물론 주변 측근들은 당연히 해당 트럭이 지나갈 것이라 생각했다. 트럭보단 축하 비행을 벌이는 공군에 더 관심을 쏟으며 하늘을 쳐다봤다. 그런데 해당 트럭에는 심상치 않은 4명의 사람들이 타고 있었다. 바로 이슬람주의 과격파인 지하드 소속 '할리드 이슬람불리' 육군 중위와 그 부하들이었다.

이들이 탑승한 트럭은 지나가지 않고 사다트가 있는 사열대 앞에 정차했다. 곧이어 이슬람불리 등이 트럭에서 하차한 뒤 사다트를 쳐다봤다. 그들의 손에는 칼라니쉬코프 소총이 들려있었다. 이때 국방부 장관인 아부 가잘라가 수상함을 감지, 사다트를 이동시키려 했다. 하지만 이슬람불리가 경례를 하자 사다트도 안심하면서 맞경례를 하려고 일어섰다. (사다트 조카의 증언에 따르면 사다트는 일련의 모습을 테러가 아닌 이벤트로 생각했다고 한다.) 바로 그 순간, 이슬람불리 등이 "파라오에게 죽음을 안겨라"라고 외치며 사다트를 향해 수류탄을 투척하고 소총을 발사했다. 수류탄은 총 3발이 투척됐는데 2발은 불발, 마지막 1발은 사다트 멀리서 폭발했다. 사다트와 측근들을 비롯해 사열대에 있던 모든 사람들이 혼비백산하며 도망가려 했다. 경호가 부실했던 만큼 이슬람불리 등에 대한 효과적인 반격이 이뤄지지 못했고, 사다트는 고스란히 암살 위험에 노출됐다. 이슬람불리 등은 사다트에게 집중적인 총격을 퍼부으며 빠르게 거리를 좁혀갔다. 사다트는 최대한 몸을 피하려 안간힘을 쓰면서 이슬람불리 등에게 총격을 가했다.

생존을 위한 사다트의 몸부림은 역부족이었다. 집중 총격으로 그의 몸 여러 곳에 30여 발의 총탄이 박혔다. 얼마 안 가 이슬람불리의 부하가 쓰러져 있는 사다트에게 접근했다. 그는 확실한 마무리를 위해 사다트를 '확인 사살'했다. 예기치 못한 테러로 사다트를 포함한 10여 명이 사망했고 30명 가까이 부상당했다. 무바라크도 총상을 입었지만 간신히 목숨을 건졌다. 테러범 1명은 현장에서 사살됐고 이슬람불리를 포함한 3명은 부상을 당한 채 체포돼 훗날 총살됐다. 이들은 이스라엘과 서방을 향한 사다트의 평화 노선에 불만을 품고 범행을 저질렀다. 이슬람불리는 처형 직전 "독재자를 죽였으니 좋은 일을 한 것"이라고 말했다. 사다트의 장례식에는 이스라엘과 서방 국가 정상들이 대거 참석했다. 아랍과 공산권 국가 정상들은 거의 참석하지 않았다. 사다트 이후 무바라크가 대통령 자리에 올라 무려 30년 간 집권했다. 무바라크의 이집트는 이전보다 더한 친미, 친이스라엘 성향을 띠었다.

● 연대기

〈한국사〉

· 945년 혜종 암살설

· 1374년 공민왕 암살

· 1452년 문종 암살설

· 1645년 소현세자 암살설

· 1724년 경종 암살설

· 1800년 정조 암살설

· 1919년 고종 암살설

· 1949년 김구 암살

· 1975년 장준하 암살설

· 1979년 박정희 암살

〈세계사〉

· 1865년 링컨 암살

· 1914년 페르디난트 암살

· 1916년 라스푸틴 암살

· 1940년 트로츠키 암살

· 1944년 히틀러 암살 미수

· 1948년 간디 암살

· 1963년 케네디 암살

· 1968년 마틴 루터 킹 암살

· 1981년 레이건 암살 미수

· 1981년 사다트 암살

암살의 역사

● 참고 문헌

· 고려사

· 고려사절요

· 조선왕조실록

· 소현세자

· 영조를 만든 경종의 그늘

· 조선 왕 독살사건 1,2

· 정조의 비밀편지

· 리더라면 정조처럼

· 고종 평전

· 고종과 대한제국

· 백범 김구

· 백범 김구(암살자와 추적자)

· 장준하의 말

· 장준하 수필선집

· 돌베개

· 대통령 박정희

· 박정희 리더십

· 링컨 평전

· 링컨의 연설

· 데일카네기의 링컨이야기

· 1차 세계대전(모든 전쟁을 끝내기 위한 전쟁)

· 독일제국과 제1차 세계대전의 기원

· 라스푸틴(그는 과연 세상을 뒤흔든 요승인가)

- 배반당한 혁명(소련은 무엇이며 어디로 가고 있는가)
- 10월 혁명
- 러시아 혁명사
- 히틀러 국가(나치 정치혁명의 이념과 현실)
- 히틀러의 30일
- 스탈린과 히틀러의 전쟁
- 제2차 세계대전(학살과 파괴, 새로운 질서)
- 2차 세계대전사
- 간디(지혜와 용기)
- 간디 자서전
- 간디 평전
- 존 F. 케네디(제35대 대통령)
- 킬링 케네디
- 케네디가의 형제들
- 케네디와 말할 수 없는 진실(무엇이 케네디를 죽게 했는가)
- 나에게는 꿈이 있습니다
- 자유를 향한 대행진
- 젊은이를 위한 마틴 루터 킹
- 레이건의 리더십
- 레이건 회고록
- 로널드 레이건(가장 미국적인 대통령)
- 중동전쟁(전쟁이 끝나면 정치가 시작된다)
- 중동전쟁전사
- 사다트 자서전: 중동평화의 거목

● 추천사

"역사를 탐구하는 것은 선조들의 지혜를 배우고 시행착오를 줄이는 최선의 방법이다. '암살의 역사'라는 책을 통해 소통과 조율 설득이 얼마나 중요한지 깨닫게 됐다. 암살로 인해 일시적으로 역사가 끊어지지만 새로운 역사가 나타나 다시 이어지는 장면도 인상 깊었다. 개인적으로 링컨의 내용이 와닿았다. 그는 안타깝게 세상을 떠났지만 추후 미국의 역사가 돼 오늘날까지 존경받고 있다. 우리나라에도 갈등을 통합하고 최고의 조율과 설득을 하는 리더가 나타나길 소망한다. 이 책은 순식간에 페이지를 넘기며 읽을 수 있는 흥미로운 책이다. 독자들에게 깊은 통찰력과 분별력을 제공할 것이라 믿는다."

_서정열 전 육군3사관학교장, 제7보병사단장

"암살은 최소한의 희생으로 최대한의 정치적, 사회적 효과를 얻기 위한 수단으로 알려져 왔다. 특히 독재국가에서는 암살이 유효한 권력교체 수단으로 여겨졌다. 정치 제도가 민주화될수록 사라진다고 하나, 어느 순간 일인에게 권력이 집중되면 드물지 않게 발생하는 모습을 목도했다. 저자는 국내외 다양한 사례를 통해 문제의 암살과 사회적 배경, 암살 배후, 음모론 등을 흥미롭게 기술하고 있다. 아울러 암살 상황을 마치 현장에 있는 듯 생생하게 묘사하고 있는 점이 눈에 띈다. 이 책은 범상치 않은 주제인 암살과 관련해 독자들에게 꽤나 흥미로운 독서 경험을 제공할 것이다."

_김준명 연세대 의대 명예교수

"세계사를 뒤흔든 시대 아이콘의 암살. '암살의 역사'는 누구나 궁금해할 수밖에 없는 인물들의 암살과 그에 이르는 과정을 뉴스 보듯 생생하게 접하게 한다. 또한 역사적 기록을 바탕으로 주요 인물들의 인생과 시대상까지 매우 흥미롭게 만날 수 있게 한다. 우리가 미처 몰랐던 사실을 꼼꼼하게 담아낸 역사서, 재미난 소설처럼 술술 읽힌다. 정독을 권한다."

_김용준 한국/영국 변호사, 법학박사

"동서고금을 막론하고 암살로 유명을 달리했던 인물들의 가치와 신념이 아직도 어딘가에 살아 숨 쉬고 있겠지만. 암살이라는 상처의 그림자는 쉽게 지워지거나 잊히지 않고 언제나 강렬한 '흔적'으로 남아있는 '역사 중의 역사'라고 생각한다. 지구촌은 국가와 국가, 민족과 민족, 종교와 종교, 이념과 이념의 반목으로 인해 테러와 암살로 얼룩진 역사를 갖고 있다는 점이 매우 안타깝다. 진영 간 대립과 갈등이 팽배해지는 현시대 속에서도 암살과 같은 음울한 음악의 멜로디가 자꾸 머릿속을 스쳐 지나갈 수밖에 없다. 믿음의 형제가 쓴 이 흥미로운 책은 우리에게 심대한 반면교사를 제공한다."

_조병석 여행스케치 리더, 싱어송라이터